W0090221

Zschech

Triebwagen deutscher Eisenbahnen
Dampf- und Verbrennungstriebwagen

Zschech

Triebwagen deutscher Eisenbahnen

Band 2: VT und DT

alba

Buchverlag GmbH + Co. KG Düsseldorf

Lizenzausgabe der alba Buchverlag
GmbH + Co. KG, Düsseldorf, für die
Bundesrepublik Deutschland, Berlin (West),
Österreich und die Schweiz
© transpress VEB Verlag für Verkehrs-
wesen, Berlin 1966
Typografie: Jacques Steckel, Berlin
Manuskript abgeschlossen
am 31. 12. 1977
Printed in the German Democratic
Republic
ISBN Nr. 3—87094—062—X

Vorwort

Die Triebwagen stehen seit Beginn der Eisenbahnen im Wettbewerb mit den lokomotivbespannten Zügen. Für einige Verkehrsaufgaben ist der Triebwagen als alleiniges Triebfahrzeug zweckmäßig, während für andere wiederum sowohl der Triebwagen als auch der lokomotivbespannte Zug nebeneinander oder nur der lokomotivbespannte Zug vorteilhafter sind. Die Zeit hat hinreichend bewiesen, daß dieser Wettbewerb nicht auf „entweder – oder" ausgefochten wird, sondern daß es stets darauf ankommt, die Triebfahrzeuge den Verkehrs- und Betriebsaufgaben entsprechend und somit wirtschaftlich einzusetzen.

In den letzten Jahren entstanden viele neue Triebwagenbaureihen, die mit dazu beitragen, den Zugkraftwandel bei der Eisenbahn zu modernen Antriebsformen zu vollziehen. Wissenswertes über die Entwicklung, den Einsatz und die Konstruktion der Triebwagen zusammenzufassen – das ist die Aufgabe dieses Buches. Aus der Fülle des Stoffgebiets mußte eine Auswahl getroffen werden, damit der Umfang des Buches in vertretbaren Grenzen bleibt. Daher konnten nicht alle Bauarten beschrieben werden; auch ließen sich die Bauartbeschreibungen nicht durch Übersichtszeichnungen der Kraftübertragung und durch Grundrisse des Fahrgastraums ergänzen.

Außerdem mußten wir uns im Hauptteil auf die Deutsche Reichsbahn und die Deutsche Bundesbahn sowie ihre Vorgängerinnen beschränken, obwohl auch die Privatbahnen die Entwicklung der Triebwagen vorangetrieben haben.

Als der Titel als „Triebwagen-Archiv" das erste Mal erschien, war er rasch vergriffen. Mit der vorliegenden Auflage wurde der geschichtliche Teil neu gegliedert. Außerdem wurden neue Baureihen aufgenommen. Gleichzeitig war der Aufbau der Beschreibungen zu ändern, um einerseits den Umfang verringern und andererseits den Inhalt klarer gestalten zu können. Deshalb war es zweckmäßig, das ursprünglich einbändige „Archiv" in zwei Bände zu teilen und völlig neu zu gestalten. An dieser Stelle sei allen Freunden und Mitarbeitern gedankt, die Unterlagen beisteuerten oder Hinweise zur Vervollständigung des Manuskripts gaben. Besonderer Dank gilt Herrn *Günther Dietz*, der einige Bauartbeschreibungen von Verbrennungstriebwagen zulieferte.

Möge auch die Neuauflage des Triebwagen-Archivs bei den Freunden und den Beschäftigten des Eisenbahnwesens eine gute Aufnahme finden.

Leuna/Berlin

Verfasser und Verlag

Inhalt

Einführung

Im Text und in den Tabellen werden Begriffe und Abkürzungen verwendet, die teils eisenbahnüblich, teils aber auch einer besseren Darstellung wegen ausgewählt sind.

Definition

Außer dem im allgemeinen Sprachgebrauch benutzten Wort Triebwagen als Oberbegriff für eigengetriebene Schienenfahrzeuge zur unmittelbaren Beförderung von Personen oder Gütern haben sich im Laufe der Zeit exaktere Begriffe herausgebildet:

Triebwagen: selbständiges Triebfahrzeug, das heißt Wagen mit einer maschinentechnischen Ausrüstung und mit angetriebenen Radsätzen;

Steuerwagen: Wagen ohne eigenen Antrieb, mit Führerstand, von dem aus weitere im Zug laufende Triebwagen direkt gesteuert werden können;

Beiwagen: Wagen ohne eigenen Antrieb, wird im Triebwagenzug eingestellt und kann mit Leitungen für Vielfachsteuerung ausgerüstet sein;

Mittelwagen: Beiwagen, der in der Regel nur innerhalb eines Triebzugs betriebsfähig ist; er ist in jedem Fall mit Steuerleitungen ausgerüstet;

Triebzug: Einheit aus mehreren Trieb-, Mittel- oder Steuerwagen, die betrieblich nicht getrennt werden;

Triebwagenzug: Zug aus miteinander gekuppelten Trieb-, Bei- und Steuerwagen oder aus gekuppelten Triebzügen.

Inhalt des Buches

Dieses Buch enthält die Triebwagen der Deutschen Reichsbahn (DR), der Deutschen Bundesbahn (DB) und deren vorangegangener Bahnverwaltungen.
Die vorangegangenen Bahnverwaltungen, die vor allem im historischen Abschnitt des Buches genannt werden, sind — soweit hier erwähnt —

vor 1924

BadStB	Badische Staats-Eisenbahnen
BayStB	Bayerische Staatsbahn
KPEV	Königlich-Preußische Eisenbahnverwaltung bzw. Preußisch-Hessische Staatseisenbahnverwaltung
LAG	Lokalbahn AG München
Meck	Mecklenburgische Staatsbahn
MFWE	Mecklenburgische Friedrich-Wilhelm-Eisenbahn
OldStB	Oldenburgische Staatsbahnen
Pfalz	Pfälzische Eisenbahn
SäStB	Sächsische Staatseisenbahnen
WüStB	Württembergische Staats-Eisenbahnen

bis 1945

DRG	Deutsche Reichsbahn-Gesellschaft

Baureihen und Nummerung

Die Triebfahrzeuge aller deutschen Bahnverwaltungen waren bzw. sind in Baureihen zusammengefaßt und mit einer fortlaufenden Nummer versehen.

Betriebsnummer der Dampf-triebwagen

Im Nummernplan der Reisezugwagen war anfangs die Gruppe 1 bis 200 für die Dampftriebwagen vorgesehen.
Später wurde die Betriebsnummer aus dem Kennbuchstaben

DT   Dampftriebwagen

und einer Ordnungsnummer gebildet; die Ordnungsnummer blieb gleich.
Spezielle Steuerwagen für Dampftriebwagen nahm man nicht in das Nummernsystem auf, sondern gliederte sie bei den Steuerwagen für Verbrennungstriebwagen (VS) ein.
Da bei Einführung der neuen Bezeichnungsschemata bei der Deutschen Reichsbahn-Gesellschaft keine nennenswerte Ausdehnung des Be-

standes der Dampftriebwagen zu erkennen war, wurden die Dampftriebwagen nicht in ein neues Nummernsystem überführt.

Betriebsnummer der Verbrennungs-triebwagen

Anfangs waren die Verbrennungstriebwagen im Nummernplan der Reisezugwagen unter folgenden Gruppen enthalten:

701 bis 750	zweiachsige Triebwagen mit Vergasermotoren
751 bis 799	vierachsige Triebwagen mit Vergasermotoren
800 bis 850	zweiachsige Triebwagen mit Dieselmotoren
851 bis 899	vierachsige Triebwagen mit Dieselmotoren

Mit wachsendem Bestand an Verbrennungstriebwagen genügte dieses Schema nicht mehr, so daß im Oktober 1932 ein neues Nummernsystem vorgeschrieben wurde, mit dem man bereits einige der in den

Jahren 1931/32 beschafften Triebwagen bezeichnete. Analog den Elektrotriebwagen entstanden auch für Verbrennungstriebwagen folgende Kennbuchstaben:

VT	Triebwagen
SVT	Schnelltriebwagen
VS	Steuerwagen
VB	Beiwagen
VM	Mittelwagen

Für die einzelnen Baureihen sah man folgende Aufteilung vor:

VT 133 000 bis 133 999	zweiachsige Triebwagen mit Vergasermotoren
VT 134 000 bis 134 999	vierachsige Triebwagen mit Vergasermotoren
VT 135 000 bis 136 999	zweiachsige Triebwagen mit Dieselmotoren
VT 137 000 bis 138 999	vierachsige Triebwagen mit Dieselmotoren
VB 140 000 bis 143 999	zweiachsige Beiwagen
VS 144 000 bis 144 999	zweiachsige Steuerwagen
VS 145 000 bis 146 999	vierachsige Steuerwagen
VB 147 000 bis 149 999	vierachsige Beiwagen

Bei der *Deutschen Bundesbahn* bestand von 1947 bis zum 31. Dezember 1967 die Betriebsnummer aus der Stammnummer, die aus dem

Kennbuchstaben und der Baureihennummer gebildet wurde, und der Ordnungsnummer. Für die Baureihennummer wurden die Fahrzeugbauarten gruppenweise zusammengefaßt:

01 bis 69 normalspurige vier- und mehrachsige Verbrennungstriebwagen mit Drehgestellen

70 bis 89 normalspurige zweiachsige Verbrennungstriebwagen mit Lenkachsen

90 bis 99 Schmalspurtriebwagen und Sonderbauarten

Innerhalb dieser Gruppen wurde nach der Höchstgeschwindigkeit gegliedert:

bei 01 bis 69:
01 bis 19 V_{max} = 120 km/h und mehr
20 bis 39 V_{max} = 100 bis 119 km/h
40 bis 59 V_{max} = 85 bis 99 km/h
60 bis 69 V_{max} = 65 bis 84 km/h
bei 70 bis 89:
70 bis 79 V_{max} = 65 bis 85 km/h
80 bis 89 V_{max} = bis 64 km/h

Die Ordnungsnummer bestand aus einer drei- bzw. vierstelligen Zahl, wobei die erste Ziffer die Art der Kraftübertragung kennzeichnete und die folgenden Ziffern die laufende Nummerung der Fahrzeuge angaben. Für die Art der Kraftübertragung wurden folgende Kennziffern verwendet:

0 bis 4 elektrische Kraftübertragung
5 bis 8 hydraulische oder hydromechanische Kraftübertragung
9 mechanische Kraftübertragung

In dieses Nummernsystem wurden auch die vorhandenen Triebwagen eingenummert.

Für Steuer- und Beiwagen, die zu einzellaufenden Triebwagen gehörten, wurden anfangs folgende Stammnummern verwendet:

VB 140 zweiachsige Beiwagen
VB 141 einachsige Anhänger
VB 142 zweiachsige Beiwagen
VS 144 zweiachsige Steuerwagen
VS 145 vierachsige Steuerwagen
VB 147 vierachsige Beiwagen

Später wurden die Steuer- und Beiwagen wie die zugehörigen Triebwagen bezeichnet.
Seit 1. Januar 1968 wird das neue Nummernsystem, das für alle Triebfahrzeuge einheitlich ist, verwendet. Die neue Triebfahrzeugnummer besteht aus sechs Ziffern, die in zwei Gruppen zu je drei Stellen gegliedert ist. Die erste Gruppe ist die Baureihennummer und die zweite Gruppe die Ordnungsnummer. Nach einem Bindestrich schließt sich die Kontrollziffer an, die nicht unmittelbar zur Triebfahrzeugnummer gehört.
Die erste Stelle der Baureihennummer gibt die Fahrzeugart an:

6 Brennkrafttriebwagen (ohne Schienenomnibusse und Bahndiensttriebwagen)
7 Schienenomnibusse und Bahndiensttriebwagen
9 Steuer-, Bei- und Mittelwagen zu Brennkrafttriebwagen (einschließlich zu Schienenomnibussen)

Die Kennzeichnung der Wagenart in der Ordnungsnummer erfolgt analog zu den elektrischen Triebwagen:
0 bis 5 Bei- oder Mittelwagen
6 bis 9 Steuerwagen

Die Kontrollziffer ist eine charakteristische Neuerung. Sie wird ausschließlich für die Fehlerüberwachung bei der elektronischen Datenverarbeitung benötigt und er-

rechnet sich mit unterschiedlichem Multiplikationsfaktor aus der Triebfahrzeugnummer.

Beispiel:

795 113 – 0	Kennzeichnung des Triebfahrzeugs
795 113	Triebfahrzeugnummer
795	Baureihennummer
7	Kennziffer der Fahrzeugart
113	Ordnungsnummer
13	laufende Nummer
0	Kontrollziffer

Bei der *Deutschen Reichsbahn* wurden bis 31. Mai 1970 drei Nummernsysteme verwendet. Für vorhandene Fahrzeuge wurde die Nummerung aus dem Jahr 1932 beibehalten. Auf der Suche nach einem neuen Nummernsystem wählte man für die ersten Nachkriegsbeschaffungen Bezeichnungen, bei denen die Höchstgeschwindigkeit und die höchste Achslast in Kennziffern ausgedrückt wurden.
Später wurde ein anderes System eingeführt, wonach die Baureihennummer die Leistung und die Höchstgeschwindigkeit widerspiegelt. Die dem Kennbuchstaben folgende Ziffer ist die Kennziffer für die installierte Leistung (Leistung in PS geteilt durch 100); dann kommt die Kennziffer für die Höchstgeschwindigkeit (V_{max} geteilt durch 10); daran schließt sich die Ordnungsnummer an, wobei die erste Ziffer zur Kennzeichnung von Unterbaureihen verwendet werden kann.
Ab 1. Juni 1970 wird das neue Bezeichnungsschema auch bei Verbrennungstriebwagen angewendet. Die neue Triebfahrzeugnummer gliedert sich in eine fünfstellige internationale Kennzeichnung (wird vorerst bei den Fahrzeugen der Deutschen Reichsbahn noch nicht

angebracht), eine sechsstellige nationale Schlüsselnummer und eine einstellige Selbstkontrollziffer.

Die nationale Schlüsselnummer, das heißt die eigentliche Bezeichnung des Triebfahrzeuges entsprechend der bisherigen Betriebsnummer, setzt sich aus zwei Gruppen zu je drei Stellen zusammen. Die erste Gruppe ist die Baureihennummer, die zweite Gruppe die Ordnungsnummer.

Die erste Stelle der Baureihennummer gibt die Antriebsart an:

1 Triebfahrzeuge
  mit Verbrennungsmotoren

Die zweite Stelle der Baureihennummer bedeutet:

7 Verbrennungstriebwagen aus der DDR-Produktion
8 Verbrennungstriebwagen älterer Produktion sowie Sonderfahrzeuge
9 Steuer- und Beiwagen

Bei der Ordnungsnummer dient die erste Stelle zur Unterscheidung der Wagenarten:

0, 1 u. 2 Triebwagen
3 Mittelwagen c
4 Mittelwagen d
5 Mittelwagen e
6 u. 7 Steuerwagen
8 u. 9 Beiwagen

Beispiel:

172 016-8 Kennzeichnung des Triebfahrzeugs
172 016 Triebfahrzeugnummer
172 Baureihennummer
1 Kennziffer für Triebfahrzeuge mit Verbrennungsmotoren
7 Kennziffer für Verbrennungstriebwagen aus der DDR-Produktion
016 Ordnungsnummer
0 Kennziffer für Triebwagen
8 Selbstkontrollziffer

Achsfolge

Die Achsfolge wird heute nach Regeln bezeichnet, die 1908 vom Technischen Ausschuß des Vereins Mitteleuropäischer Eisenbahnverwaltungen aufgestellt und inzwischen mehrfach überarbeitet worden sind. Die für alle Fahrzeuge einheitliche Bezeichnung erstreckt sich

1. auf die Kennzeichnung der Achsanordnung, unterschieden nach angetriebenen Achsen und Laufachsen,
2. auf die Kennzeichnung der wichtigsten Unterteilungsmerkmale des Fahrgestells nach Hauptrahmen, Drehgestellen und den in ihnen gelagerten Achsen,
3. auf Zusatzbezeichnungen, deren Anwendung empfohlen wird, wenn weitere Einzelheiten kurz angegeben werden sollen.

Laufachsen werden mit arabischen Ziffern, miteinander gekuppelte angetriebene Achsen mit großen lateinischen Buchstaben bezeichnet. Bei einzeln angetriebenen Achsen wird dem großen lateinischen Buchstaben ohne Zwischenraum eine kleine auf die Zeile gesetzte 0 (Null) beigefügt.

Es bedeuten zum Beispiel
1 eine (im Hauptrahmen gelagerte) Laufachse
B zwei miteinander gekuppelte angetriebene Achsen
Bo zwei einzeln angetriebene Achsen. Bei Unterteilung des Fahrgestells werden die Achsen oder Achsgruppen eines Rahmengestells in gleicher Weise bezeichnet. Die entsprechenden Ziffern bzw. Buchstaben werden mit einem über der Zeile stehenden Beistrich versehen, wenn es sich um eine Ziffer oder um einen Buchstaben handelt (Bo gilt als ein Buchstabe). Umfassen die Kennzeichen jedoch mehr als eine Ziffer oder einen Buchstaben, so werden sie in Klammern gesetzt. Es bedeuten zum Beispiel
1′ eine vom Hauptrahmen unabhängige Laufachse, z. B. Bisselachse; eine quer verschiebbare Lenkachse gilt aber als im Rahmen gelagert
2′ zwei vom Hauptrahmen unabhängige Laufachsen, z. B. Drehgestell
Bo′ zwei einzeln angetriebene Achsen in einem Drehgestell

(1A) eine Laufachse und eine angetriebene Achse in einem Drehgestell

Besteht ein Fahrzeug aus mehreren, je für sich allein arbeitsfähigen oder aus einzeln verfahrbaren Bestandteilen ohne gemeinsamen Überbau, werden die Bezeichnungen der Teilfahrzeuge durch ein + verbunden. Besteht ein Fahrzeug aus mehreren Wagenkästen, die durch ein Jakobs-Drehgestell verbunden sind, wird dies oft als Zusatz hinter der Achsfolge durch „mit Jakobs-Gestell" angegeben.

Beispiele:

Bo'Bo' Triebwagen mit zwei Drehgestellen, in denen je zwei einzeln angetriebene Achsen laufen.

Bo'2'2' mit Jakobs-Gestell
Triebzug, der aus mehreren Wagenkästen besteht, die durch ein Jakobs-Drehgestell verbunden sind. Das vordere Drehgestell enthält zwei einzeln angetriebene Achsen, das mittlere und das hintere je zwei Laufachsen.

Bo'2' + 2'2' + 2'Bo'
Triebzug, der aus drei Einzelwagen besteht, die ihrerseits betrieblich eine Einheit bilden. Alle Wagen sind einzeln durch fremde bzw. eigene Kraft verfahrbar, können aber nicht einzeln betrieben oder in Züge eingestellt werden. Die Endtriebwagen haben je ein Drehgestell mit zwei einzeln angetriebenen Achsen und ein Drehgestell mit zwei im Rahmen gelagerten Laufachsen. Der Mittelwagen hat zwei Drehgestelle mit je zwei Laufachsen.

Gattungszeichen

Das Gattungszeichen gibt die Raumverteilung im Wagen und den allgemeinen Aufbau an. Das bisherige System bestand aus dem Hauptgattungszeichen, dem Nebengattungszeichen und einer arabischen Ziffer für die Achszahl (wurde nur bei mehr als zwei Achsen angewendet).

Im Text und in den Tabellen werden die Haupt- und die Nebengattungszeichen, vor allem die Bezeichnung der Wagenklasse, soweit nicht besonders vermerkt, nach der zuletzt üblichen Festlegung aufgeführt.

Die von denen der DR abweichenden Zeichen der DB sind in der folgenden Aufstellung gesondert gekennzeichnet.

Hauptgattungszeichen

A	Sitzplätze 1. Klasse
B	Sitzplätze 2. Klasse
D	Gepäckabteil (früher Pw)
Post	Postabteil
WR	Speisewagen
W	Wirtschaftsabteil (nur DB)
R	Speiseabteil
L	Lokalbahnfahrzeug (nur DRG)
K	Schmalspurfahrzeug
Dienst	Dienstfahrzeug

Nebengattungszeichen der DR

i	Wagen mit Bühne (Plattform) und offener Übergangsbrücke
ü	Wagen mit Übergangsbrücken und Faltenbälgen
g	Wagen mit geschlossenen Übergängen und Gummiwülsten
p	Wagen mit innerem Durchgang, ursprünglich offene Übergangsbrücken, jetzt aber zusätzlich Faltenbälge
tr	Wagen mit Traglastenabteil
m	Wagen mit Mittelgang
e	Wagen mit elektrischer Heizung

Nebengattungszeichen der DB

i	Wagen mit offenen Übergängen, mit Mittelgang oder offenem Seitengang
ü	Wagen mit geschlossenen

Übergangsbrücken (Faltenbalg) und geschlossenem Seitengang

y   Wagen mit geschlossenen Übergängen (Faltenbalg) und Mittelgang oder offenem Seitengang

m   Wagen mit einer Länge über Puffer/Kupplung von mehr als 24 m, Polsterung in der 2. Klasse und elektrischer Heizung

g   Wagen mit geschlossenen Übergängen, aber Gummiwülsten anstelle der Faltenbälge

l   leichte vierachsige Wagen der Einheitsbauart mit weniger als 30 t Eigenmasse

s   in Verbindung mit y oder i: geschlossener Seitengang in der 1. Klasse

tr   Wagen mit Traglastenabteil

k   Wagen mit Küchenabteil

Anfangs wurde nach dem Nebengattungszeichen auch die Art des Wagens angegeben, da innerhalb des Nummernplanes keine Aussage möglich war. Folgende Abkürzungen wurden verwendet:

vT   Triebwagen mit Verbrennungsmotoren

vS   Steuerwagen zum Triebwagen mit Verbrennungsmotoren

v   Beiwagen zum Triebwagen mit Verbrennungsmotoren

dT   Dampftriebwagen

dS   Steuerwagen zum Dampftriebwagen

d   Beiwagen zum Dampftriebwagen

Nach einem Beschluß der 35. Europäischen Wagenbeistellungskonferenz Madrid gilt seit 1. Januar 1967 ein neues Übereinkommen über die gegenseitige Benutzung der Personen- und Gepäckwagen im internationalen Verkehr (RIC-Übereinkommen), in dem auch international einheitliche Gattungszeichen vorgeschrieben wurden:

Hauptzeichen

K   Schmalspurfahrzeug
A   Sitzplätze 1. Klasse
B   Sitzplätze 2. Klasse
D   Gepäckabteil
Post   Postabteil
R   Speiseabteil
Dienst   Dienstfahrzeug

Nebenzeichen

a   dreiachsiger Wagen

aa   zweiachsiger Wagen

m   Wagen mit einer Länge über Puffer/Kupplung von mehr als 24 m

g   Wagen mit Gummiwulstübergängen und bei Schnellzugwagen mit Seitengang (wird nicht verwendet, wenn das Nebenzeichen m bereits benutzt wird)

ü   Wagen mit Faltenbalgübergängen und Seitengang

h   vier- und mehrachsiger Sitzwagen mit Übergängen und Mittelgang (wird nur in Verbindung mit den Nebenzeichen m, g oder ü angewendet)

i   Durchgangswagen mit offenem Übergang

o   Wagen mit Sitzplätzen 2. Klasse ohne Polster bzw. ohne Hartpolster

r   Wagen mit Übergängen und Speiseraum zur Selbstbedienung

tr   Sitzwagen 2. Klasse mit Traglastenabteil

w   leichter vierachsiger Durchgangswagen bis zu 32 t Eigenmasse

e   Wagen mit elektrischer Heizung

Daten

bunden war bzw. die betreffende Baureihe infolge eines Umbaus in Dienst gestellt wurde, dann ist die Jahreszahl in den Tabellen mit einem U versehen.
Eine Ausmusterung ist mit A gekennzeichnet.
In Klammern gesetzte Buchstaben bedeuten, daß der Umbau bzw. die Ausmusterung nur bei einem Teil der Fahrzeuge stattfand.

Leistungsangaben

Bei den Verbrennungstriebwagen bezieht sich die Leistungsangabe auf die Nennleistung der Verbrennungsmotoren in kW.
Die Traktionsleistung ist der Anteil der installierten Leistung, die zur Traktion (Fortbewegung) des Fahrzeugs zur Verfügung steht, das heißt, der Verbrauch der Hilfsbetriebe usw. ist von der installierten Leistung abgezogen.

Abteilmaße

Bei der Abteiltiefe werden die Hauptmaße angegeben. Einzelne Abteile können infolge der konstruktiven Ausführung kleinere Maßabweichungen von den Zeichnungs- oder Tabellenangaben haben.
Die Sitzplatzbreite ist zumeist ein errechneter Wert aus der Breite der Sitzbank geteilt durch die Anzahl der Sitzplätze. Kleine Abweichungen, zum Beispiel Sitzplätze neben Türen, werden nicht genannt, da sie nicht typisch sind.

Spezifische Kennziffern

Die aufgeführten spezifischen Kennziffern stellen keine Güteklassifizierung des jeweiligen Triebwagens dar, ermöglichen jedoch eine gute Beurteilung der Entwicklung der Fahrzeuge. Es muß freilich besonders darauf verwiesen werden, daß ein Vergleich der spezifischen Antriebsleistung zwischen verschiedenen Triebwagenarten (z. B. ET mit VT) zu falschen Schlußfolgerungen führt, da die zur Errechnung verwendeten Werte der Leistung voneinander abweichende Bezugspunkte haben. Bei der Sitzplatzmasse bezieht der Wert in der Klammer auch die Sitzplätze im Speiseraum mit ein. Auch diese Angaben sind nur vergleichbar, wenn gleichzeitig der Komfort des Fahrgastraums berücksichtigt wird (Sitzplatzanordnung, Abteiltiefe, Wagenklasse, Sitzgestaltung usw.).

Jahresangaben

Wenn das Betriebsende mit einem Umbau in eine neue Baureihe ver-

Triebwagen oder Lokomotiven?

Seit Beginn des Eisenbahnverkehrs wird nach der idealen Ausführungsart der technischen Ausrüstung gesucht. Zu den Forschungsaufgaben gehörte deshalb auch bald die Frage nach der zweckmäßigsten Antriebsform. Während man anfangs die Wagen stets zu Zügen zusammenstellte und sie von Lokomotiven befördern ließ, erkannte man später den Vorteil des Triebwagens, der sich darin zeigt, daß der Triebwagen in einem Fahrzeug die Aufgaben Beförderung und Antrieb in sich vereinigt.

Es sei aber auch sogleich vorangestellt, daß die Anwendung von Triebwagen oder Lokomotiven kein technisches, sondern vielmehr ein wirtschaftliches Problem darstellt. Die Entwicklung der Technik ist so weit fortgeschritten, daß sowohl Triebwagen als auch lokomotivbespannte Züge jede Traktionsaufgabe im Personenverkehr zu übernehmen vermögen.

Die Reisenden stellen im wesentlichen folgende Forderungen:

1. kurze Reisezeit, das heißt hohe Reisegeschwindigkeit,
2. dichte Zugfolge, das heißt häufige Beförderungsmöglichkeit,
3. hoher Reisekomfort, das heißt angenehme Beförderung.

Je nach der Vorrangigkeit dieser Forderungen müssen die technischen und betrieblichen Merkmale sowie die einzelnen Einsatzgebiete der Lokomotiven bzw. Triebwagen untersucht werden.

Technische Merkmale

Bei den lokomotivbespannten Zügen sind Zug- und Transportmittel getrennt. Die Lokomotive ist nur Zugmittel und enthält die gesamte Traktionsanlage. Der Triebwagen dagegen vereinigt Antriebsanlage und Transportmittel, wobei die Traktionsanlage auf mehrere Fahrzeuge aufgeteilt sein kann.

Damit die installierten Leistungen der Lokomotiven für die Traktion voll ausgenutzt werden können, sind große Reibungslasten erforderlich. Dabei werden die Achslasten notfalls so weit erhöht, wie es Oberbau und Fahrzeug zulassen.

Triebwagen haben hingegen eine geringere Anhängemasse, oder sie ist gar nicht vorhanden, so daß die Reibungslast und folglich die Achslast kleiner sein können. Bei jüngsten Entwicklungen erhöht man aber wieder die Achslast, um weniger Motoren einbauen zu müssen; meist kommt man mit einer Achslast von 15 t aus. Dadurch wird der Oberbau geringer beansprucht, und es sind höhere Fahrgeschwindigkeiten möglich.

Aus dem Dargelegten ist jedoch nicht zu schließen, daß nur Lokomotiven eine hohe installierte Leistung haben können. Ein Triebwagen der Schweizerischen Südostbahn aus dem Jahr 1959 hat zum Beispiel bei 69 t Eigenmasse und 17/32 Sitzplätzen 1./2. Klasse eine installierte Stundenleistung von 1620 kW, ein gleichartiger Triebwagen sogar von 2060 kW. Diese Triebwagen sind vorrangig für Triebwagenzüge bestimmt und stellen eine „Lokomotive mit Personenabteilen" dar.

Mit dem bei Lokomotiven geringeren Verhältnis der Reibungslast zur Gesamtzugmasse sind die erzielbaren Anfahrbeschleunigungen kleiner als bei Triebwagen. Wo Wert auf eine große Anfahrbeschleunigung gelegt werden muß, zum Beispiel bei einer S-Bahn, ist der Triebwagen erforderlich.

Triebwagen können den Nachteil haben, daß die Maschinenanlage Geräusche, Vibrationen oder Gerüche verursacht, die den Komfort des Fahrgastraums beeinträchtigen. Dagegen helfen technische Mittel, wie gefederte Zahnräder, gute Wagenkastenisolierung, Aufhängung über Gummielemente, Klimaanlagen.

Insgesamt hat die Antriebsanlage einen kürzeren Instandhaltungszyklus als der Fahrzeugteil. Beim

Bild 1
Wendezugbetrieb bei der
S-Bahn Leipzig

Triebwagen wird damit dem Betrieb auch das Transportmittel entzogen. Allerdings beweist der Berliner S-Bahnbetrieb, daß bei entsprechender Instandhaltung eine gute Abstimmung möglich ist.

Die Aufteilung der Antriebsanlage in kleinere Einheiten ist vorteilhaft, da die Auswirkung von Störungen auf den Betrieb vermindert wird. Fällt eine Maschinenanlage aus, bleibt ein Triebzug dennoch fahrfähig.

In der erforderlichen Fahrzeugreserve bestehen bei zweckmäßiger Betriebsorganisation zwischen Lokomotiven und Triebwagen keine Unterschiede.

Betriebliche Merkmale

Bei einem lokomotivbespannten Zug kann das Sitzplatzangebot den Verkehrsschwankungen leicht angepaßt werden. Da aber der Fahrplan sowie die Lokomotivleistung für die größte Anhängemasse ausgelegt sind, werden sie bei schwachem Betrieb nicht voll ausgenutzt. Bei Triebwagen kann dem Anwachsen des Platzbedarfs nur durch Kuppeln von Triebzügen entsprochen werden. Vorteilhaft ist aber, daß bei Verstärkungen immer die gleiche Leistung je Zugmasse hinzukommt, so daß in einem optimal ausgelegten Fahrplan wirtschaftlich gefahren werden kann. Außerdem ist ein starrer Fahrplan, der unabhängig von der Zuglänge und der Antriebsleistung ist, möglich.

Mit Lokomotiven lassen sich meist höhere tägliche Laufleistungen erzielen, da jene für mehrere Zuggattungen einsetzbar sind. Das ist freilich sehr von der Fahrplankonstruktion abhängig. Demgegenüber haben Triebwagen den Vorteil, kurswagenähnliche Aufgaben (Flügelzüge) besser zu erfüllen.

Die Triebwagen haben an beiden Enden Führerstände. An den Endstellen bzw. Wendestellen entfallen somit rangierdienstliche Behandlungen, und die Wendezeit wird verkürzt. Das ist jedoch kein arteigenes Merkmal von Triebwagen mehr, denn die Wendezüge (Bild 1) mit Lokomotiven weisen gleiche Merkmale auf, allerdings ist deren Höchstgeschwindigkeit beim Schiebebetrieb teilweise eingeschränkt.

Bei der *Deutschen Reichsbahn* sind nach den Fahrdienstvorschriften (DV 408 der DR) seit 15. Juni 1970 folgende Höchstgeschwindigkeiten für Wendezüge zugelassen, wenn sich die Lokomotive am Schluß des Zuges befindet und der Zug von der Spitze aus gesteuert wird:

100 km/h für einen Doppelstock-
gliederzug (DGB)
90 km/h für übrige Wagen (außer
Doppelstockeinheit)
75 km/h für eine Doppelstockeinheit (DBv, DBz)
30 km/h bei Störung der Befehls-
einrichtung und Geben
akustischer Signale vom
Befehlswagen.

Die höchstzulässige Achszahl beträgt
32 Achsen. Außerdem dürfen hinter
dem am Schluß laufenden Triebfahrzeug entweder drei Reisezugwagen,
eine DGB-Einheit oder eine DBv-
Einheit verkehren.

Bei der *Deutschen Bundesbahn* ist
eine Höchstgeschwindigkeit von
120 km/h für Wendezüge zulässig,
wenn sie nur aus vierachsigen Wagen gebildet sind und eine direkte
Steuerung haben. Die höchstzulässige Achszahl beträgt dabei 32 Achsen. Bei zwei- und dreiachsigen
Wagen beträgt die Höchstgeschwindigkeit 80 km/h.
Übrigens ist der Wendezugbetrieb
keine neue Entwicklung. Bereits um
1885 führten in Frankreich die Nord-
bahn-Gesellschaft, die Staatsbahnen und die Paris-Lyoner-Mittel-
meerbahn Wendezüge ein, wobei
die Züge aus zwei leichten Personenwagen mit einem zwischenge-
stellten Dampftriebwagen (leichte
Dampflokomotive mit Gepäckabteil)
bestanden. Um die Jahrhundertwende wurde der Wendezugbetrieb
in Großbritannien, 1923 in der
Schweiz (mit Triebwagen) und 1928
in Österreich eingeführt. Im April
1936 nahm die Lübeck-Büchener
Eisenbahngesellschaft mit besonders
dafür konstruierten Doppel-
stockzügen und Dampflokomotiven
zwischen Hamburg und Lübeck bzw.
Travemünde einen planmäßigen
Wendezugbetrieb auf.

Wirtschaftliche Merkmale

Damit man für einen bestimmten
Verwendungszweck die wirtschaft-
lichsten Fahrzeuge auszuwählen ver-
mag, hat man die Kosten und Fak-
toren zu erfassen, die sich mit der
Fahrzeugart ändern. Das sind im
wesentlichen: Beschaffungskosten,
Wartungs- und Instandhaltungskosten, Energiekosten, Personal-
kosten, Ausnutzbarkeit des Fahrzeugs
im jährlichen Einsatz. Wirtschaftliche
Erwägungen können aber auch in
den Hintergrund treten, wenn betriebliche oder technische Merkmale
Vorrang haben, zum Beispiel die
große Anfahrbeschleunigung bei
S-Bahnen.
Den Hauptteil der Kosten bilden
Energie, Beschaffung und Repara-
tur. Sie bestimmen nahezu allein
die Grenze der Wirtschaftlichkeit.
Die Energiekosten haben einen
merklichen Einfluß bei extrem nied-
rigen Sitzplatzmassen (wie bei Dop-
pelstockgliederzügen) oder bei star-
ken Neigungsstrecken.

Anwendungsgebiete

Internationaler Verkehr:

Hierfür ist der Triebwagen besonders gut geeignet, da er sehr
wendig ist (bei Kopfbahnhöfen vorteilhaft), geringe Grenzaufenthalts-
zeiten erfordert und somit hohe
Reisegeschwindigkeiten erlaubt.
Außer Elektrotriebwagen, die im
grenzüberschreitenden Verkehr das
gleiche Stromsystem verlangen oder
als Mehrsystemtriebzüge ausgebildet sein müssen, hat sich vor allem
der Dieseltriebzug im internationalen Verkehr bewährt. In jüngster
Zeit hat sich allerdings wegen der
Beistellung von Kurs- und Sonder-

wagen sowie im Interesse eines besseren Reisekomforts der lokomotivbespannte Zug wieder stärker durchgesetzt.

Fernverkehr:

Kurze Schnellzüge mit hohen Geschwindigkeiten über weite Strecken
mit Lokomotiven zu fahren ist unwirtschaftlich, da die Leistungsfähig-
keit der Lokomotive nicht ausgenutzt
wird. Triebwagen nutzen indes
auch bei kleinen Einheiten die installierte Leistung rentabel aus.
Dem lokomotivbespannten Zug wird
deshalb im schweren Schnellzugdienst der Vorzug zu geben sein,
wogegen Triebwagen für kurze und
schnelle Relationen zweckmäßig
sind. Darüber hinaus ist der Triebwagen im Vorteil gegenüber dem
lokomotivbespannten Zug bei einer
größeren Anzahl von Halten.
Außerdem ist im schnellfahrenden
Verkehr zu beachten, daß der Luftwiderstand mit der Fahrgeschwindigkeit wächst. Da der Triebwagen
gleich ausgebildete Stirnenden hat,
ist er von diesem Gesichtspunkt aus
günstiger als der lokomotivbespannte Zug.

Stadt- und Vorortverkehr:

Dieser Verkehr wird gekennzeichnet
durch hohe Verkehrsspitzen mor-
gens und nachmittags im Berufsverkehr sowie sonntags und feiertags
im Ausflugsverkehr, durch Sonder-
spitzen bei Großveranstaltungen,
durch kurze Reiseentfernungen,
durch kurze Haltestellenabstände
und schließlich durch hohe Anfahrbeschleunigungen.
Daher hat sich im Stadt- und Vorortverkehr fast ausschließlich der

Betrieb mit Triebwagen durchgesetzt. Große Anfahrbeschleunigungen erfordern eine im Verhältnis zur Gesamtzugmasse hohe Reibungslast. Ferner gestatten die Triebwagen, sich den wechselnden Verkehrsbedürfnissen gut anzupassen (starrer Fahrplan).

Nebenbahnverkehr:

Wegen der geringen Beförderungsleistung hat der Triebwagen im Nebenbahnverkehr ein großes Anwendungsgebiet gefunden. Verbrennungstriebwagen und Akkumulatortriebwagen sind hier zahlreich vertreten. Es ist zweckmäßig, wenn der Triebwagen durch die installierte Leistung und durch die Zug- und Stoßvorrichtungen die Mitnahme einzelner Wagen ermöglicht, damit sich eine zusätzliche Lokomotivvorhaltung erübrigt.

Sonderverkehr:

Je nach der Art des Sonderverkehrs wird oft der Triebwagen vorteilhafter sein als der lokomotivbespannte Zug. Erwähnt seien hier nur die Aussichtstriebwagen, die Zahnradtriebwagen sowie die Fahrleitungs- und Tunneluntersuchungswagen. Zusammenfassend ergeben sich also folgende günstige Anwendungsgebiete für Triebwagenzüge:

1. kleine und kleinste Zugeinheiten,
2. hohe und höchste Fahrgeschwindigkeiten,
3. kurze Haltestellenabstände, die im S-Bahnverkehr sowie Vorort- und Nahverkehr charakteristisch sind,
4. zusammengesetzte Zugläufe, deren Umbildung schnell vonstatten gehen muß.

Entwicklungsgeschichte der Triebwagen

Länderbahnen (bis 1924)

Dampftriebwagen

Der Gedanke, Triebwagen zu bauen, ist fast ebenso alt wie die Geschichte der Eisenbahn selbst. Als einziger brauchbarer Antrieb kam anfangs nur die Dampfmaschine in Betracht. Strenggenommen war bereits die Lokomotive „The Novelty" (Bild 2), die 1829 Braithwaite und Ericsson für die berühmte Wettfahrt von Rainhill bauten, ein Triebwagen, denn der Kessel lag unterhalb des Hauptrahmens, und das Fahrzeug hatte eine offene Platt-

Bild 2 Lokomotive „The Novelty"
(Baujahr 1829)

form. Wegen Schäden schied die Lokomotive aber schon bei den Versuchsfahrten aus.

Im Ausland beschäftigte man sich sehr intensiv mit Versuchen zum Bau von Dampftriebwagen; diesen war jedoch kein bleibender Erfolg beschieden. Sie waren technisch noch nicht ausgereift und zu leistungsschwach. Als schwierig erwies sich das Unterbringen des Kessels und der Brennstoff- und Wasservorräte. Die ersten Fahrzeuge wurden der Dampflokomotive entlehnt und bestanden deshalb im wesentlichen aus einer in einen Personenwagen eingebauten Kleindampflokomotive. Später glaubte man, in den Kleinkesseln mit hohem Druck und rascher Verdampfung eine günstigere Konstruktion gefunden zu haben, doch sie bewährten sich nicht. Besser eigneten sich Röhrenkessel (stehend oder liegend) sowie kleine Lokomotivkessel mit Überhitzung.

Als ersten deutschen Dampftriebwagen kann man eine Dampfdraisine der Berlin-Hamburger Eisenbahn bezeichnen, die im November 1854

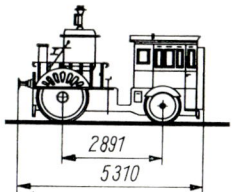

Bild 3 Dampfdraisine der Berlin-Hamburger Eisenbahn

(Baujahr 1854; Achsfolge 1A; Höchstgeschwindigkeit 22 km/h, Leistung 40 kW; Innenrahmen, stehender Kessel, Innenzylinder; Mitführen von Personenwagen möglich)

den Wagenkasten eingebaut, sondern lief als „Kleinlokomotive mit Ummantelung" vor dem Wagen. Die Hilfsräder dienten zum Abstützen des Wagenkastens bei entferntem Triebdrehgestell.

1879/80 lieferten die Maschinenfabrik Eßlingen und die Firma Klett doppelstöckige Dampftriebwagen „Glückauf", „Puck" und „Gnom" mit innenliegender Dampfmaschine, Bauart Thomas, an die Hessische Ludwigsbahn (Bild 4); die Fahrzeuge bestanden aus einem zweiachsigen Personenwagen und einem einachsigen Maschinengestell. 1880 folgte

zu können. So wurden z. B. 1881 zwei Dampftriebwagen der Bauart Rowan (Leistung 44 kW, Höchstgeschwindigkeit 30 km/h, Dienstmasse 20 t, 8/32 Sitzplätze 1./2. Klasse, Post- und Gepäckraum, Länge über Puffer rund 11 m) auf der Hoya-Eystruper Eisenbahn und acht Jahre später zwei weitere Rowan-Triebwagen auf der Straßenbahn Großlichterfelde–Teltow(–Stahnsdorf) in Dienst gestellt.

Die Bayerische Staatsbahn erhielt 1882 von Krauß einen Dampftriebwagen (Bild 5) zur Betriebserprobung; der Triebwagen konnte schon

von Borsig geliefert wurde und lange im Einsatz war (Bild 3).

Im Jahr 1877 wurden von Krauß die Dampftriebwagen „Adlershof" und „Grünau" an die Berlin-Görlitzer Bahn geliefert.

1879 nahm die Niederschlesisch-Märkische Eisenbahn auf der Berliner Ringbahn zwei Dampftriebwagen der Bauart Weißenborn in Betrieb. Die von Gruson erbauten Fahrzeuge hatten zwei Drehgestelle, von denen eines den Dampfkessel und die Dampfmaschine trug. Der stehende Dampfkessel mit Field-Rohren von 9 m^2 Heizfläche und 12 · 10^5 Pa Überdruck wurde mit Koks beheizt. Später baute man einen leistungsfähigeren Kessel ein, um das Mitführen eines Wagens zu ermöglichen. Diese Triebwagen (Leistung 18 kW, Höchstgeschwindigkeit 35 km/h, Dienstmasse 23,5 t, 13/30 Sitzplätze 1./2. Klasse, Gepäckraum) verkehrten ab 1884 auf der Strecke Hoyerswerda–Falkenberg. Zwei weitere Triebwagen der Bauart Weißenborn stellte 1879 Schwartzkopff her. Das Triebdrehgestell mit der Kesselanlage war hierbei nicht in

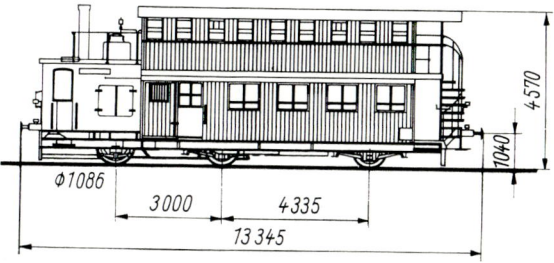

noch ein doppelstöckiger Dampftriebwagen der Lokomotivfabrik Hohenzollern.

Aber auch andere Bahnverwaltungen, hauptsächlich Privatbahnen, beschafften Dampftriebwagen, um wirtschaftliche Zugfahrten einlegen

Bild 4
Dampftriebwagen der Hessischen Ludwigsbahn

(Baujahr 1879/80; Achsfolge A2; Leistung 74 kW; Rostfläche 0,52 m^2; Heizfläche 34 m^2; 10 at Überdruck; Höchstgeschwindigkeit 55 km/h; Dienstmasse 32,0 t; einachsiger Maschinenteil mit Wagen fest verbunden, Außenrahmen, querliegender Kessel, Innenzylinder, 10/10/60 Sitzplätze der ehemaligen I./II./III. Klasse)

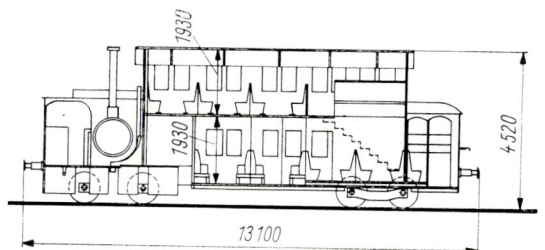

Bild 5
Dampftriebwagen der Bayerischen Staatsbahn

(Baujahr 1882; Achsfolge B'2'; Leistung 74 kW; Heizfläche 31 m^2; 12 at Überdruck; Stephenson-Steuerung; Höchstgeschwindigkeit 50 km/h; Dienstmasse 23,3 t; Triebdrehgestell, Kastenrahmen mit Außenzylindern, querliegender Kessel, 15/52 Sitzplätze der ehemaligen II./III. Klasse; 37 Plätze im oberen Stock)

Bild 6
Dampftriebwagen für die
ehemalige Militärbahn
Berlin—Zossen—Jüterbog
(Achsfolge A1; Höchstgeschwindigkeit 60 km/h (vorwärts);
Dienstmasse 21 t; Rostfläche
0,712 m²; Gesamtheizfläche
33,6 m²)

in beiden Richtungen fahren, wobei während der Rückwärtsfahrt der Dampfregler und die Bremse von der Wagenplattform aus bedient wurden. Den Triebwagen übernahm jedoch die Bayerische Staatsbahn nicht, weil man kein geeignetes Anwendungsgebiet zu haben glaubte; er verkehrte nur zwei Monate versuchsweise im Regelzugdienst.
Die Lokomotivfabrik Hohenzollern lieferte ein Jahr später noch weitere

zweistöckige Triebwagen der Bauart Thomas u. a. an die Sächsische Staatseisenbahn (drei Triebwagen), wo sie sich gut bewährten und noch um die Jahrhundertwende im Raum Leipzig und Pirna ihren Dienst taten. Die Reisenden mieden allerdings das obere Stockwerk.
In den neunziger Jahren schaffte die Württembergische Staats-Eisenbahn sieben zweiachsige Triebwagen an, die einen Serpollet-Kessel hatten,

der später durch einen Kittel-Kessel ersetzt wurde (Bild 6). Auch der Serpollet-Dampftriebwagen der Sächsischen Staatseisenbahnen schied wegen unzuverlässiger Dampferzeugung bald wieder aus dem Betrieb aus. Die Württembergische Staats-Eisenbahn besaß ferner einen Schmalspur-Dampftriebwagen (Bild 7).
Eine abweichende Maschinenanordnung wiesen die zweiachsigen

Bild 7
Schmalspur-Dampftrieb-
wagen der ehemaligen
Rbd Stuttgart
(Achsfolge (1A) 2'; Höchstgeschwindigkeit 30 km/h; Spurweite 750 mm; Dienstmasse
21,4 t; Rostfläche 0,712 m²; Gesamtheizfläche 35 m²)

Dampftriebwagen nach de Dion-Bouton auf, die 1904 in Bayern und 1906 in Preußen eingeführt wurden. Die 37-kW-Verbundmaschine lagerte auf der Treibachse, die als Lenkachse ausgeführt war, mittels Tatzlagern und mit dem Zylinderende federnd am Wagenkasten. Das Drehmoment wurde durch Zahnradgetriebe übertragen. Die größte Fahrgeschwindigkeit betrug 55/60 km/h. Die Bedienung des Kessels war einfach, so daß auf einen Heizer verzichtet werden konnte. Die Kessel arbeiteten mit $18 \cdot 10^5$ Pa bis $20 \cdot 10^5$ Pa Überdruck.

Maffei und MAN lieferten in den Jahren 1906 bis 1908 an die Bayerische Staatsbahn sieben vierachsige Dampftriebwagen, die mit zwei Beiwagen eine Geschwindigkeit von 75 km/h erreichten (Bild 8). Der Kessel auf dem Triebdrehgestell war eine „kleine Lokomotive": Zwischen den Treibachsen befand sich auf

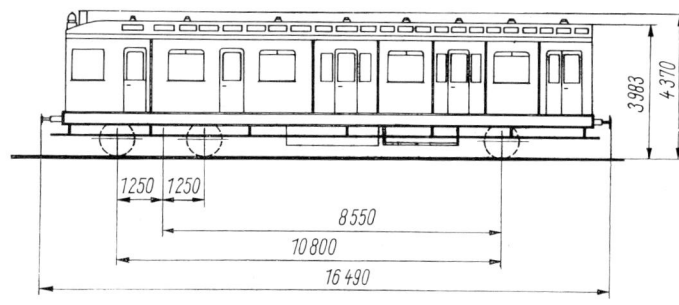

jeder Seite ein Zylinderpaar, in dem sich die Kolben gegenläufig bewegten und auf die um 180° gegeneinander versetzten Kurbeln wirkten. Dadurch entstand ein vollständiger Massenausgleich. Vier Triebwagen erhielten einen Wasserrohrkessel der Bauart Turgan. Diese Triebwagen verkehrten auf den Hauptstrecken München–Holzkirchen und München–Weilheim sowie auf der Nebenbahnstrecke München–Herrsching. Sie bewährten sich gut. Vier Triebwagen wurden 1924 in Elektrotriebwagen (spätere Baureihe ET 85) und ein Triebwagen in einen Verbrennungstriebwagen (VT 865) umgebaut.

In jenen Jahren kamen auch die Dampftriebwagen der Bauart Stoltz

Bild 9 Dampftriebwagen der KPEV, Bauart Stoltz
(Achsfolge (1A)1; Leistung 74 kW; Heizfläche 18,3 m²; 50 at Betriebsdruck; Höchstgeschwindigkeit 50 km/h; Dienstmasse 38,7 t; 32/16 Sitzplätze der ehemaligen III./IV. Klasse; ein Triebwagen Koksfeuerung; ein Triebwagen Ölfeuerung)

heraus, die wegen des Betriebsdrucks von $50 \cdot 10^5$ Pa von den anderen Bauarten abwichen. Die KPEV beschaffte für Nebenbahnstrecken dreiachsige Triebwagen dieser Bauart (Bild 9).

Die ungünstigen Erfahrungen mit den damaligen Dampfkesseln führten letztlich dazu, daß die Dampftriebwagen nicht weitergebaut wurden. Insbesondere der Serpollet-Kessel war zu schwierig und kostspielig zu unterhalten. Aber auch die Kesselbauarten von de Dion-Bouton und Stoltz hatten keine Zukunft. Dagegen zeigten die Röhrenkessel bessere Betriebsergebnisse.

Verbrennungstriebwagen

Die Verbrennungskraftmaschinen wurden verhältnismäßig spät als Antrieb von Eisenbahnfahrzeugen

Bild 8 Dampftriebwagen der Bayerischen Staatsbahn
(Baujahr 1906; Achsfolge B'2'; Rostfläche 0,87 m²; Heizfläche 41,17 m²; 16 at Überdruck; Höchstgeschwindigkeit 75 km/h; Dienstmasse 53 t; 55/20 Sitzplätze der ehemaligen III./IV. Klasse)

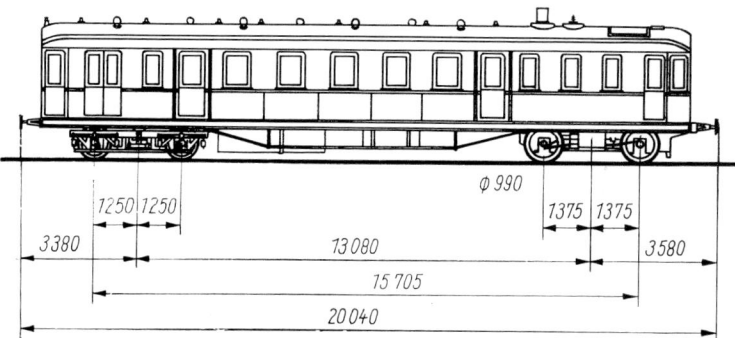

eingeführt. Dies liegt insbesondere an der Drehmomentcharakteristik des Verbrennungsmotors, die von der für Eisenbahntriebfahrzeuge gewünschten Zugkraftcharakteristik wesentlich abweicht. Dabei ist das Unvermögen des Anlaufs aus dem Stand besonders schwerwiegend; deshalb muß der Verbrennungsmotor mit fremder Kraft gestartet werden. Andererseits ist ein Schaltorgan zwischen Motor und Antriebsrädern erforderlich, damit das Drehmoment der Zugkraft angepaßt werden kann.

Die ersten Verbrennungsmotoren waren in den Jahren 1860 bis 1867 von Lenoir, Otto und Langen erfunden worden; sie eigneten sich für Gasbetrieb. Daimler, Benz und Maybach verwendeten erstmals Vergaserkraftstoffe (Benzin, Benzol) in den Jahren 1883 bis 1886. Der Verbrennungsmotor für Schwerölbetrieb (Dieselkraftstoff) ist eine Erfindung von Diesel und folgte 1893/97.

Es ist schwierig, die Anfänge der Entwicklung von Verbrennungstriebwagen darzulegen, da die Unterlagen hierüber sehr spärlich sind. Eine 1880 von Hanomag gebaute Lokomotive mit einem 1,5-kW-Zweitaktmotor und Riemenantrieb wird als das erste Schienenfahrzeug mit Verbrennungsmotor angesehen. Das Fahrzeug kam aber über Versuche nicht hinaus. Die Verbrennungsmotoren wiesen damals nur sehr kleine Leistungen auf. Deshalb benutzten hauptsächlich Werk- und Feldbahnen Lokomotiven mit Verbrennungsmotoren, da sie hier wirtschaftlicher waren als Dampflokomotiven. Außerdem bot sich an, die Triebwagen der Länderbahnen mit Verbrennungsmotoren auszurüsten, zumal bei verkehrsarmen Zeiten gute Erfahrungen mit Dampftriebwagen gemacht wurden.

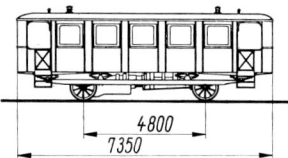

Bild 10   Erster Verbrennungstriebwagen der Württembergischen Staats-Eisenbahnen
(Baujahr 1894; Achsfolge A1; Höchstgeschwindigkeit 32 km/h; Dienstmasse 12,2 t; Vierzylinder-Vergasermotor mit 22 kW; Fahrbereich 350 km; 44 Sitz-, 8 Stehplätze)

Daimler und Klose veranlaßten schließlich die Königliche Württembergische Eisenbahn, 1887 den ersten Versuchstriebwagen zu schaffen und zwischen Cannstatt und Untertürkheim zu erproben. Der Triebwagen hatte nur eine Leistung von 3 kW und konnte sich deshalb nicht durchsetzen.

Das zweite Fahrzeug, 1894 geliefert, war bereits streckentüchtig. Ab 1900 verwendete die Württembergische Staats-Eisenbahn fünf Daimler-Wagen (Bild 10), die einen vierzylindrigen Vergasermotor von 22 kW (ursprünglich von 7,4 kW) hatten. Der Motor befand sich unter einer Haube im Fahrgastraum. Das mechanische Zahnradgetriebe schaltete vier Gänge mit den Fahrgeschwindigkeiten 7,5, 13, 23 und

32 km/h. Die Maschinenleistung erwies sich als zu gering. Verbrennungstriebwagen mit rund 60 kW Leistung wären jedoch teurer gewesen als gleichstarke Dampftriebwagen, so daß die Daimler-Triebwagen nicht weitergebaut wurden. 1914 waren noch zwei Triebwagen vorhanden.

Einen ähnlichen Triebwagen hatte auch die Sächsische Staatseisenbahn in Betrieb. Dieser Wagen verfügte über 44 Sitz- und 20 Stehplätze und fuhr stets ohne Beiwagen.

1892 entstanden die ersten brauchbaren Lokomotiven mit Verbrennungsmotoren (Deutz: 6-kW-Petroleummotor; Riemenantrieb; Höchstgeschwindigkeit 6,3 km/h; Esslingen: 7,5-kW-Vergasermotor der Bauart Daimler; mechanisches Getriebe), die jedoch keine Konkurrenten für die Dampflokomotiven der damaligen Zeit sein konnten.

Auch den Gasmotor verwendete man im Schienenbetrieb, allerdings nur bei Straßenbahnen. So betrieb die Dessauer Straßenbahn seit 1894

Bild 11   Benzolelektrischer Triebwagen der KPEV
(Baujahr 1908; Achsfolge (1A) (A1); Höchstgeschwindigkeit 50 km/h; Dienstmasse 42,0 t; Sechszylinder-Benzolmotor mit 66 kW; bei Probefahrten 60 km/h erreicht; 7/33/40 Sitzplätze der ehemaligen II./III./IV. Klasse)

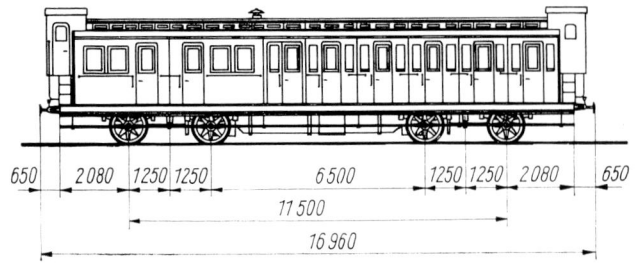

Bild 12 Benzolelektrischer Triebwagen der KPEV

(Baujahr 1909; Achsfolge 2'Bo'; Höchstgeschwindigkeit 60 km/h; Dienstmasse 46,7 t; Sechszylinder-Viertaktmotor mit 74 kW; Gleichstromgenerator 90 kW; Fahrmotoren 2 x 63 kW;
Vielfachsteuerung; 49/26 Sitzplätze der ehemaligen III./IV. Klasse)

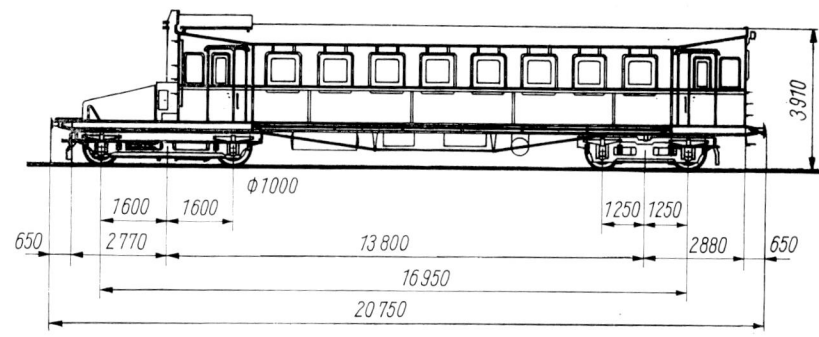

Triebwagen, deren Gasmotor mit Flaschengas gespeist wurde. Der Gasmotor war jedoch nicht für diesen Einsatz geeignet, so daß die Versuche nicht fortgeführt wurden.

1908 beschaffte die KPEV als Versuchsfahrzeug einen Benzoltriebwagen mit elektrischer Kraftübertragung (Bild 11), der von den Firmen AEG und Deutz geliefert wurde. Den Fahrzeugteil fertigten die Waggonfabriken Falkenriede (Hamburg) und Trelenburg (Breslau). Die Maschinenanlage war in einem besonderen Untergestell gelagert, das sich auf die inneren Achsen der Drehgestelle abstützte. Dadurch befand sich die Maschinenanlage fast vollständig unterflur. Der Motor (66/74 kW, 700 bis 750 min^{-1}) war mit einem Gleichstromgenerator (55 kW) elastisch gekuppelt; er wurde mit Druckluft angelassen. Den Fahrmotorenstromkreis regelte man durch Veränderung der Erregung des Generators. Daher gab es keine Verluste durch Widerstände. Die Erfahrungen mit diesen Triebwagen wurden bei den 1909 an die KPEV gelieferten 74-kW-Triebwagen verwertet (Bild 12), den die Firmen AEG, Deutz und Düsseldorfer Eisenbahnbedarf AG lieferten.

Eine ebenfalls elektrische Kraftüber-

tragung hatte ein vierachsiger Benzoltriebwagen (Baujahr 1912) der Firmen Rastatt AG, Gastell, AEG und Bergmann-Elektrische Werke mit einem 74-kW-Sechszylinder-Ottomotor. Der 40,0 t schwere Wagen der KPEV erreichte eine Höchstgeschwindigkeit von 70 km/h und enthielt 50/22 Sitzplätze der damaligen 3./4. Klasse.

Im Jahr 1912 kaufte die KPEV noch einige benzolelektrische Triebwagen von den Bergmann-Elektrischen Werken. Diese 53,0 t schweren Fahrzeuge hatten einen Sechszylinder-Benzolmotor von 125 kW Dauerleistung und erzielten eine Höchstgeschwindigkeit von 70 km/h. Zu diesen Wagen kamen noch zweiachsige Steuerwagen dazu.

Der Dieselmotor konnte sich seinerzeit im Bahnbetrieb noch nicht durchsetzen, da er zu schwer war. Erst technische Verbesserungen ermöglichten seinen Einsatz und die Ausnutzung seiner zahlreichen Vorteile. Zunächst bestellte die KPEV im Jahr 1913 dieselelektrische Triebwagen bei der Waggonbauanstalt Gastell, von denen der erste 1917 in Betrieb genommen wurde. Die Dieselmotoren wurden von der Firma Sulzer, Winterthur, geliefert. Die Fahrmotoren (Doppelmotoren) arbeiteten

über Kuppelstangen auf die Achsen des Triebdrehgestells. Die elektrotechnische Ausrüstung lieferte BBC. 1914 entstanden zwei dieselelektrische Triebwagen ähnlicher Bauart für die Sächsische Staatseisenbahn (Waggonfabrik Rastatt, Gebrüder Sulzer Mannheim und Brown, Boveri & Co). Die Dieselmotorenleistungen lagen zwischen 125 kW und 184 kW und ermöglichten eine Höchstgeschwindigkeit von 60 km/h bis 75 km/h bei Alleinfahrt. Auch diese Triebwagen erhielten Steuerwagen. Der Ausbruch des ersten Weltkrieges unterbrach die Versuche mit diesen Triebwagen. 1922 wurden die Triebwagen an die „Chemins de fer du Val Travers" (Schweiz) verkauft, modernisiert und ab 1924 für einige Jahre eingesetzt.

Etwa zur gleichen Zeit bauten die Sächsischen Staatseisenbahnen einen Straßenomnibus für Schienenbetrieb um, indem die hartgummibereiften Räder eine Eisenbandage mit Spurkranz erhielten. Der Triebwagen hatte einen Vierzylinder-Ottomotor mit etwa 22 kW Leistung und ein Fassungsvermögen von 18 bis 20 Personen. Auch diese Versuche fanden durch den Ausbruch des Krieges ein Ende.

Deutsche Reichsbahn-Gesellschaft (1924 bis 1945)

Dampftriebwagen

Nach dem ersten Weltkrieg setzte eine lebhafte Entwicklung des Verbrennungstriebwagens ein. Als jedoch mit steigender Antriebsleistung die Kraftübertragung des Verbrennungstriebwagens Schwierigkeiten bereitete, schenkten die Verfechter des Dampftriebwagens dieser Antriebsform wieder mehr Aufmerksamkeit. Beeinflußt durch die in den USA gerade mit Erfolg erprobte vollautomatische Dampferzeugungsanlage mit Einrohrkessel nach Doble, rüstete man einen zwei-achsigen Triebwagen mit einer solchen importierten 74-kW-Anlage aus. Diese Dampferzeugungsanlagen arbeiteten mit Hochdruck (100 · 10^5 Pa bis 120 · 10^5 Pa). 1932 folgten drei Triebwagen (Bild 13) und zwei Jahre später vier Triebwagen (Bild 14) von Wegmann und Henschel. Sie zeigten ein gutes Betriebsverhalten, wiesen jedoch kleine Unzulänglichkeiten auf, wie die Abdampfentölung. Auch traten Kesselschäden auf. Positiv wurden die schnelle Betriebsbereitschaft und die geringen Betriebsgeräusche bewertet. Der Brennstoffverbrauch lag jedoch doppelt so hoch wie bei einem gleichwertigen Verbrennungstriebwagen.

Auch die Lübeck-Büchener Eisenbahn erhielt 1934 einen 220-kW-Dampftriebwagen mit der Achsfolge Bo'2' und einer Höchstgeschwindigkeit von 110 km/h.

An den Dampftriebwagen erinnerte man sich wieder besonders, als in Deutschland der zweite Weltkrieg vorbereitet wurde und eine vom Ausland unabhängige Wirtschaft geschaffen werden sollte. Man suchte deshalb nach Lösungen, anstelle des Dieselkraftstoffs (für VT) und Gasöls (für DT) feste Brennstoffe zu verwenden. Die Lösung sah man beispielsweise in einem Spezialkessel mit mechanischer Rostbeschickung. Angeregt durch Preisausschreiben mit hohen Gewinnen fer-

Bild 13
Dampftriebwagen
DT 51 bis DT 53

(Baujahr 1932; Achsfolge Bo'2'; indizierte Leistung 222 kW; Höchstgeschwindigkeit 90 km/h; Dienstmasse 36,0 t; 70 Sitzplätze

Bild 14 Dampftriebwagen DT 54 bis DT 58, System Doble

(Baujahr 1934; Achsfolge Bo'2'; Höchstgeschwindigkeit 90 km/h; Dienstmasse 43,5 t; ölgefeuerter Kessel; schnellaufende Dampfmaschinen im Triebdrehgestell; Antrieb über Zahnradvorgelege; Abdampf-Rückgewinnung; Leistung 2 x 110 kW; Vielfachsteuerung; 60 Sitzplätze – Klammerwerte für DT 57 und 58 sowie DT 54 bis 56 nach Umbau)

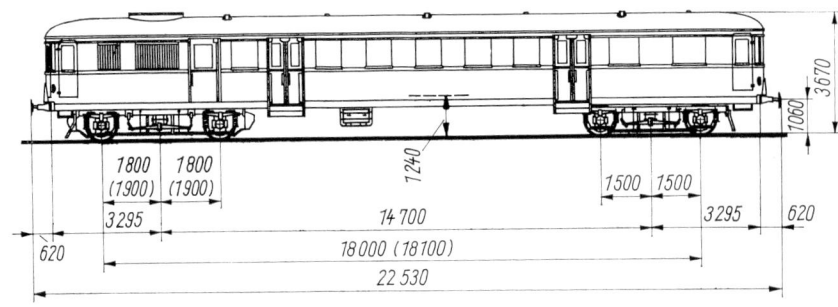

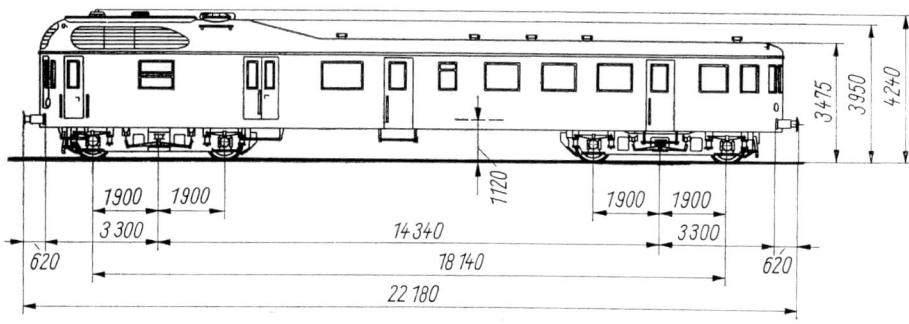

Bild 15 Dampftriebwagen DT 59;
Bauart Borsig

(Baujahr 1937; Achsfolge 2'Bo'; Höchstge-
schwindigkeit 110 km/h; Dienstmasse 54,0 t;
Schwelkoksdampferzeuger; Leistung 221 kW; 48
Sitzplätze)

tigte die Waggonfabrik Wismar einen Triebwagen an (Bild 15), der als Versuchsfahrzeug von Borsig einen Schwelkokserzeuger mit 220 kW zur „Verwendung heimischer fester Brennstoffe" hatte. Trotz großer Bemühungen blieb diese Entwicklung erfolglos und wurde nicht weiter verfolgt.

Verbrennungstriebwagen

Nach dem ersten Weltkrieg vervollkommneten sich die Antriebsmotoren, und es konnten in verstärktem Maße neue Triebwagen geschaffen werden.

Der erste neue Triebwagen war ein benzolmechanischer Triebwagen mit 55 kW Leistung; er war für die Straßenbahn Spandau–Hennigsdorf bestimmt. Die Benzolmotoren zeichneten sich durch einen einfachen Aufbau aus, verursachten aber hohe Brennstoffkosten.

Als dann schnellaufende Motoren zur Verfügung standen, um deren Konstruktion sich Maybach große Verdienste erworben hatte, vermochte man, leistungsfähige Verbrennungstriebwagen zu bauen. Der erste Schnelläufer größerer Leistung hatte sechs Zylinder und erzeugte 110 kW bei 1300 min^{-1}.

Auf der Seddiner Eisenbahnausstellung waren 1924 viele neue Triebwagen zu sehen (Tabelle). Charakteristisch ist, daß diese Triebwagen nicht von den deutschen Staatsbahnen bestellt worden waren. Meist handelte es sich um zweiachsige Triebwagen mit Benzolmotoren und mechanischer Kraftübertragung. Es gab aber auch Trieb-

Hersteller	Fahrzeug	—	Werd	AEG NAG	Goth	Düwag	DKW	AEG NAG	Eva May
	Motor	—							
Spurweite		mm	1435	1435	1435	750	1435	1435	1435
Achsfolge		—	A1	A1	A1	B'B'	(1A) (A1)	(1A) (A1)	B'2'
Höchstgeschwindigkeit		km/h	40	40	45	50	60/75	75	65
Motorleistung		kW	44	55	59	2×22	74	2×55	110
		PS	60	75	80	2×30	100	2×75	150
Länge über Puffer		mm		13 560	12 000	13 500	13 250	17 570	19 360
Dienstmasse		t		20,0	16,0	12,5	22,0	36,0	36,9
Kraftübertragungsart		—	vmech	vmech	vmech	vhydr	vmech	vmech	dmech
Sitzplätze		—	36	50	47	38	49	68	58
Beiwagen		—	—	ja	—	ja	ja	ja	ja
spez. Metereigenmasse		t/m		1,48	1,33	0,93	1,66	2,05	1,91
spez. Antriebsleistung		kW/t		2,74	3,70	3,52	3,36	3,06	2,98
spez. Sitzplatzmasse		kg		400	340	329	448	530	636

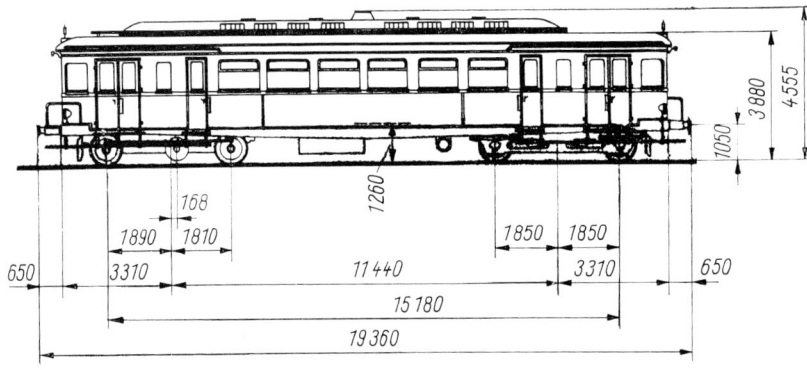

Bild 16   Dieselmechanischer Triebwagen der KPEV, VT 851
(Baujahr 1924; Achsfolge B'2'; Höchstgeschwindigkeit 65 km/h; Dienstmasse 36,9 t; Sechszylinder-Viertaktmotor mit 111 kW; 4 Gänge; Seilzugsteuerung für Motor, Getriebe, Wendegetriebe und Kühler; Stangenantrieb mit Gelenkwelle)

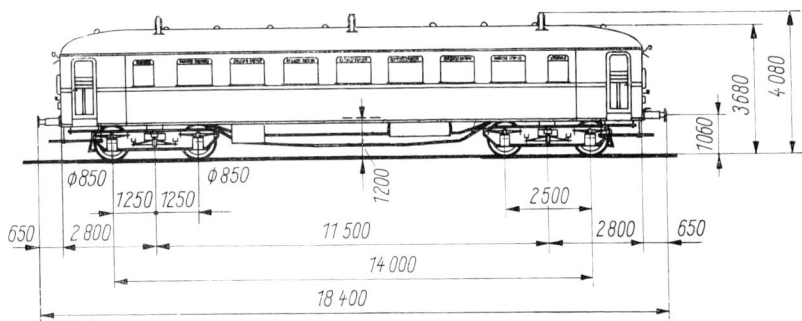

Bild 17   Benzoltriebwagen VT 751 und VT 752
(Baujahr 1925; Achsfolge (1A) (A1); Höchstgeschwindigkeit 60 km/h; Dienstmasse 43,0 t; Sechszylinder-Viertaktmotor mit 111 kW; 4 Gänge; Maschinenanlage war Betriebsbeanspruchungen nicht gewachsen, deshalb Umbau auf Vergasermotor und neue Getriebe)

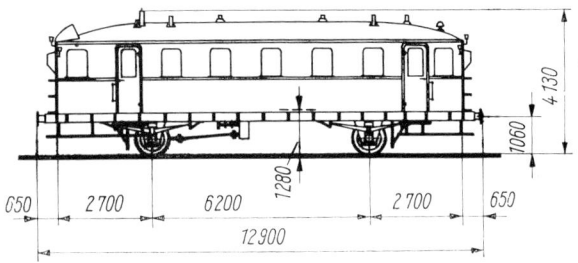

Bild 18
Benzoltriebwagen
VT 703 und VT 704
(Baujahr 1926; Achsfolge A1; Höchstgeschwindigkeit 50 km/h; Dienstmasse 19,2 t; Sechszylinder-Viertaktmotor mit 55 kW; 4 Gänge; elektropneumatische Steuerung für Motor und Getriebe)

wagen mit Diesel- oder Sauggasmotoren sowie vierachsige Wagen. Die elektrische Kraftübertragung wurde nicht verwendet, da die KPEV sie in den Jahren zuvor negativ beurteilt hatte.

Der Triebwagen der Firmen Waggonfabrik Wismar und Maybach (Bild 16) zeichnete sich besonders dadurch aus, daß er den ersten brauchbaren Dieselmotor stärkerer Leistung enthielt. Der Motor war speziell für diesen Triebwagen entwickelt worden. Bei der Anfahrt wurde der 1. Gang eingelegt und mit Druckluft von $40 \cdot 10^5$ Pa gleichzeitig der Triebwagen angefahren und der Motor gestartet.

Die übrigen Triebwagen hatten Vergasermotoren, wie sie bei Kraftwagen üblich waren.

Die Deutsche Reichsbahn-Gesellschaft trieb die Entwicklung von Triebwagen zielgerichtet voran. Das Lokomotiv-Versuchsamt Grunewald begann 1925 systematische Versuche, wobei neue Triebwagen und der von der DRG übernommene Triebwagen VT 851 erprobt wurden (Bilder 16 bis 22). Die VT 801 bis VT 804 erhielten die ersten kompressorlosen Dieselmotoren von MAN. Damit gewann der Dieselmotor auch

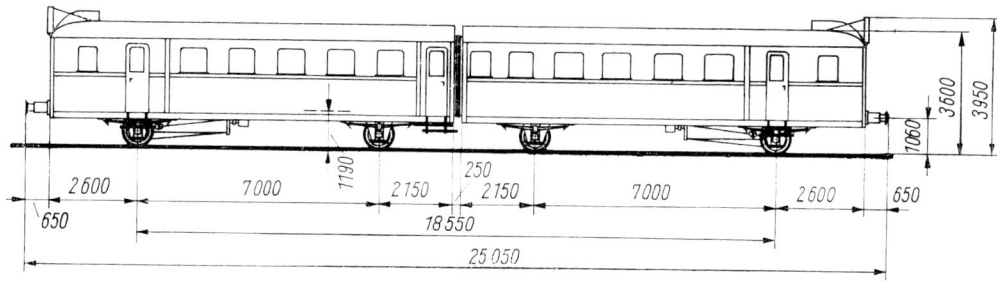

Bild 19
Benzoltriebzug
VT 715/716

(Baujahr 1926; Achsfolge A1 +
1A; Höchstgeschwindigkeit 60
km/h; Dienstmasse 49,2 t;
Sechszylinder-Viertaktmotor mit
2 x 55 kW; 4 Gänge; elektropneumatische Steuerung)

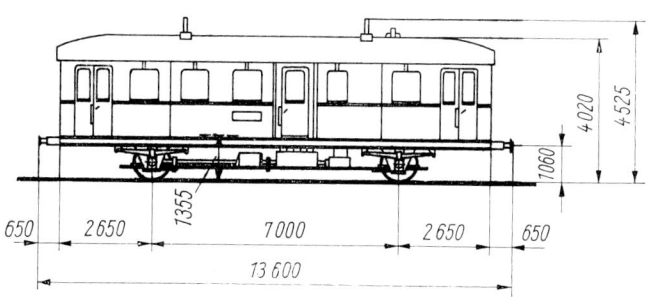

Bild 20   Benzoltriebwagen VT 709,
VT 711 und VT 712

(Baujahr 1926; Achsfolge A1; Höchstgeschwindigkeit 60 km/h; Dienstmasse 27,6 t; Sechszylinder-Viertaktmotor mit 55 kW; 4 Gänge;
elektropneumatische Steuerung)

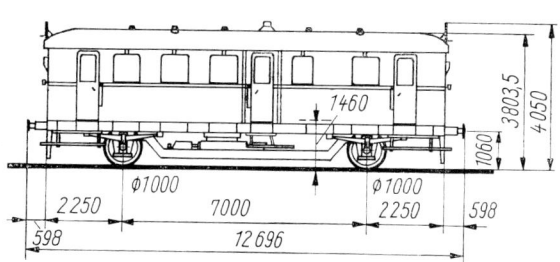

Bild 21   Dieselmechanischer Triebwagen VT 801 und VT 804

(Baujahr 1927; Achsfolge A1; Höchstgeschwin-
digkeit 70 km/h; Sechszylinder-Dieselmotor mit
55 kW, 1933/34 ersetzt durch Sechszylinder-Die-
selmotor mit 111 kW;
VT 801, 802 und 804: Viergang-Klauenkupplung-
Wechselgetriebe, mechanische Gangschaltung,
Kupplung pneumatisch geschaltet;
VT 803: Trilok-Getriebe)

Bild 22
Benzoltriebwagen VT 762

(Baujahr 1927; Achsfolge (1A)
(A1); Höchstgeschwindigkeit 70
km/h; Dienstmasse 41,5 t;
Sechszylinder-Dieselmotor mit
2 x 66/81 kW; Kraftstoff Benzol-
Benzin-Gemisch; elektropneumatische bzw. elektromotorische
Steuerung des Wechselgetrie-
bes)

Bild 23   Gepäcktriebwagen
VT 10 001 bis VT 10 003

(Baujahr 1930; Achsfolge B'2'; Höchstgeschwindigkeit 45 km/h; Dienstmasse 40 t; Tragfähigkeit 15 Mp; Sechszylinder-Viertaktmotor mit 129 kW; Blindwelle und Kuppelstangen; Steuerung durch Seilzüge)

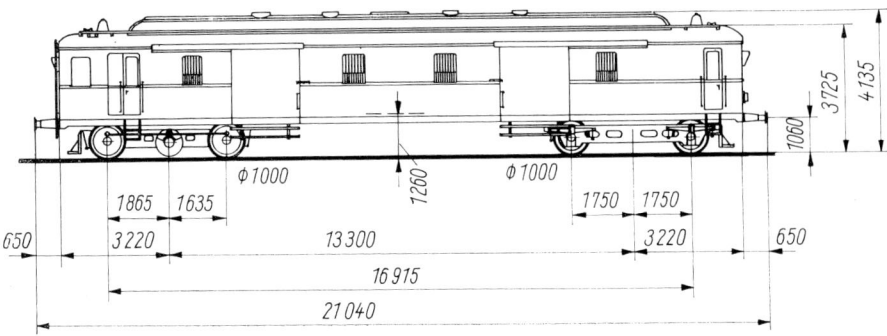

bei Schienenfahrzeugen Konkurrenzfähigkeit.

Die folgenden Jahre dienten vorwiegend zum Sammeln von Betriebserfahrungen mit den vorhandenen Wagen. Die Fahrzeuge wurden zum Teil wesentlich umgebaut, zum Teil verschwanden sie ganz, wenn sie den Bedingungen des Schienenverkehrs nicht gewachsen waren. Die Aufgabe, ein Schienenfahrzeug mit einem Verbrennungsmotor auszurüsten, erschien seinerzeit zunächst nicht schwer, da sich gleichartig ausgestattete Straßenfahrzeuge gut bewährten. Doch das war ein Trugschluß, denn manches, was wir heute als selbstverständlich annehmen, hat erhebliches Lehrgeld gekostet. Der Schienenverkehr hat viele Eigenarten. So erzeugen die Schienen beim Befahren Schwingungen, die sich auf das Fahrzeug und die Antriebsanlage negativ auswirken. Weiterhin gibt die freie Strecke die Möglichkeit eines dauernden Volllastbetriebs, was mit wesentlich höheren dynamischen und thermischen Anforderungen an die Fahrzeuge verbunden ist als im Straßenverkehr.

Der vierachsige Dieseltriebwagen VT 851 brachte so gute Betriebsergebnisse, daß die Deutsche Reichsbahn-Gesellschaft 1927/28 ähnliche Wagen anschaffte (VT 852 bis VT 861 und VT 866 bis VT 871). Erwähnenswert ist auch der Dieseltriebwagen VT 865 mit 2×55 kW, der aus einem Dampftriebwagen entstanden war (MAN). Die Dieselmotoren und die Getriebe lagen mit ihren Wellen parallel zu den Treibachsen, und Motor, Getriebe sowie Achse hatten ein gemeinsames Gehäuse. Dieser Triebwagen wurde 1930 im Nürnberger Nahverkehr eingesetzt. Eine Besonderheit jener Zeit sind drei von der Waggonfabrik Wismar im Jahr 1930 gelieferte Gütertriebwagen. Sie haben zwei Führerstände sowie einen großen Laderaum und können als Vorläufer der Leig-Einheiten betrachtet werden (Bild 23); sie ähneln den VT 852 und folgenden.

Neben den Konstruktionen und Versuchen, die unter Leitung oder in Abstimmung mit der DRG erfolgten, gab es auch Versuche von Firmen und Gesellschaften, um Antriebe mit Verbrennungsmotoren zu erproben. So erregten im Jahr 1928 die Experimente von Opel Aufsehen, der mit einem raketengetriebenen Fahrzeug auf der Strecke Hannover–Burgwedel Geschwindigkeiten von 253 km/h erreichte.

Eine andere Sonderausführung sind die von der im Jahr 1928 gegründeten Studiengesellschaft Flugbahn-GmbH gebauten und erprobten Triebwagen mit Luftschraubenantrieb. Mit ihrer Entwicklung ist der Name Kruckenberg eng verbunden. Nach einem Propellerversuchswagen, der 1916/17 gefertigt worden war und nach Umbau 1929 zu Versuchsfahrten diente (175 km/h auf der Strecke Hannover–Burgwedel), folgte ein zweiachsiger Schienenzeppelin mit Luftschraubenantrieb (Bild 24), der im September 1930 sein Versuchsprogramm aufnahm. Er war in extremer Leichtbauweise ausgeführt (18,58 t bei 25,3 m Länge), hatte eine sehr gedrungene Form (Gesamthöhe nur 2800 mm) und wurde von einem 404-kW-Benzolmotor (443 kW bei Vollgas; BMW-VI-Flugmotor) angetrieben. Die Luftschraubennabe war um 7° nach oben geneigt und drückte somit den Wagen nach vorne und auch auf die Schienen. Mit diesem Fahrzeug wurden zahlreiche Neuerungen erprobt, z. B. Abfederung über Blattfedern in Gummikugeln, Stromlinienform, Stahlrohrsitze. Der Triebwagen führte mehrere Schnellfahrversuche durch und erreichte am 10. Mai 1931 auf dem Abschnitt Lehrte Pbf–Plockhorst (19,7 km) eine Geschwindigkeit von 205 km/h und am 21. Juni 1931 bei der Fahrt von Hamburg-Bergedorf nach Berlin-Spandau zwischen Karstädt und Dergenthin (8,5 km) eine Geschwindigkeit von 230 km/h. Für die gesamte Fahrt von Hamburg nach Berlin wurden 98 Minuten benötigt, was einer Reisegeschwindigkeit von 157,3 km/h entsprach.

Trotz der guten Ergebnisse lehnte die DRG den Einsatz des Propellerantriebes ab. Zwar war seine Ungefährlichkeit bewiesen worden, aber er arbeitet nur bei Fahrgeschwindigkeiten ab 200 km/h wirtschaftlich; außerdem muß der Triebwagen bei jeder Fahrtrichtungsänderung gedreht werden.

Nach dem Umbau des Triebwagens (1932) verzichtete man auf die Luftschraube und erprobte hydraulische Getriebe und außerdem neue Kopfformen. Dabei wurde die vordere Achse durch ein Drehgestell ersetzt, in dem der 443-kW-Benzolmotor angeordnet war. Bei Probefahrten wurden 160 km/h erreicht. Später

wurde ein 302-kW-Dieselmotor eingebaut, um Vorversuche für einen Schnelltriebwagen mit hydraulischer Kraftübertragung fahren zu können. Im November 1934 ging dieser Triebwagen in den Besitz der Deutschen Reichsbahn-Gesellschaft über, kam jedoch nicht in den planmäßigen öffentlichen Verkehr.

Die Wirtschaftskrise Ende der zwanziger Jahre brachte den Triebwagen als wirtschaftliches Beförderungsmittel wieder in das Gespräch. Bei der Deutschen Reichsbahn-Gesellschaft wurde im Reichsbahn-Zentralamt für Maschinenbau ein besonderes Dezernat für Triebwagenbau unter der Leitung von Breuer geschaffen.

Betriebliche Forderungen führten dazu, statt des Triebwagens in seiner ursprünglichen Form, das heißt als Einzelfahrzeug mit eigenem Antrieb, dem Triebwagenzug, das heißt Triebwagen mit Beiwagen, Vorrang einzuräumen.

Der bei den Reisezugwagen inzwischen vollzogene Übergang zur

leichten Stahlbauweise wirkte sich auch bei den Triebwagen aus. Dabei konnte der Fahrzeugteil der Triebwagen (Untergestell) noch leichter gehalten werden, da eine Beförderungsmöglichkeit in normalen Zügen nicht mehr verlangt wurde. Die Nebenbahntriebwagen, verbunden mit einem Beiwagen, sollten vollbesetzt eine Fahrgeschwindigkeit von 65 km/h bei noch möglicher Beschleunigungsfähigkeit erreichen. Von den ersten acht Wagen erhielten sechs Vergasermotoren und mechanische Getriebe (VT 717 bis

Bild 24 Schienenzeppelin von Kruckenberg

(erste öffentliche Fahrten im Oktober 1930; Höchstgeschwindigkeit 150 km/h; Leermasse 18,6 t; Hauptmotor ein Flugzeugmotor mit 405 kW; Antrieb mit vierflügligen Propellern; bei Versuchsfahrten 230 km/h erreicht; Notfahrbetrieb über Akkumulatoren und Fahrmotor)

Bild 25 Triebwagen VT 720 und Beiwagen VB 907
(Baujahr 1932; Achsfolge A1; Höchstgeschwindigkeit 65 km/h; Dienstmasse 13,5 t; Sechszylinder-Benzolmotor mit 74 kW; vier Gänge; Myliusgetriebe)

1931 zeigte die Firma Henschel die ersten Schienenomnibusse auf der Internationalen Automobilausstellung in Berlin (Bild 27). Weitere Schienenomnibusse von der Wag-

heiten: Sie durften als einzige Regelfahrzeuge entgegen der BO § 65 (7) hintereinander als „Fahrtenbündel" auf die Strecke gehen (nicht im Abstand von Zugfolgestel-

VT 722, später VT 133 000 bis VT 133 005; Bild 25) und zwei zum Vergleich Dieselmotoren und elektrische Kraftübertragung nach dem Gebus-System (VT 805 und VT 806, später VT 135 000 und VT 135 001; Bild 26). Die Triebwagen VT 805 und VT 806 hatten erstmalig einen in großem Umfang geschweißten Fahrzeugteil und waren als Neuerung mit einer Abgas-Frischluftbeheizung ausgestattet.

Auch bei den vierachsigen Nebenbahntriebwagen wurde der Leichtbau eingeführt. Außerdem war der Dieselmotor auf eine Leistung von 129 kW gesteigert worden. 1931 kamen die Wagen VT 862 bis VT 864 (Wumag) sowie VT 875 und VT 876 (Waggonfabrik Wismar) hinzu. Bei diesen Wagen waren erstmalig die Stirnflächen abgerundet und die Kühler unter dem Wagen angeordnet.

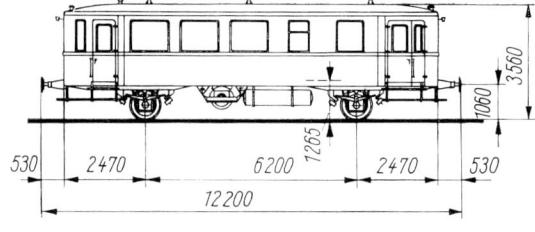

Bild 26
Triebwagen
VT 805 und VT 806
(Baujahr 1932; Achsfolge A1; Höchstgeschwindigkeit 65 km/h; Dienstmasse 15,5 t; Sechszylinder-Dieselmotor mit 88 kW; elektrische Kraftübertragung; erster Triebwagen in Schweißkonstruktion; 35 Sitzplätze)

gonfabrik Bautzen wurden als VT 133 006 bis VT 133 008 eingenummert. Unter den Nummern VT 133 009 bis VT 133 012 standen auch Schienenomnibusse bei den damaligen Saarbahnen im Dienst (Bild 28), die für jede Fahrtrichtung eine Maschinenanlage hatten. Bemerkenswert sind die geringe Sitzplatzmasse von 206 kg und die gummigefederten Radscheiben. Auch im Betrieb zeigten diese Triebwagen Besonder-

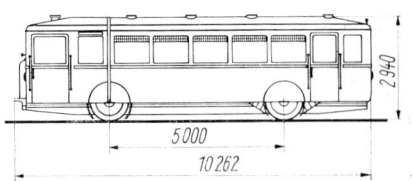

Bild 27 Henschel-Schienenomnibus
(Baujahr 1931; Motorleistung 73,5 kW; mechanisches Getriebe; vier Vorwärts- und ein Rückwärtsgang; Dienstmasse 10 t; 33 Sitzplätze)

Bild 28
Schienenomnibus
VT 133 009 und VT 133 010
Baujahr 1933/34; Achsfolge in jeder Fahrtrichtung A1; Höchstgeschwindigkeit 45 km/h; Dienstmasse 6,1 t; Vierzylindermotor mit 2 × 29,5 kW; Schaltung von Getriebe und Motor wie bei Kraftomnibussen; 24 Sitzplätze)

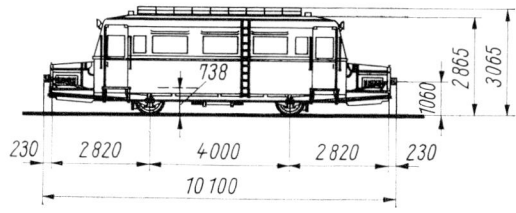

len), wobei sie als eine Zugfahrt behandelt wurden.
Wegen der guten Betriebsergebnisse mit den Nebenbahntriebwagen entstanden in der gleichen Zeit auch drei vierachsige Triebwagen für den Verkehr auf Hauptbahnen (Bild 29). Sie sind die ersten Triebwagen mit einer Motorleistung von 302 kW und waren für den Schnellnahverkehr zwischen benachbarten Großstädten (Frankfurt/Main–Wiesbaden) bestimmt. Wegen der großen Dieselmotorleistung konnte kein mechanisches Getriebe, sondern mußte die elektrische Kraftübertra-

gung verwendet werden. Es wurde wieder eine schwere Fahrzeugkonstruktion geschaffen, da man ein Leichtbaufahrzeug nicht auf Hauptstrecken verkehren lassen wollte. Diese Triebwagen erhielten Steuerwagen aus Eilzugwagen der Gattung B4i, um in den beiden Kopfbahnhöfen das Umsetzen des Triebwagens zu ersparen.
Unmittelbar nach erfolgreicher Erprobung der 302-kW-Triebwagen wurden verbesserte Triebwagen in Auftrag gegeben. So hatte man die Wagenmasse zu senken, die Stirnwände abzurunden, eine Blech-

schürze zwischen den Drehgestellen anzubringen, den Dieselmotor ohne Kompressoren mit unmittelbarer Kraftstoffeinspritzung einzubauen, die elektrische Ausrüstung leichter zu halten und die Kühlanlagen unterflur anzuordnen.
Für den Verkehr auf Nebenbahnen gab es vierachsige Dieseltriebwagen, die noch über Blindwelle und Kuppelstangen angetrieben wurden. Während die 1932 gelieferten VT 137 007 bis VT 137 024 eine Leistung von 129 kW aufwiesen, hatten die 1934 beschafften VT 137 036 bis VT 137 054 und VT 137 121 bis VT 137 135 bereits eine Leistung von 154 kW. Diese Triebwagen sind eine markante Entwicklung dieser Epoche. In den folgenden Jahren setzte eine stürmische Entwicklung von Verbrennungstriebwagen ein. So wurden beispielsweise 1935 fast 150 Verbrennungstriebwagen in den Bestand der Deutschen Reichsbahn-Gesellschaft aufgenommen. Die Triebwagen waren Firmenentwick-

Bild 29
Dieseltriebwagen
VT 872 bis VT 874;
hier VT 873

(Baujahr 1932; Achsfolge 2'Bo'; Höchstgeschwindigkeit 90 km/h; Dienstmasse 52 t; Zwölfzylinder-Dieselmotor mit 302 kW; elektrische Kraftübertragung)

lungen und daher sehr unterschiedlich im Aufbau, so daß hier nur einige Fahrzeuge erwähnt werden sollen:

Eine beachtliche Neuerung war 1936 der VT 135 060, der erstmals einen Dieselmotor mit liegenden Zylindern (Bauart 2 × 4 V 18 L von DWK, 159 kW) und ein mechanisches Wechselgetriebe hatte. Dadurch konnte die Maschinenanlage vollständig unter dem Wagenfußboden leicht zugänglich angeordnet werden. Ende 1936 bekam dieser Triebwagen noch das erste Flüssigkeitsgetriebe von AEG. In den VT 135 047 wurde erstmalig das Trilok-Voith-Getriebe eingebaut. Eine andere Neuerung aus dem Jahr 1937 war die Benutzung von Leichtmetall und Hydronalium für Wagenkasten und Untergestell (VT 135 065 und VT 135 066). Einer allgemeinen Einführung dieser Werkstoffe stand aber ihr hoher Preis entgegen. Ein ähnliches Fahrzeug war der Ultraleicht-Beiwagen (VB 147 076) mit einer Sitzplatzmasse von rund 150 kg.

Außer dieselmechanischen Triebwagen mit einer installierten Leistung von 154 kW und dieselelektrischen Triebwagen mit 222 kW entstand der Einheitstriebwagen mit 302 kW Leistung, der in einer großen Stückzahl geliefert wurde (Bild 30). Aus vielerlei Gründen wurde diese Leistung nicht auf mehrere Motoren verteilt, so daß eine elektrische Kraftübertragung notwendig war. Versuchsweise schuf man später auch einige Triebwagen mit hydraulischer Kraftübertragung. Besonderes Augenmerk galt auch dem Leichtbau, was sich besonders in der Schweißkonstruktion für Wagenkasten und Drehgestell und bei der Trommelbremse zeigte. Gezwungen durch die starke Konkurrenz des Straßenverkehrs, mußte

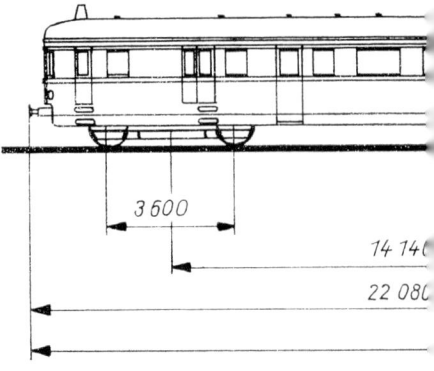

Bild 30 302-kW-Einheits-Dieseltriebwagen mit elektrischer Kraftübertragung

die Eisenbahn auch einen Schnellverkehr über längere Strecken einrichten. Im November 1930 regte daher die Deutsche Reichsbahn-Gesellschaft den Bau eines Triebzugs an, den das DRG-Zentralamt und die Görlitzer Waggonbaufabrik konstruierten. Bei der technischen Ausrüstung fußte man auf den 302-kW-Einheitstriebwagen, nur paßte

Bild 31 Schnelltriebzug „Fliegender Hamburger"

man den Wagenkasten zweckentsprechend an (Kopfform weitgehend zugespitzt), veränderte die Inneneinrichtung gemäß dem Verwendungszweck, erhöhte die Bremsfähigkeit durch Magnetschienenbremse und baute kompressorlose Maybach-Dieselmotoren ein. Am 19. Dezember 1932 fand die erste Probefahrt zwischen Berlin und Hamburg statt, bei der der Triebzug für die 286,8 km lange Strecke 142 Minuten reine Fahrzeit benötigte. Planmäßig wurde mit 150 km/h gefahren, als Spitzenwert 165 km/h

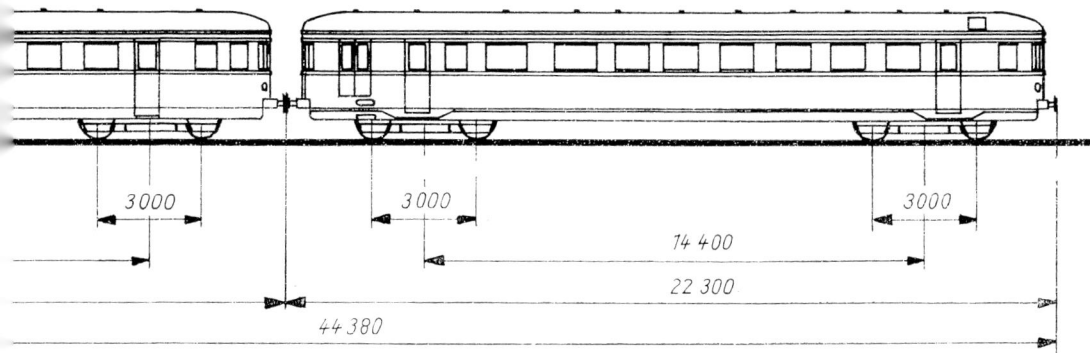

erzielt. Neben den nötigen technischen Erprobungen fanden auch zahlreiche betriebliche Untersuchungen statt. Als Ergebnis erhielt der VT 877 a/b (Bild 31) als FDt 1/2 eine Fahrplangeschwindigkeit von 140 km/h. Er verkehrte vom 15. Mai 1933 an planmäßig.

Der als „Fliegender Hamburger" berühmt gewordene Triebzug war ein voller Erfolg. Deshalb bestellte die DRG bereits im Juli 1933 vier weitere Triebzüge dieser Bauform, jedoch mit einigen Verbesserungen: Sitzplatzteilung 1 + 2, verbesserte Bewirtschaftung, Scharfenberg-Kupplung für Mehrfachtraktion. Die Triebzüge erzielten Monatslaufleistungen von über 30 000 km, wobei Spitzenwerte bis 35 800 km (entspricht etwa 1190 km täglich) vorkamen.

Gleichzeitig entwarfen die Deutsche Reichsbahn-Gesellschaft mit der Waggonfabrik Görlitz einen dreiteiligen Schnelltriebzug (Bauart Breslau, später als Bauart Leipzig bezeichnet), und die Flugbahn-GmbH arbeitete an einem ähnlichen Triebzug mit hydraulischer Kraftübertragung (SVT 137 155, Bauart Kruckenberg).

Die Deutsche Reichsbahn-Gesellschaft begann nunmehr ein Schnellverkehrsnetz aufzubauen, das alle bedeutenden deutschen Großstädte innerhalb eines Tages mit Berlin durch einen Frühzug hin und einen Abendzug zurück verband. Mit Anlieferung der 13 Triebzüge der Bauart Hamburg wurden in den Jahren 1935/36 die Verbindungen von Berlin aus nach Hamburg, Köln, Frankfurt/Main, München und Nürnberg sowie zwischen Köln und Hamburg eingerichtet, die der hohen Nachfrage wegen z. T. in Doppeltraktion gefahren werden mußten. Dennoch betrug auf der 12 km langen Rampe des Thüringer Waldes mit einer Steigung von 25 ‰ die Geschwindigkeit noch 70 km/h.

Für die weitere Ausdehnung des Schnellverkehrs wurden dreiteilige Triebzüge beschafft, die auch Abteile der damaligen 3. Klasse enthielten. Diese Triebzüge der Bauart Leipzig hatten wiederum Jakobs-Drehgestelle und erstmalig aufgeladene 444-kW-Dieselmotoren. Von dieser Bauart wurden zwei Triebzüge mit elektrischer und zwei mit hydraulischer Kraftübertragung ausgerüstet. Damit sollte unter anderem insbesondere die Verwendungsfähigkeit der hydraulischen Kraftüber-

tragung kritisch überprüft werden; die hydraulische Kraftübertragung hatte Föttinger in Zusammenarbeit mit der Firma Voith entworfen. Bei einer Versuchsfahrt am 17. Februar 1936 zwischen Hamburg und Berlin erzielte ein Triebzug mit elektrischer Kraftübertragung und normaler Ausrüstung eine Geschwindigkeit von 205 km/h.

Außer der Entwicklung von Schnelltriebzügen wurde auch die Entwicklung von Einzelwagen vorangetrieben. Zwar lag das Einheitsprogramm vor, aber es waren noch viele Versuche und Erprobungen zur technischen Verbesserung der Fahrzeuge notwendig. Das Hauptaugenmerk galt den Dieselmotoren und den Getrieben. Da bei Fahrten auf steilen Strecken die Dieselmotorleistung für einen angestrengten Betrieb nicht ausreichte, wurden von den Dieselmotorherstellern, nachdem Maybach die Möglichkeit der Aufladung eines Dieselmotors erprobt hatte, Motoren mit Aufladung hergestellt. Der Vorteil war die enorme Leistungssteigerung ohne nennenswerte Erhöhung des Kraftstoffverbrauchs. So erhielten die Triebwagen VT 137 156 bis VT 137 159 einen Dieselmotor der Type

Bild 32 Dieseltriebwagen
VT 137 296 bis VT 137 300

(Baujahr 1937; Achsfolge 2'Bo'; Höchstge-
schwindigkeit 90 km/h; Dienstmasse 44,9 t;
Sechszylindermotor mit 222 kW; elektrische
Kraftübertragung; RZM-B-Steuerung)

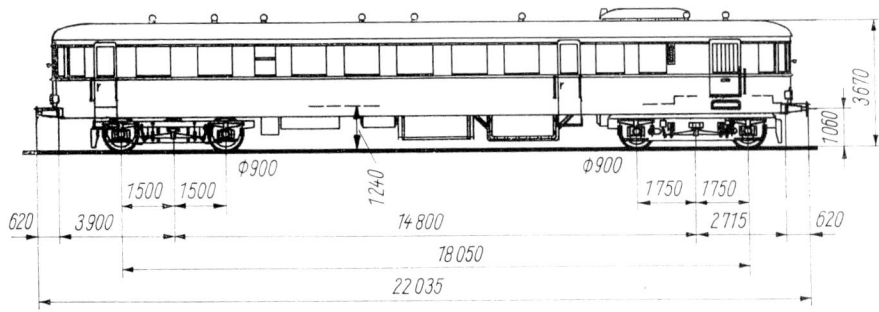

L 2 × 6 V 17,5/18, der durch ein Büchi-Aufladegebläse von 309 kW auf eine Leistung von 412 kW gesteigert werden konnte. Bei diesen Triebwagen war erstmals die Maschinenanlage nicht im Drehgestell, sondern in einem Tragrahmen am Untergestell federnd aufgehängt.
Neben der elektrischen Kraftübertragung wurde nicht nur die hydraulische Kraftübertragung, sondern auch das mechanische Getriebe weiter untersucht. So erhielten der VT 137 235 ein Viergang-Lamellen-Kupplungsgetriebe der Bauart LRG 250 D (DWK) und der VT 137 236 ein Mylius-Fünfgang-Getriebe der Bauart EW für eine Leistung von 222 kW.
In den Fahrzeugen VT 137 271 und VT 137 272 wurde eine hydraulische

Kraftübertragung erprobt, die außer einem Anfahrwandler noch zwei Marschwandler enthielt, wobei eine bessere Fahrweise untersucht werden sollte.
Bei der elektrischen Kraftübertragung forschte man nach geeigneteren Steuerungssystemen.
Die im Jahr 1937 gelieferten 222-kW-Dieseltriebwagen VT 137 296 bis VT 137 300 (Bild 32) erhielten die RZM-B-Schaltung (Vollastschaltung).
In den Versuchswagen VT 137 160 und VT 137 161 (1937, Westwaggon) und in den VT 137 162 sowie VT 137 163 (1937, Talbot) wurde das Flüssigkeitsgetriebe der Bauart Voith ACL 36 m 1 erprobt, wobei es mit einem 310-kW- bzw. mit einem 206-kW-Dieselmotor zusammenarbeitete.

Bei den Motoren sollte außer den Schnelläufern (etwa 1400 min⁻¹) die Eignung der Mittelläufer (etwa 900 min⁻¹) erprobt werden, da man günstigere Instandhaltungskosten erwartete. Es entstand deshalb für Nebenbahnen ein Triebwagen mit hydraulischer Kraftübertragung (VT 137 241 bis VT 137 270), der ab 1937 von mehreren Firmen geliefert und unter den Nummern VT 137 442 bis VT 137 461 nochmals nachgebaut wurde.
Ebenfalls im Konkurrenzkampf mit den Straßenfahrzeugen kam ein Spezial-Triebwagen heraus, dem später zwei weitere folgten. Als VT 137 240 wurde 1936 ein Aussichtstriebwagen in Dienst gestellt, der für Ausflugs- und Sonderfahrten in Süddeutschland bestimmt war.

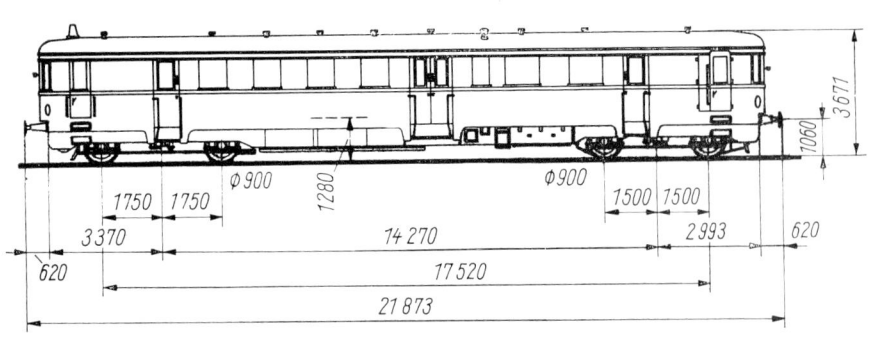

Bild 33 Dieseltriebwagen
VT 137 094 bis VT 137 110

(Baujahr 1934; Achsfolge 2'Bo'; Höchstgeschwindigkeit 110 km/h; Dienstmasse 53 t bzw. 55 t; Motorleistung 302 kW bzw. 310 kW; elektrische Kraftübertragung; Einheitsgrundriß für schnellen Vorortverkehr)

Für den Nahverkehr im Ruhrgebiet gab es sodann im Jahre 1938 Triebzüge nach neuen Gesichtspunkten, weil die anfangs verwendeten 302-kW-Triebwagen (Bild 33) mit Steuerwagen dem Verkehr nicht gewachsen waren. Mehrteilige Triebzüge sollten einen wirtschaftlichen Betrieb und Verkehr gewährleisten. Es wurden zwei Typen der Bauart Ruhr gebaut:

nicht mehr bestimmten Triebwagen zugeordnet zu werden.
Im Sommer 1938 fuhren die Schnelltriebzüge täglich 13 306 km. Im gleichen Jahr wurden vierzehn neue dreiteilige Triebzüge der Bauart Köln (Bild 34) bestellt, die wieder Einheiten aus kurzgekuppelten Einzelwagen wegen der besseren Behandlung im Bahnbetriebswerk waren. Die Wagen konnten getrennt

dieselmotor. Die Fahrmotoren waren über den Zug verteilt. Zu den Triebzügen gehörte noch ein Reserve-Maschinenwagen (SVT 137 903).
Im gleichen Jahr wurde ein Sonderversuchsfahrzeug für Schnellfahrten (Bauart Kruckenberg, SVT 137 155) ausgeliefert, das die Deutsche Reichsbahn-Gesellschaft bereits 1934 wegen der Erfolge des Schienenzep-

1. sechsachsiger zweiteiliger Triebzug mit Jakobs-Drehgestell (2 × 302 kW; elektrische Kraftübertragung),
2. achtachsiger dreiteiliger Triebzug mit Jakobs-Drehgestellen (2 × 302 kW; hydraulische Kraftübertragung).

Inzwischen war auch die Steuerung der Dieseltriebwagen grundlegend vereinheitlicht worden, so daß Triebwagen mit unterschiedlichem Kraftübertragungssystem miteinander gekuppelt werden konnten; außerdem brauchten die Steuerwagen

und getauscht werden. Neu waren die geschlossenen Abteile und die Einrichtung eines Speiseraums mit Küche und Anrichte. Die Triebzüge hatten elektrische Kraftübertragung.
Ebenfalls 1938 entstand die Bauart Berlin (SVT 137 901 und SVT 137 902), ein vierteiliger Triebzug, dessen Maschinenanlage grundsätzlich anders aufgebaut war. In einem besonderen Maschinenwagen befanden sich ein langsamlaufender aufgeladener 1020-kW-Dieselmotor mit Generator und ein 88-kW-Hilfs-

Bild 34 Triebwagenzug mit SVT Hamburg als FDt 37 und SVT Köln als FDt 15, vereinigt in Doppeltraktion

pelins in Auftrag gegeben hatte. Das Triebdrehgestell hatte einen Rahmen aus zwei Teilen, die durch 20 Gummikugeln verbunden waren. Für die Abfederung sorgten Blatt- und Schraubenfedern. Lenker dienten der Kraftübertragung. Die 302-kW-Dieselmotoren waren mit hydro-

36

dynamischen Zwei-Wandler-Getrieben der Bauart AEG verbunden, die mit Wasser als Kraftübertragungsmedium arbeiten.
Bei den Probefahrten zeigte der Triebzug eine gute Laufruhe. Auf einer Versuchsfahrt von Hamburg nach Berlin am 23. Juni 1939 erzielte er eine Spitzengeschwindigkeit von 215 km/h. Der Triebzug sollte nach Abschluß der Versuche auf der Strecke Berlin–Hamburg eingesetzt werden. Durch den Ausbruch des Krieges kam es nicht mehr dazu. Nach dem Krieg war der Triebzug schadhaft im Raw Wittenberge abgestellt. Er wurde später verschrottet.
Eine Weiterentwicklung der vierachsigen Nebenbahntriebwagen waren 1939 die VT 137 347 bis VT 137 366 und VT 137 377 bis VT 137 396 mit 166 kW Leistung. Die neuesten Entwicklungstendenzen fanden bei der Gestaltung des Fahrzeugteils und bei der hydraulischen Kraftübertragung Berücksichtigung.
Für den städtischen Vorortverkehr folgten 1939 noch zweiteilige Triebzüge (VT 137 326 bis VT 137 331 und VT 137 367 bis VT 137 376), die außer der 1. und 2. Klasse auch Gepäck- und Postabteile hatten. Der zweite Weltkrieg verhinderte jedoch die Untersuchungen zur Erprobung der Unterflur-Dieselmotoren und der hydraulischen Kraftübertragung. Im Jahr 1942 wurden zwei Gütertriebwagen (VT 10 004 und VT 10 005) mit einer Tragfähigkeit von 25 t fertiggestellt (Waggonfabrik Niesky). Die Maschinenanlage mit dem 444/480-kW-Dieselmotor war in einem Drehgestell angeordnet. Die Triebwagen hatte man jedoch so gestaltet, daß eine zweite Maschinenanlage in das andere Drehgestell eingebaut werden konnte.

Später sah man eine Dampfkesselanlage zur Erzeugung von Heizdampf vor, wodurch diese Triebwagen auch im Reisezugdienst verkehren konnten. Zur Kraftübertragung diente das mechanisch-hydraulische Mekydro-Getriebe.
Die Schnelltriebwagen sollten mit der Bauart München weiterentwickelt werden. Es sollten Triebzüge aus vier Wagen werden, wovon je zwei durch ein Jakobsdrehgestell verbunden gewesen wären. Als Maschinenanlage waren zwei 410-kW-Dieselmotoren mit elektrischer Kraftübertragung vorgesehen. Als weitere Schnelltriebzüge waren die Bauarten Dresden und Hanse geplant.
Der Ausbruch des zweiten Weltkrieges setzte der Entwicklung jedoch ein Ende. Am 27. August 1939 wurde die Bewirtschaftung von Vergaser- und Dieselkraftstoff eingeführt; das hatte ein Fahrverbot für alle Dieseltriebwagen zur Folge.
Die meisten dieselelektrischen Fahrzeuge dienten in der Folge der Wehrmacht als ortsveränderliche Notstromerzeuger und die Dieseltriebwagen mit mechanischer und hydraulischer Kraftübertragung für ihren Fahrdienst. Außerdem wurde auf einheimische Kraftstoffe umgestellt. Die sogenannten Reichgase (Propan, Butan) konnte man für die Ottomotoren verwenden, während der Generatorbetrieb mit Holz, Briketts oder ähnlichen Energieträgern erhebliche Schwierigkeiten bereitete.

Deutsche Reichsbahn (ab 1945)

Das Erbe des zweiten Weltkrieges war ein stark zerstörtes Eisenbahnnetz, auf dem Eisenbahnverkehr kaum mehr möglich war. Neben

56 % der Lokomotiven und 59 % der Personenwagen war der Bestand an Triebwagen fast völlig zerstört oder beschädigt. Zunächst wurde das Eisenbahnwesen unter Leitung der Sowjetischen Militär-Administration in Deutschland (SMAD) wieder in Gang gesetzt. Am 1. September 1945 ging, entsprechend dem Befehl Nr. 8 der SMAD, der Eisenbahnbetrieb in deutsche Verwaltung über. Im August 1947 wurde als erstes internationales Abkommen der damaligen Sowjetischen Besatzungszone mit der ČSR ein Übereinkommen über den grenzüberschreitenden Eisenbahnverkehr abgeschlossen. Im gleichen Jahr wurde der Eisenbahn-Fährverkehr mit Dänemark und Schweden wieder aufgenommen.
Durch die Überführung von 3800 km Privatbahnen in Volkseigentum kamen 1948 zahlreiche Bauarten von Lokomotiven und Triebwagen neu in den Bestand der Deutschen Reichsbahn.
Mitte der fünfziger Jahre wurde mit dem Neubau von Triebfahrzeugen begonnen. Zuerst waren es Dampflokomotiven, z. T. auch solche, die durch umfangreiche Rekonstruktionsmaßnahmen einem Neubau gleichkamen. Später begann die Neuentwicklung von Diesellokomotiven und -triebwagen sowie von elektrischen Lokomotiven und Triebwagen.
Am 1. September 1955 wurde der elektrische Zugbetrieb zwischen Halle (Saale) und Köthen aufgenommen.
Auch internationale Schnelltriebwagenverbindungen wurden von der Deutschen Reichsbahn wieder eingerichtet, wobei die bekannteste wohl der „Vindobona" ist, der seit 13. Januar 1957 zwischen Berlin–Prag–Wien verkehrt.

Mit den 60er Jahren begann der Traktionswandel. 85 % der Zugförderung erfolgen derzeit mit elektrischen Triebfahrzeugen oder Verbrennungstriebfahrzeugen. Zur Verbesserung der Instandhaltung und der Wirtschaftlichkeit wurden zahlreiche Baureihen und Einzelfahrzeuge an Vorkriegs-Triebfahrzeugen ausgemustert, darunter auch viele Triebwagen.

In den Volkswirtschaftsplänen der DDR sind bei der weiteren Entwicklung des Eisenbahnwesens die Erweiterung des elektrischen Zugbetriebes und die Ausdehnung der Dieseltraktion ein wichtiger Bestandteil. Auch die S-Bahn-Verkehrsnetze in den Bezirksstädten gehören dazu.

Bild 35 Baumuster eines Leichttriebwagens der Deutschen Reichsbahn

Dampftriebwagen

Bei der Deutschen Reichsbahn erhielt die Idee des Dampftriebwagens nochmals einen Impuls, als Wendler in den 50er Jahren den schadhaften Dampftriebwagen DT 59 auf Kohlenstaubfeuerung (Braunkohlenstaub) umbaute. Das Fahrzeug kam jedoch über Probefahrten nicht hinaus.

Verbrennungstriebwagen

Der zweite Weltkrieg hinterließ einen kaum nennenswerten Bestand an einsatzfähigen Verbrennungstriebwagen. Besonders nachteilig war, daß die noch übriggebliebenen Fahrzeuge Splitterbauarten darstellten; die Einheitstriebwagen waren überwiegend zerstört. Das ist darin begründet, daß die Wehrmacht vorrangig moderne Fahrzeuge verwendet hatte, so daß sich die Zerstörungen bei diesen

Baureihen besonders stark auswirkten.

Die Deutsche Reichsbahn arbeitete zunächst die verbliebenen Dieseltriebwagen auf und stellte sie in Dienst.

Aber auch neue Triebzüge sollten den Fernschnellverkehr innerhalb der Republik und ins Ausland verbessern. So lieferte 1955 das Budapester Werk Ganz Mávag vierteilige Dieseltriebzüge mit mechanischer Kraftübertragung (VT 12. 14). Außer im Inland fuhren diese Züge auf den Strecken Berlin–Hamburg, Berlin–Warschau–Brest und Berlin–Prag–Budapest.

Um auf Nebenbahnen mit modernen Fahrzeugen wirtschaftlich fahren zu können, entschloß sich die Deutsche Reichsbahn, entsprechende Leichttriebwagen zu beschaffen. 1957 ging das erste Baumuster (Bild 35) in die Erprobung. Bald folgte das zweite Fahrzeug, für das schon Motor und Getriebe im Inland produziert worden waren. Die Erprobung verlief erfolgversprechend, jedoch ergaben sich noch zahlreiche Probleme, bevor 1962 die Nullserie ausgeliefert werden konnte.

In den folgenden Jahren beschaffte

die Deutsche Reichsbahn zahlreiche Dieseltriebwagen. Vom VEB Waggonbau Bautzen wurde ein zweiachsiger Leichttriebwagen mit mechanischer Kraftübertragung (Baureihe 171) geschaffen, der ab 1963 in Serienausführung in einer großen Stückzahl (seit 1965 als Baureihe 172.0 und 172.1 mit vereinfachter Vielfachsteuerung) geliefert wird. Zu den Triebwagen, die später vom VEB Waggonbau Görlitz hergestellt wurden, gehören auch Bei- und Steuerwagen. Der VEB Waggonbau Bautzen schuf außerdem zwei Baumuster von vierachsigen Leichttriebwagen (Baureihe 173.0), die aber keine Serie erlebten.

Für den Fernschnellverkehr wurde vom VEB Waggonbau Görlitz 1963 ein vierteiliger Triebzug (Baureihe 175) mit hydraulischer Kraftübertragung fertiggestellt und nach längerer Erprobung in den Reisezugdienst übernommen (Bild 36). Die maschinentechnische Ausrüstung entspricht in den wesentlichen Bau-

Bild 36 Schnelltriebzug
der Baureihe 175 (Bauart Görlitz)

teilen der der Neubau-Diesello-komotiven (Baureihe 118, 110 usw.). Diese Triebzüge wurden in Serie gebaut und verkehren vorrangig im grenzüberschreitenden Fernverkehr. Durch Einfügen von Mittelwagen lassen sie sich bei Bedarf in fünf- bzw. sechsteilige Einheiten erweitern.

Deutsche Bundesbahn (ab 1945)

Im Bereich der heutigen Deutschen Bundesbahn (DB) waren durch die Einwirkungen des zweiten Weltkrieges u. a. 61,4 % der Dampflokomotiven, 49,4 % der elektrischen Lokomotiven, 45,2 % der Akkumulatortriebwagen und 76,6 % der Verbrennungstriebwagen zerstört oder beschädigt.
Die Deutsche Bundesbahn, am 13. Dezember 1951 gebildet, betrieb 1955 ein Streckennetz von 30 500 km.

Die 235 nichtbundeseigenen Eisenbahnen, im „Verband Deutscher Nichtbundeseigener Eisenbahnen e. V. (VDNE)" zusammengeschlossen, verfügten 1956 über eine Betriebsstreckenlänge von 5959 km.
Nach einer Epoche der Umbauten und Verbesserungen des vorhandenen Triebfahrzeugparkes wurde Anfang der fünfziger Jahre mit dem Neubau von Triebfahrzeugen für die DB begonnen. Nahezu gleichzeitig wurden neue Dampflokomotiven sowie Lokomotiven und Triebwagen mit elektrischem und verbrennungsmotorischem Antrieb gebaut:

1950	Dampflokomotiven Baureihen 23 und 82,
1950	Baumuster des Schienenbusses VT 95.9,
1952	Prototypen der Ellok-Baureihe E 10,
1952	Elektrischer Triebwagen der Baureihe ET 56,
1952	Akkumulatortriebwagen ETA 176 001 und ETA 176 002,
1952	Verbrennungstriebwagen der Baureihen VT 08.5 und VT 12.5.

Mit der Ablösung der Dampflokomotive ging auch die Stillegung unwirtschaftlicher Nebenbahnstrecken einer sowie die Ausmusterung oder Modernisierung veralteter Triebfahrzeuge und Wagen. Große Aufmerksamkeit wurde der Ausdehnung des elektrischen Streckennetzes gewidmet; von 1597 km im Jahre 1945 wuchs das elektrifizierte Netz auf 10 003 km am Jahresende 1975, wobei bis auf die Hamburger S-Bahn ausschließlich das $16\frac{2}{3}$-Hz-Bahnenergiesystem angewendet wird. Damit sind 34,7 % des Streckennetzes elektrifiziert, auf dem 78,4 % der Betriebsleistungen erbracht werden. Mit der Ausweitung des elektrischen Streckennetzes wurden auch umfangreiche S-Bahn-Netze aufgebaut bzw. erweitert.
Auch der Dieselbetrieb erlebte eine schnelle Entwicklung und dominierte anfangs im Fernschnell- und im Nebenbahnverkehr. Mit der Ausdehnung des elektrischen Streckennetzes wurden aber Verschiebungen der Einsatzgebiete erforderlich, so daß der Fernschnellverkehr heute fast ausschließlich elektrisch gefahren wird.

Mit dem umfangreichen Park von 237 Akkumulatortriebwagen (Ende 1975) wird auch heute noch bei der DB diese wirtschaftliche Traktionsart betrieben. Die billigen Nachttarife für Elektroenergie im Vergleich zu den Preisen für Dieselkraftstoff haben hier einen großen Einfluß. Trotzdem erfolgt derzeitig kein Neubau von Akkumulatortriebwagen.

In den letzten Jahren hat die Deutsche Bundesbahn begonnen, im gesamten Triebfahrzeugpark eine neue Generation einzuführen, wie die Baureihen 403, 420 und 472 der elektrischen Triebwagen und die Baureihen 614, 627 und 628 der Verbrennungstriebwagen zeigen.

Dampftriebwagen

Bei der Deutschen Bundesbahn wurden keine Dampftriebwagen neu entwickelt.

Verbrennungstriebwagen

Um auf Nebenbahnen wirtschaftlich fahren zu können, entschloß sich die DB schon zeitig, Schienenbusse zu beschaffen und die begonnene Entwicklung von Leichttriebwagen fortzuführen. Nach den Baumustern, die 1950/1951 entwickelt wurden, begann ab 1952 die Serienfertigung des einmotorigen VT 95.9, dem später die zweimotorigen Triebwagen der Baureihe VT 98.9 (Bild 37) folgten. Letztere erhielten eine Schraubenkupplung in Normalbauart, um auch Kurs- und Güterwagen mitnehmen zu können. Aus dem Triebwagen VT 98.9 wurden später auch Turmtriebwagen für Instandhaltungsarbeiten und Störungsbeseitigungen an Fahrleitungen entwickelt.

Im Jahr 1951 entstanden aus den bei der DB ohne Maschinenwagen verbliebenen Triebzügen SVT Berlin durch Umbau dreiteilige dieselhydraulische Triebzüge VT 07.5, denen ein Jahr später die beiden Neubaureihen VT 08.5 und VT 12.5 folgten. Beide Baureihen fuhren sowohl im internationalen als auch im nationalen Reiseverkehr. Sie unterschieden sich von ihren Vorgängern insbesondere durch den vollzogenen Übergang von der aufgeteilten Antriebsanlage zu einem einzigen Hochleistungsmotor für den Triebzug sowie durch den Einsatz eines hydraulischen Getriebes großer Übertragungsleistung. Außerdem wurden in der Konstruktion und Fertigung des Fahrzeugteiles große Fortschritte erzielt. Motor und Getriebe waren als bewährte Bauteile von der Diesellokbaureihe V 200 übernommen. Für ihre Erprobung in dem neuen Einsatzgebiet wurde 1949 aus dem alten VT 872 (Baujahr 1932, Waggonfabrik Wismar) der Versuchstriebwagen VT 92 501 gebaut.

Eine Besonderheit stellten die als Versuchsfahrzeuge gedachten Gliedertriebzüge der Baureihe VT 10.5 dar. Der Tagesgliederzug VT 10 501 (Eigentümer DB) war siebenteilig und die Wagenkästen ruhten auf Einachslaufgestellen. Der Schlafwagengliederzug VT 10 551 (Eigentümer anfangs DSG, später DB) war achtteilig und hatte Jakobs-Drehgestelle. Als Antrieb wurden Kraftwagen-Dieselmotoren verwendet, die über hydromechanische Getriebe auf die Treibachsen arbeiteten. Diese Triebzüge wurden nach geringer Laufleistung ausgemustert.

Bild 37 Triebwagenzug mit dem Schienenbus Baureihe 798 auf der Schwarzwaldbahn in der Nähe von Triberg

Bild 38 TEE 77 „Helvetia"
im Bahnhof Offenburg,
bestehend aus Triebzug VT 11.5 mit den
Triebwagen VT 11 5009 und VT 11 5010
sowie acht Mittelwagen

Als erste Gasturbinenanlage für die Bundesbahn baute MAN 1971 eine Hubschrauberturbine mit einer Leistung von 1620 kW bei 13 700 min^{-1} in den Triebwagen 601 003 ein, der dann die Nummer 602 001 erhielt. Bis Ende 1973 waren vier Maschinenwagen umgebaut, die

Ab 28. Mai 1957 verkehrten im TEE-Netz die Triebzüge der Baureihe VT 11.5 (Bild 38). Sie stellen sowohl in der technischen Ausrüstung als auch in der Gestaltung der Fahrgasträume einen beachtlichen Entwicklungsstand dar. Nach der Ablösung durch lokomotivbespannte Züge übernahmen diese Triebzüge ab 1968 die Bedienung des Schnellverkehrs zwischen den Großstädten (IC-Netz).

Bild 39 Triebzug der Baureihe 628
in Garmisch-Partenkirchen zur Fahrt
nach Kempten

jeweils mit Maschinenwagen der Baureihe 601 zusammen in einem Triebzug laufen. Infolge des Leistungszuwachses kann der Zug auch als zehnteilige Einheit verkehren.

1960 erhielt die DB die Prototriebzüge der für den Bezirksnah- und Vorortverkehr bestimmten Baureihen VT 23.5 und VT 24.5. Die Serienausführung wurde als VT 24.6 bezeichnet. Mit dem Triebzug 624 651/ 924 422/624 652 erfolgten ab 1969 umfangreiche Untersuchungen einer Luftfederung mit gleisbogenabhängiger Steuerung der Wagenkastenneigung. Auf Grund der guten Ergebnisse wurden später weitere Triebzüge als Baureihe 634 umgebaut.

Sonderfahrzeuge sind die 1962 und 1965 von der DB beschafften Triebwagen der Baureihe VT 97.9 für den Zahnstangenbetrieb. Sie entstanden unter Verwendung vieler Bauelemente der zweimotorigen Schienenbusse.

Mit der ständigen Ausdehnung des elektrifizierten Streckennetzes ging der Einsatz von Verbrennungstriebwagen im Schnellzugdienst spürbar zurück und verlagerte sich auf den Nebenbahndienst sowie den schnellen Personenzugdienst nichtelektrifizierter Hauptstrecken. Hierfür folgten nach mehrjähriger Entwicklungspause 1972 die Baureihe 614 als schneller Personenzug für Hauptstrecken und in jüngster Zeit die Baureihen 627 und 628 (Bild 39) als Einzel- bzw. Doppeltriebwagen für den Nebenbahndienst. Kennzeichnend für sie sind die vierachsige Ausführung sowie der Einsatz bewährter Dieselmotoren von Straßenfahrzeugen. Die Baureihe 627 wurde zudem für Einmannbedienung eingerichtet. Dadurch sind die Fahrzeuge recht wirtschaftlich.

Beschreibung der Baureihen

Abkürzungen

In den Baureihenbeschreibungen und den dazugehörigen Tabellen im Anhang des Buches sind folgende Abkürzungen benutzt:

Kraftübertragungsart

Das Kennzeichen hat zweifache Aussage. Der erste Buchstabe gibt die Antriebsanlage und der zweite die Übertragungsart an.
Die Antriebsanlage wird wie folgt gekennzeichnet:

d   Verbrennungsmotor für Dieselkraftstoff
v   Verbrennungsmotor für Vergaserkraftstoff

Die Übertragungsart wird wie folgt gekennzeichnet:

el   elektrische Kraftübertragung
hydr   hydraulische Kraftübertragung
hm   hydromechanische Kraftübertragung

mech   mechanische Kraftübertragung

Kraftübertragungssystem

Bei der elektrischen Kraftübertragung wird die Grundschaltung angegeben:

Gebus   Gebus-Schaltung
RZM   RZM-Schaltung

Bei der hydraulischen und der mechanischen Kraftübertragung werden neben der Anzahl der Gänge (zum Beispiel 3 G) die Bauelemente angegeben:

W   Wandler
K   Kupplung
Z   Zahnradgetriebe

Kühlung des Verbrennungsmotors

W   Wasserkühlung
L   Luftkühlung

Steuerung

E   Einfachsteuerung
V   Vielfachsteuerung

Bremsbauarten

Kp	Knorr-Bremse für Personenzüge
Ks	Knorr-Bremse für Schnellzüge
Wp	Westinghouse-Bremse für Personenzüge
Kkp	Kunze-Knorr-Bremse für Personenzüge
Kks	Kunze-Knorr-Bremse für Schnellzüge
Hikp	Hildebrand-Knorr-Bremse für Personenzüge
Hiks	Hildebrand-Knorr-Bremse für Schnellzüge
Hikss	Hildebrand-Knorr-Bremse für besonders schnell fahrende Züge
KE	Knorr-Einheitsbremse

Herstellerfirmen bzw. Lieferfirmen (alphabetisch geordnet)

AEG	Allgemeine Electricitäts-Gesellschaft, Berlin
Baut	Waggon- und Maschinenfabrik AG, vorm. Busch, Bautzen
BBC	Brown, Boveri & Cie, Mannheim
Bor	Borsig GmbH, Berlin-Tegel
Btz	VEB Waggonbau Bautzen, Bautzen
Büs	Büssing Nutzkraftwagen GmbH (früher Büssing Automobilwerke AG), Braunschweig
ČKD	Českomoravska Kolben Danék, Praha (ČSSR)
Daim	Daimler-Benz AG, Stuttgart-Untertürkheim
Des	Dessauer Waggonfabrik AG, Dessau
Deu	Gasmotoren-Fabrik Deutz, Köln-Deutz
Dres	VEB Turbinenfabrik Dresden, Dresden
Düwag	Düsseldorfer Waggonfabrik AG, Düsseldorf
DWK	Deutsche Werke Kiel AG, Kiel
Eva	Eisenbahn-Verkehrsmittel AG, Berlin/Wismar (später Triebwagen- und Waggonfabrik Wismar)
Ford	Ford-Werke, Köln
Fu	H. Fuchs, Waggonfabrik AG, Heidelberg
Ganz	Ganz Mávag, Budapest
Gör	VEB Waggonbau Görlitz, Görlitz
Got	VEB Getriebewerk Gotha, Gotha
Goth	Gothaer Waggonfabrik AG, Gotha
Hen	Henschel & Sohn, Lokomotivfabrik GmbH, Kassel
IFA	VEB Ifa „Horch"
Joh	VEB Dieselmotorenwerk, Berlin-Johannisthal
KHD	Klöckner-Humboldt-Deutz AG, Köln-Deutz
LHB	Linke-Hofmann-Busch GmbH, Salzgitter-Watenstedt
LHW	Linke-Hofmann-Werke AG, Breslau
Lin	Lindner AG, Ammendorf
Maf	Krauß-Maffei AG, München
MaK	Maschinenbau GmbH, Kiel, vorm. DWK
MAN	Maschinenfabrik Augsburg-Nürnberg AG
May	Maybach Motorenbau GmbH, Friedrichshafen
MBB	Messerschmitt-Bölkow-Blohm GmbH, München-Ottobrunn und Donauwörth
ME	Maschinenfabrik Eßlingen, Eßlingen
MSW	Maffei-Schwartzkopff-Werke GmbH, Wildau
MWM	Motorenwerke Mannheim, vorm. Benz
Myl	Mylius
NAG	Nationale Automobilgesellschaft, Berlin-Oberschöneweide
Nie	Waggonfabrik Niesky, Niesky
OK	Orenstein & Koppel, Berlin (später Maschinenbedarf AG bzw. Orenstein-Koppel und Lübecker Maschinenbau, Berlin und Dorstfeldt)
Rath	Waggonfabrik Jos. Rathgeber AG, München
Rhein	Rheinmetall GmbH, Düsseldorf
Roßl	VEB Elbewerk Roßlau, Roßlau
SLM	Schweizer Lokomotiv- und Maschinenfabrik, Winterthur (Schweiz)
SSW	Siemens-Schuckert-Werke, Berlin/Erlangen
TAG	Triebwagenbau AG, Kiel (später DWK)
Tal	Waggonfabrik Talbot, Aachen
Tri	Trilok (Klein, Schanzlin & Becker), Frankenthal
Uerd	Waggonfabrik Uerdingen AG, Krefeld-Uerdingen
Voith	J. M. Voith Maschinenfabrik, Heidenheim/Brenz
Vom	Vogtländische Maschinenfabrik, Plauen
VWW	Vereinigte Westdeutsche Waggonfabriken AG, Köln-Deutz und Mainz-Mombach
Wasseg	Liefergemeinschaft von AEG und SSW
Weg	Wegmann & Co, Kassel
Werd	Sächsische Waggonfabrik AG, Werdau
Wis	Triebwagen- und Waggonfabrik Wismar, vorm. Eva
WMD	Waggon- und Maschinenbau GmbH, Donauwörth
Wumag	Waggon- und Maschinenbau AG, Görlitz

ZF   Zahnradfabrik GmbH, Friedrichshafen

\+   neben den aufgeführten Kennzeichen noch weitere Lieferfirmen

Quellen

Für die Erarbeitung wurden folgende Quellen benutzt:

Literatur

Born, Lokomotiven und Wagen der deutschen Eisenbahnen. Geschichtliche und technische Entwicklung. Hüthig und Dreyer, Mainz 1958.

Czygan, Die Eisenbahn in Wort und Bild. Grundzüge des praktischen Eisenbahnwesens nach neuestem Stand der eisenbahntechnischen Wissenschaft in leichtfaßlicher Form. Killinger, Nordhausen o. J.

Dietze, Die Triebwagen der Deutschen Reichsbahn im Bild. Verkehrszentralamt, Darmstadt 1930.

Friedrich, Der Eisenbahntriebwagen. Technisch-wirtschaftliche Untersuchungen über seine Verwendungsmöglichkeiten. Verlag der Verkehrswissenschaftlichen Lehrmittelgesellschaft mbH bei der DR, Berlin 1931.

Gottwaldt, Schienenzeppelin. Rösler und Zimmer, Augsburg 1972.

Guillery, Handbuch über Triebwagen für Eisenbahnen. Oldenbourg, München und Berlin 1908; Ergänzungsheft 1919.

Hornstein, Lokomotiven und Triebwagen der Welt. Classen, Zürich und Stuttgart 1972.

Kunicki, Deutsche Dieseltriebfahrzeuge gestern und heute. transpress VEB Verlag für Verkehrswesen, Berlin 1966.

Kunicki, Kraftübertragungsanlagen der Dieseltriebfahrzeuge. transpress VEB Verlag für Verkehrswesen, Berlin 1963.

Lehmann, Pflug, Der Fahrzeugpark der Deutschen Bundesbahn und neue, von der Industrie entwickelte Schienenfahrzeuge. Georg Siemens Verlagsbuchhandlung, Berlin und Bielefeld 1956.

Obermayer, Taschenbuch Deutsche Triebwagen. Stuttgart 1974.

Semitschastnow, Büttner, Hydraulische Getriebe für Schienenfahrzeuge. VEB Verlag Technik, Berlin 1958.

Stockklausner, 50 Jahre Diesellokomotiven. Gesamtentwicklung 1913 bis 1945, Entwicklung seit 1945 in Europa. Birkhäuser Verlag, Basel und Stuttgart 1963.

Stöckel, Die Eisenbahnen der Erde, Band VI Deutschland. Bohmann-Verlag, Wien/Heidelberg o. J.

–, Das deutsche Eisenbahnwesen der Gegenwart. Hobbing, Berlin 1911.

–, Eisenbahn-Jahrbuch. transpress VEB Verlag für Verkehrswesen, Berlin

–, Eisenbahnwesen. Die eisenbahntechnische Tagung und ihre Ausstellungen. VDI-Verlag, Berlin 1925.

–, Elsners Taschenbuch für den maschinentechnischen Eisenbahndienst. Tetzlaff-Verlag, Frankfurt/

–, Handbuch der Dieseltriebfahrzeuge der Deutschen Bundesbahn. Vermögensverwaltung der GDL, Frankfurt/M. 1966.

–, Henschel Lokomotiv-Taschenbuch. VDI-Verlag, Düsseldorf 1960.

–, Hundert Jahre deutsche Eisenbahnen. Verkehrswissenschaftliche Lehrmittelgesellschaft, Leipzig 1935 und 1938.

–, Jahrbuch des Eisenbahnwesens. Röhrig, Darmstadt.

–, Merkbuch für die Fahrzeuge der preußisch-hessischen Staatseisenbahnen, Ausgabe 1921.

–, Merkbuch für die Schienenfahrzeuge der Deutschen Bundesbahn, Teil III, Brennkrafttriebfahrzeuge einschließlich zugehöriger Steuer- und Beiwagen, DV 939c, Ausgabe 1952.

–, Uns gehören die Schienenwege. transpress VEB Verlag für Verkehrswesen, Berlin 1960.

–, Meyers Jugendlexikon. VEB Bibliographisches Institut, Leipzig 1973.

–, Meyers Neues Lexikon in acht Bänden. VEB Bibliographisches Institut, Leipzig 1961.

–, Weltgeschichte in Daten. VEB Deutscher Verlag der Wissenschaften, Berlin 1965.

Bilder

Bilddokumentation KREBS (1)
BUNDESBAHN-WERBEAMT Frankfurt/M. (2)
Bundesbahn Zentralamt München (1)
Deutsche Reichsbahn Zentrale Bildstelle (3)
Eisenbahnfoto Hans D. Reichardt (1)
Klaus Kirsch (1)
Mak WERKFOTO (1)
MAN-Foto (4)
Maybach ARCHIV (1)
MESSERSCHMITT-BÖLKOW-BLOHM (1)
PRESSEFOTO KMD (1)
Privat-Eisenbahn-Bildarchiv W. Hanold (2)
Sammlung J. Deppmeyer (10)
Sammlung Reichardt (3)
Sammlung Steckel (2)
transpress Archiv (24)
VEB Waggonbau Dessau (2)
VEB Waggonbau Görlitz (1)
Waggonfabrik Uerdingen A. G. (1)

DT 1 bis DT 14

Wü. Dampftriebwagen

Tabelle 1, Seite A 2

Diese Dampftriebwagen der Bauart Kittel stellte die Württembergische Staats-Eisenbahn kurz nach der Jahrhundertwende in Dienst. Die Fahrzeuge führten sich im Betrieb gut ein und waren so leistungsstark, daß noch bis zu drei (Bei-) Wagen angehängt werden konnten. Der Aufbau war bewußt einfach gehalten. Da Einmannbedienung vorgesehen war, mußte ein leistungsfähiger, ohne viel Aufwand zu bedienender Kessel eingebaut werden.

Die Triebwagen fuhren schnell an und waren einfach und leicht zu warten. Besondere stationäre Einrichtungen und besondere Betriebsstoffe waren nicht notwendig, was als sehr günstig hervorgehoben wurde.

Abgesehen von der Anfälligkeit gegenüber Kesselschäden waren die Dampftriebwagen betriebssicher und zuverlässig. Die Fahrgeschwindigkeit betrug vorwärts 60 km/h und rückwärts 50 km/h. Auf einer Steigung von 1:100 fuhr der Triebwagen mit zwei Wagen noch 30 km/h. Die Baureihe erhielt kurz vor dem ersten Weltkrieg den Preis des Vereins Deutscher Ingenieure als bester und wirtschaftlichster Triebwagen.

Die Triebwagen der Württembergischen Staats-Eisenbahn befuhren meist nur kurze Stichbahnen. Sieben gleiche Triebwagen gehörten der Badischen Staats-Eisenbahn.

Alle Fahrzeuge gingen noch in den Bestand der Deutschen Reichsbahn-Gesellschaft über. Der letzte Triebwagen wurde von der DB erst 1955 ausgemustert. Er war bis dahin im Pendelverkehr auf der Strecke Müllheim—Neuenburg eingesetzt.

Fahrzeugteil

L a u f w e r k : Unsymmetrischer Achsstand zur Fahrzeugmitte. Gleitachslager. Blattfedern.
W a g e n k a s t e n : Untergestell Profilstahlrahmen, genietet. Kräftige Konstruktion, da Triebwagen auch in Züge eingestellt werden sollten. Wagenkasten Holzkonstruktion, mit Blech verkleidet. Maschinenraumbereich breiter als übriger Wagenkasten (3100 mm gegenüber 2480

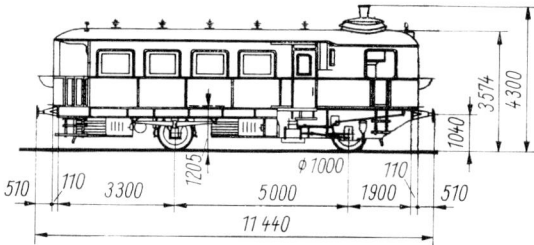

dampfmaschine. Zylinder außerhalb des Rahmens. Kolbendurchmesser 220 mm, Kolbenhub 300 mm.
S t e u e r u n g : Flachschieberregler; durch Handhebel mit Zahnrechen betätigt.
H i l f s e i n r i c h t u n g e n : Als Kesselspeisepumpen nichtsaugende Strahlpumpen Bauart Friedemann.

mm), dadurch ausreichende Sicht für Triebwagenführer bei Rückwärtsfahrt. Stirnenden gerade. Offene Übergänge für Personal. Seitenwand und Dachteil im Maschinenraum abnehmbar.
Z u g - u n d S t o ß v o r r i c h t u n g : Schraubenkupplung mit Stangenpuffern.
D r u c k l u f t a n l a g e : Luftverdichter Hauptluftbehälter, Pneumatische Sandstreueinrichtung.
B r e m s e : Einlösige Klotzbremse Bauart Kp. Spindelhandbremse.

Fahrgastraum

G e s t a l t u n g : Dem leichten Personenverkehr angepaßt. Über

Treibachse Maschinenanlage mit Führerstand. Gepäckraum. Doppelabteile 2. Klasse. Keine Toilette.
Einstieg: Halbhohe Drehtür. Zugang über vier Trittstufen. Einstiegplattform. Gepäckraum einflügelige Schiebetür. Maschinenraum offene Türen. Zwischen Doppelabteilen und Gepäckraum Schiebetüren.
2. Klasse: Zwei Doppelabteile mit Mittelgang. Sitzplatzanordnung 2 + 2. Abteiltiefe 1350 mm, Sitzplatzbreite 475 mm, Gangbreite 500 mm. Holzlattenbänke mit halbhohen Lehnen.
Gepäckraum: Abteil mit Mittelgang. Sitzplatzanordnung 2 + 2 bzw. 4 + 0. Abteiltiefe 1400 mm, Sitzplatzbreite 450 mm, Gangbreite 600 mm. Holzlattenbänke.
H e i z u n g : Dampfheizung.
B e l e u c h t u n g : Gasglühlicht.

Maschinenanlage

A n o r d n u n g : Gesamte Maschinenanlage und Vorratsbehälter für Kohle und Wasser im Maschinenraum. Kessel außermittig der Fahrzeuglängsachse.
K e s s e l : Stehender Feuerrohrkessel Bauart Kittel. Ober- und Unterschuß geschweißt, stählerne Wellrohrfeuerbuchse. Überhitzer in Rauchkammer.
D a m p f z y l i n d e r : Zwillings-

VT 851 bis VT 861
VT 866 bis VT 871

DB VT 62.9

B r e m s e : Einlösige Klotzbremse Bauart Kp. Spindelhandbremse.

Tabelle 2, Seiten A 11 bis A 14

Eine Lanze für den Triebwagen als leichtes, billiges und schnell einsatzfähiges Verkehrsmittel brach 1924 die Eisenbahnausstellung in Seddin. Unter anderem wurden dort acht Verbrennungstriebwagen vorgestellt. Ein Triebwagen fiel besonders auf, da er im Gegensatz zu ähnlichen die erste speziell für einen Triebwagen entwickelte Antriebsanlage hatte. Die Deutsche Reichsbahn-Gesellschaft hat ihn nach erfolgreichen Probefahrten unter der Bezeichnung VT 851 in Dienst gestellt. Nach einem weiteren Versuchswagen folgten bis 1927 mehrere Serien.

Die Triebwagen bewährten sich vor allem auf Nebenbahnen gut. Sie waren bis zum Krieg in den Bw Waren, Schwerin, Guben, Mainz und Oberlahnstein beheimatet.

Den Krieg überstanden nur wenige Fahrzeuge. Bei der Deutschen Reichsbahn wurde ein Triebwagen wieder aufgebaut und fuhr bis 1960 im Bw Bitterfeld. Der Triebwagenkopf mit Antriebsanlage dieses historischen Triebwagentyps (VT 856) soll im Verkehrsmuseum Dresden

aufgestellt werden. Bei der Deutschen Bundesbahn verblieb ebenfalls nur ein Triebwagen, der inzwischen ausgemustert wurde.

Fahrzeugteil

L a u f w e r k : Drehgestellrahmen aus Blechen und Profilen genietet. Gleitachslager; beim Triebdrehgestell als Innenlager. Achsfederung Blattfedern. Wiegenfederung Blattfedern.

W a g e n k a s t e n : Kastengerippe genietete Konstruktion aus Profilstahl. Blechverkleidung. Untergestell kräftige Rahmenkonstruktion aus Winkelprofilen und Stahlblechen, genietet. Rahmen und Seitenwände an Stirnenden im Bereich der Einstiege eingezogen. Stirnenden gerade bzw. abgerundet. Keine Übergangsmöglichkeit.

Z u g - u n d S t o ß v o r r i c h t u n g : Schraubenkupplung und Stangen- bzw. Hülsenpuffer.

D r u c k l u f t a n l a g e : Luftverdichter, Hauptluftbehälter. Sandstreueinrichtung.

Fahrgastraum VT 851

G e s t a l t u n g : Dem Personenzugverkehr angepaßt. Führerstand mit Maschinenraum; Einstiegraum mit Sitzbank (fünf Sitzplätze); Großraum 2. Klasse; Einstiegraum; Gepäckraum; Führerstand.

Einstieg: Am Wagenende einflüglige Drehtür. Zugang über Trittstufen.

2. Klasse: Großraum mit sechs Abteilen und Mittelgang. Sitzplatzanordnung 2 + 3. Abteiltiefe 1500 mm, Sitzplatzbreite 464 mm bzw. 450 mm, Gangbreite 500 mm.

Gepäckraum: Beidseitig doppelflüglige Drehtür.

H e i z u n g : Warmwasserheizung. Motorkühlwasser.

B e l e u c h t u n g : Glühlampen.

Umbau 1935

1. Klasse: Geschlossenes Abteil mit Seitengang. Sitzplatzanordnung 0 + 3. Abteiltiefe 1600 mm, Sitzplatzbreite 600 mm, Gangbreite 977 mm. Polstersitze.

2. Klasse: Großraum mit fünf Abteilen und Mittelgang. Sitzplatzanordnung 2 + 3. Abteiltiefe 1500 mm, Sitzplatzbreite 464 mm bzw. 450 mm, Gangbreite 500 mm.

Fahrgastraum VT 852

G e s t a l t u n g : Dem Personenzugverkehr angepaßt. Führerstand und Maschinenraum; Einstiegraum; türlos Großraum 2. Klasse mit drei Abteilen; Abteil

VT 853 und VT 854

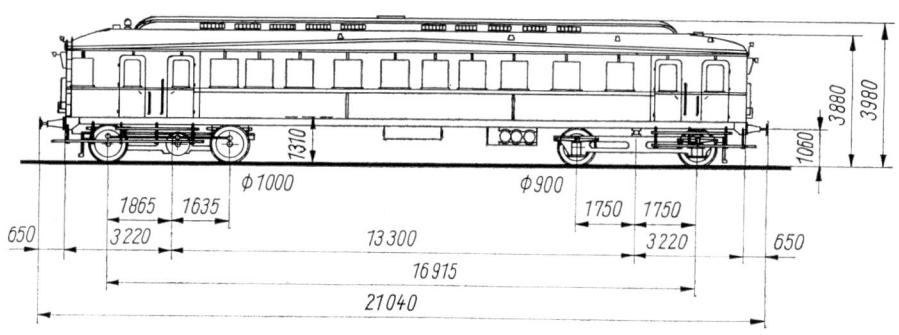

1. Klasse: Großraum 2. Klasse mit viereinhalb Abteilen; Einstiegraum und Traglastenraum; Führerstand.
Einstieg: Am Wagenende einflüglige Drehtür. Zugang über Trittstufen.
1. Klasse: Geschlossenes Abteil mit Seitengang.   Sitzplatzanordnung 0 + 4. Polstersitze.

2. Klasse: Großräume mit drei bzw. viereinhalb Abteilen und Mittelgang. Sitzplatzanordnung 2 + 3. Abteiltiefe 1360 mm, Sitzplatzbreite 472 mm bzw. 485 mm, Gangbreite 510 mm.
Traglastenabteil: Längsbänke mit acht Sitzplätzen. Beidseitig doppelflüglige Drehtür.

Heizung: Warmwasserheizung. Motorkühlwasser.
Beleuchtung: Glühlampen.

Umbau 1935

1. Klasse: Großraum mit eineinhalb Abteilen und Mittelgang. Sitzplatz-

anordnung 2 + 3. Abteiltiefe 1830 mm, Sitzplatzbreite 485 mm bzw. 465 mm, Gangbreite 534 mm. Polstersitze.

2. Klasse: Großräume mit Mittelgang. Sitzplatzanordnung 2 + 3. Abteiltiefe 1360 mm, Sitzplatzbreite 485 mm bzw. 472 mm, Gangbreite 510 mm.

Fahrgastraum VT 853 bis VT 861 und VT 866 bis VT 871

G e s t a l t u n g : Dem Personenzugverkehr angepaßt.
Führerstand mit Maschinenraum; Einstiegraum; Traglastenraum; Fahrgasträume; Einstiegraum; Führerstand. Fahrgasträume unterschiedlich gestaltet: Großräume oder Abteile 1. Klasse, Großräume 2. Klasse mit unterschiedlicher Abteilzahl.
Einstieg: Am Wagenende einflüglige Drehtür. Zugang über Trittstufen.
1. Klasse: Abteil mit Seitengang. Sitzplatzanordnung 0 + 3. Abteiltiefe 1880 mm, Sitzplatzbreite 626 mm, Gangbreite 943 mm. Polstersitze; oder
Abteil mit Mittelgang. Sitzplatzanordnung 2 + 3. Abteiltiefe 1550 mm, 1560 mm bzw. 1603 mm, Sitzplatzbreite 487 mm bzw. 475 mm, Gangbreite 450 mm. Polstersitze; oder
Abteil mit Mittelgang. Sitzplatzanordnung 2 + 2. Abteiltiefe 1900 mm, Sitzplatzbreite 562 mm, Gangbreite 600 mm. Polstersitze.
2. Klasse: Großräume mit Mittelgang. Sitzplatzanordnung 2 + 3. Abteiltiefe 1340 mm, 1355 mm, 1370 mm, 1506 mm, 1535 mm bzw. 1560 mm, Sitzplatzbreite 487 mm bzw. 475 mm, Gangbreite 450 mm.
T r a g l a s t e n a b t e i l : Längsbänke. Türlos mit Fahrgastraum 2. Klasse verbunden.

H e i z u n g : Warmwasserheizung. Motorkühlwasser.
B e l e u c h t u n g : Glühlampen.

Maschinenanlage

A n o r d n u n g : Maschinenanlage mit Hilfstragrahmen in fünf Punkten im Triebdrehgestell aufgehängt. Motor ragt in den Maschinenraum; mit Haube abgedeckt.
M o t o r : Dieselmotor Type G 4 a oder G 4 b, 6 Zylinder, Reihe, 4 Takte. Wasserkühlung. Anlassen mit Druckluft (90 bis 100 · 10^5 Pa).
K r a f t ü b e r t r a g u n g : Gelenkwelle; Dämpfungskupplung; Zahnradgetriebe (Type T 1, 4 Gänge, druckölbetätigte Lamellenkupplungen schaltet einzelne Gänge); Wendegetriebe; Blindwelle; Kuppelstange.
S t e u e r u n g : Einfache Fahrsteuerung mittels Seilzüge für Dieselmotor, Getriebe und Wendegetriebe.
Motor mit Druckluft aus drei Luftflaschen unter Last mit eingeschaltetem 1. Gang angelassen, wobei sich Fahrzeug gleichzeitig in Bewegung setzt. Nach erfolgter Zündung wird Anlaßluft mit Fußhebel abgesperrt.
H i l f s e i n r i c h t u n g e n : Luftverdichter von Dieselmotor angetrieben. Ein bzw. zwei Hilfsgeneratoren für Beleuchtungsbatterie und elektrische Motoren der Kühlerlüfter. Kühlelemente für Motorkühlwasser in oberlichtartigem Aufbau, mit elektrisch angetriebenen Lüftern fremdbelüftet.

VT 872 bis VT 874

Tabelle 2, Seiten A 14, A 15

Diese Baureihe sind die ersten Verbrennungstriebwagen mit einer Motorleistung von 302 kW für Hauptbahnen. Die Triebwagen, die im Jahre 1932 von der Triebwagen- und Waggonfabrik Wismar geliefert wurden, sollten den Schnellnahverkehr zwischen benachbarten großen Städten bedienen. Sie wurden deshalb zwischen Frankfurt/Main und Wiesbaden eingesetzt. Beide Bahnhöfe waren Kopfbahnhöfe, so daß Steuerwagen mitbeschafft wurden, um das Umsetzen einsparen zu können. Damit konnten die Vorzüge eines leistungsstarken Triebwagenzuges erstmals voll zur Geltung kommen.

Im Gegensatz zu der bei den Triebwagen früherer Lieferungen bereits durchgesetzten Leichtbauweise wurden diese Triebwagen wieder in einer schweren Fahrzeugkonstruktion ausgeführt, da man auf Hauptstrecken keine Leichtbaufahrzeuge verkehren lassen wollte.

Es wurde die elektrische Kraftübertragung gewählt, da für diese Größe der Traktionsleistung damals kein mechanisches Getriebe lieferbar war. Außerdem wurde zu Erprobungszwecken eine Steuerung der Maffei-Schwartzkopff-Werke eingebaut.

Im Jahre 1935 wurde die Maschinenanlage den 302-kW-Einheitstriebwagen angepaßt (Einbau des Dieselmotors Type GO 5 und RZM-Steuerung).

Die Triebwagen bewährten sich gut und stellten eine wichtige Vorstufe für die 302-kW-Einheitstriebwagen dar.

Die Deutsche Reichsbahn hat keinen Triebwagen in ihren Bestand übernommen. Die Triebwagen sind ausgemustert.

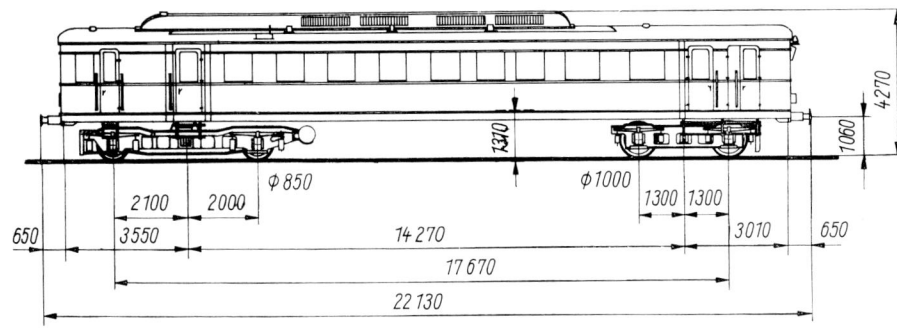

Fahrzeugteil

L a u f w e r k : Triebdrehgestell genietete Konstruktion aus Profilen und Blechen. Gleitachslager. Achsfederung Blatt- und Schraubenfedern. Wiegenfederung Blattfedern. Laufdrehgestell Sonderkonstruktion, genietet. Asymmetrischer Achsstand. Gleitachslager. Achsfederung Blatt- und Schraubenfedern. Wiegenfederung Blattfedern.
W a g e n k a s t e n : Genietete Konstruktion aus Profilen und Blechen. Kräftige Untergestellkonstruktion, Stirnenden gerade. Einstiege und Gepäckraum eingezogen, jedoch im Bereich des Maschinenraumes volle Wagenkastenbreite. Offene Übergangsbrücken.
Z u g - u n d S t o ß v o r r i c h t u n g : Schraubenkupplung, Hülsenpuffer.
D r u c k l u f t a n l a g e : Luftverdichter, Hauptluftbehälter, Hauptluftbehälterleitung.
B r e m s e : Einlösige Klotzbremse Bauart K. Wurfhebelhandbremse.

Fahrgastraum

G e s t a l t u n g : Dem Nahschnellverkehr angepaßt.
Führerstand und Maschinenraum; Einstiegraum; Großraum 2. Klasse mit drei Abteilen; Großraum 2. Klasse mit zweieinhalb Abteilen; zwei Abteile 1. Klasse; Einstiegraum; Gepäckraum und Führerstand.
Einstieg: Über Drehgestellen einflüglige Drehtür. Zugang über Trittstufen.

1. Klasse: Abteile mit Mittelgang. Sitzplatzteilung 1 + 3. Abteiltiefe 1800 mm, Sitzplatzbreite 680 mm und 523 mm, Gangbreite 500 mm. Polstersitze.
2. Klasse: Großräume mit drei bzw. zweieinhalb Abteilen und Mittelgang. Sitzplatzteilung 2 + 3. Abteiltiefe 1536 mm, Sitzplatzbreite 482 mm bzw. 445 mm, Gangbreite 450 mm. Holzlattenbänke.
Gepäckraum: 2174 mm lang. Drei Klappsitze. Beidseitig einflüglige Drehtür, durch Zusatzflügel zu verbreitern.
H e i z u n g : Warmwasserheizung. Motorkühlwasser. Bei VT 872 Unterflurofen.
B e l e u c h t u n g : Glühlampen.

Maschinenanlage

A n o r d n u n g : Maschinenanlage (Dieselmotor, Generator, Hilfsstromerzeuger) auf zwei Hilfstragrahmen im Maschinendrehgestell in je drei Punkten gelagert. Motor ragt in den Maschinenraum, durch Haube abgedeckt.
M o t o r : Dieselmotor (Type G 5), 12 Zylinder, V-förmig, 4 Takte. Anlassen mit Druckluft. Später ersetzt durch Dieselmotor Typ GO 5, der

elektrisch über Hauptgenerator angelassen wird.
K r a f t ü b e r t r a g u n g : Elastische Kupplung; Hauptgenerator; Gleichstromreihenschlußmotoren (Typ NB 65) mit Tatzlagerantrieb.
S t e u e r u n g : MSW-Steuerung, später durch RZM-Steuerung ersetzt. Vielfachsteuerung. Elektrischer Drehzahlsteller.
H i l f s e i n r i c h t u n g e n : Kühler für Motorkühlwasser auf Dach. Lüftermotoren und Luftverdichter von Hilfsstromerzeuger gespeist. Wegabhängige Sicherheitsfahrschaltung.

Steuerwagen

F a h r z e u g t e i l : Analog Eilzugwagen damaliger Bauart. Einstiege am Wagenende in Nischen.
F a h r g a s t r a u m : Führerstand von einem Einstiegraum abgetrennt. Großräume. 23 Sitzplätze 1. Klasse (Sitzplatzanordnung 1 + 3) und 47 Sitzplätze 2. Klasse (Sitzplatzanordnung 2 + 3) oder 80 Sitzplätze 2. Klasse (Sitzplatzanordnung 2 + 3).
Beleuchtung durch Glühlampen, von Achsgenerator gespeist, mit Batterie gepuffert.

VT 877

DB VT 04.0
Fliegender Hamburger

Tabelle 2, Seite A 15

Für den Fernschnellverkehr beschaffte die Deutsche Reichsbahn-Gesellschaft 1932 einen zweiteiligen Dieseltriebzug, der die Betriebsnummer VT 877 a/b erhielt und als „Fliegender Hamburger" bekannt wurde. Als Antriebssystem entsprach damals nur die dieselelektrische Kraftübertragung den betrieblichen Forderungen. Nach Versuchs- und Vorführungsfahrten wurde der Triebzug am 15. Mai 1933 dem öffentlichen Verkehr übergeben. Damit begann der Schnellverkehr auf der Schiene.

Im planmäßigen Einsatz befuhr der Zug die 287 km lange Strecke Berlin—Hamburg mit einer R e i s e geschwindigkeit von 125,6 km/h! Bei Versuchsfahrten erreichte er Geschwindigkeiten bis zu 175 km/h. Der VT 877 a/b fuhr über zwei Jahre als Einzelfahrzeug im Schnellverkehr Berlin—Hamburg—Berlin, wobei er im 1. Halbjahr 71 Prozent, im 2. und 3. Halbjahr 82 Prozent und im 4. Halbjahr sogar fast 91 Prozent aller Fahrten bestritt.

Der Triebzug verblieb nach dem 2. Weltkrieg bei der Deutschen Bundesbahn, die ihn als „Schnelltriebzug Rhein—Main" zwischen Frankfurt/Main und Basel einsetzte. 1952 wurde der Triebzug umgebaut. Er war bis April 1957 im Bw Altona beheimatet und wurde bevorzugt als „Helvetia-Expreß" und „Kopenhagen-Expreß" eingesetzt. Am 3. Mai 1957 absolvierte er seine letzte Fahrt von Altona nach München-Freimann — zur Ausmusterung.

Der „Fliegende Hamburger" war fast 25 Jahre in Betrieb, bis er — in Ursprungszustand versetzt — im Verkehrsmuseum Nürnberg Platz fand.

Fahrzeugteil

L a u f w e r k : Triebdrehgestell Jakobs-Gestell, angepaßte Konstruktion der Drehgestellbauart Görlitz. Wälzachslager. Achsfederung Blatt- und Schraubenfedern. Wiegenfederung Blattfedern.

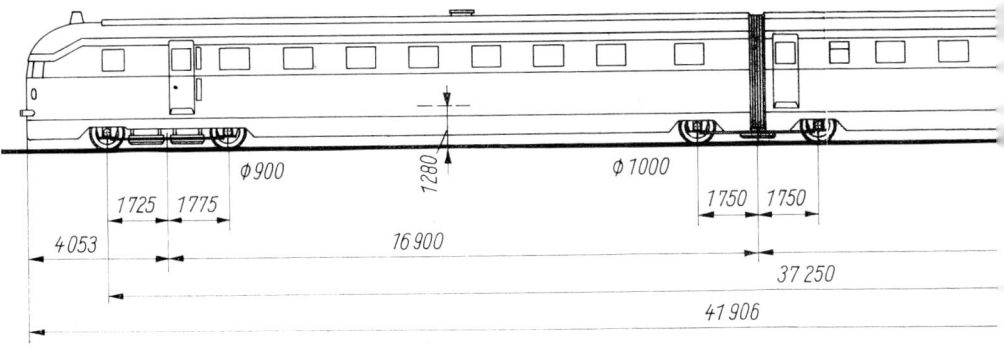

Laufdrehgestell ebenfalls der Drehgestellbauart Görlitz angepaßt.

Wagenkasten: Spantenbauweise mit tragenden Seitenwänden. Außenhautbündige Konstruktion. Dach an Führerständen stark heruntergezogen. Stirnenden abgerundet. Durchgehende Schürze. Innerhalb Triebzug durch Faltenbalg geschützter Übergang, weiterer Faltenbalg mit Wagenaußenhaut bündig. An Stirnenden keine Übergangsmöglichkeit.

Zug- und Stoßvorrichtung: Ungefederte Notpuffer und Abschlephaken.

Druckluftanlage: Luftverdichter, Hauptluftbehälter. Elektropneumatische Sandstreueinrichtung.

Bremse: Einlösige Trommelbremse Bauart Ks. Magnetschienenbremse. Drucköhandbremse.

Fahrgastraum

Gestaltung: Dem Expreß-Schnellzugverkehr angepaßt.

VTa: Führerstand mit Maschinenraum; Einstiegraum; Großraum 1. Klasse mit sieben Abteilen; Anrichte.

VTb: Einstiegraum; Toiletten; Großraum 1. Klasse mit fünfeinhalb Ab-

teilen; Einstiegraum; Gepäckraum; Maschinenraum mit Führerstand.

Einstieg: Am Wagenende und über Nachbarwagen. Einflügige Schiebetür. Zugang über Trittstufen.

1. Klasse: Großräume mit sieben bzw. fünfeinhalb Abteilen und Mittelgang. Sitzplatzanordnung 1 + 3. Abteiltiefe 1800 mm, Sitzplatzbreite 650 mm bzw. 529 mm, Gangbreite 480 mm. Polstersitze.

Anrichte: Vier Sitzplätze.

Gepäckraum: Beidseitig doppelflüglige Drehtür.

Heizung: Warmwasserheizung. Koksgefeuerter Heizkessel. Jeder Wagen eigene Heizanlage.

Beleuchtung: Glühlampen.

Zusatzeinrichtungen: Heißwasserspeicher und Kochplatte, von Hauptgenerator während der Fahrt gespeist.

Maschinenanlage

Anordnung: Zwei gleiche Maschinenanlagen. Jede Maschinenanlage (Dieselmotor, Generator) auf zwei getrennten Hilfsrahmen über je drei Punkte im Laufdrehgestell aufgehängt. Dieselmotor ragt in Maschinenraum, durch Haube abgedeckt. Später Hilfsrahmen ge-

lenkig verbunden und in fünf Punkten pendelnd im Drehgestellrahmen aufgehängt.

Motor: Dieselmotor (Type GO 5), 12 Zylinder, V-förmig 60°, 4 Takte. Nennleistung 302 kW, Nenndrehzahl 1400 min^{-1}. Wasserkühlung. Elektrisches Anlassen über Anlaßwicklung des Hauptgenerators.

Kraftübertragung: Hauptgenerator (Type aPGMv 300/36, mit Eigenerregung); Gleichstromreihenschlußmotoren (Type Dx 1681) mit Tatzlagerantrieb.

Steuerung: Gebus-Steuerung; sechs Fahrstufen (fünf Laststufen). Zur Anfahrhilfe Verbundwicklung in Hauptgenerator.

Hilfseinrichtungen: Lüfter für Motorkühlwasser und Hilfsgenerator (3,5 kW, = 48 V) über Gelenkwellen von Dieselmotor angetrieben.

Luftverdichter ab einer Spannung von 380 V von einem Traktionsgenerator gespeist, jedoch über besonderer Schaltstellung des Fahrschalters auch im Stillstand des Fahrzeugs einschaltbar.

Hilfsluftverdichter batteriegespeist. Wegabhängige Sicherheitsfahrschaltung.

Induktive Zugbeeinflussung.

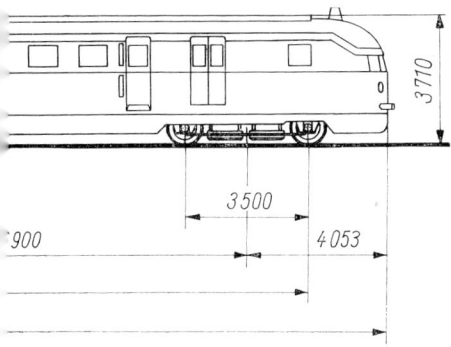

VT 133 006 bis VT 133 008

Tabelle 2, Seite A 16

Umbau 1952

Fahrzeugteil: An Stirnenden selbsttätige Mittelpufferkupplung Bauart Scharfenberg.
Fahrgastraum: Sitzplatzanordnung 1 + 2. Großräume durch Zwischenwände geteilt. Anrichte an Endeinstieg verlegt.
Maschinenanlage: Als Leistungssteuerung für Kraftübertragung RZM-Steuerung (AEG-Schaltung).

Die Deutsche Reichsbahn-Gesellschaft stellte 1933 drei zweiachsige Schienenomnibusse in Dienst, die in ihrer Bauweise weitgehend Straßenomnibussen glichen. Die Triebwagen wurden aus serienmäßig gefertigten Teilen von Straßenfahrzeugen aufgebaut, um die Beschaffungskosten niedrig zu halten und eine bessere Ersatzteilhaltung zu gewährleisten.
Die ersten Betriebsversuche zeigten, daß diese Fahrzeuge zwar insgesamt die Entwicklung von Schienenomnibussen vorantrieben, aber noch viele Anfangsschwierigkeiten zu überwinden waren. Es wurde vor allem die geringe Personenbeförderungskapazität bemängelt, wodurch das Mitführen eines Beiwagens unerläßlich wurde. Die Laufeigenschaften konnten bei höheren Geschwindigkeiten ebenfalls nicht befriedigen. Um der Entgleisungsgefahr vorzubeugen, mußte man die Höchstgeschwindigkeit auf 40 km/h festlegen. Die vom Gleis übertragenen Stöße in senkrechter und seitlicher Richtung zeigten ferner, daß die Abfederung nicht weich

und die Gummigewebescheiben der Räder nicht robust genug waren.
Der Gedanke, Schienenomnibusse bei der Eisenbahn zu verwenden, war zwar mit diesen Fahrzeugen geboren, wurde aber erst viel später mit dem nötigen Komfort realisiert.

Fahrzeugteil

Laufwerk: Aufhängung der Achsen und Kraftübertragung durch symmetrisch angeordnete Schubrohre. Gummilagerbuchsen ermöglichen Schwenken der Achsen bei Kurvenfahrt bis zum Anschlag der Federn an die Gummipuffer der Federböcke. Wälzachslager. Achsfederung Blattfedern. Räder mit Gummigewebescheiben zwischen Radnabe und Radreifen. Gummischeiben gegen Überbeanspruchung durch Anschläge geschützt.
Wagenkasten: Ganzstahlgerippe mit Stahlbeblechung, genietet. Bretterdach mit wasserdichtem Belag aus Eisenbahndoppeldrell. Fahrzeugrahmen von Kraftfahrzeugen übernommen, kräftige Konstruktion,

Vorder- und Rückansicht

im Gesenk gepreßt. U-förmige Traversen auf Längsrahmen gleichzeitig für Auflage und Befestigung des Wagenkastens. Holzfußboden mit Klappen zum Warten der Aggregate. Stirnenden gerade. Keine Übergangsmöglichkeit.
Z u g - und S t o ß v o r r i c h t u n g : Umlegbarer Anhängebügel. Stoßstange mit Notpuffern.
B r e m s e : Innenbackenbremse als Unterdruckbremse. Bremsbacke nur auf erster Achse angeordnet, wirkt aber über Gelenkwelle auf zweite Achse. Unterdruck Ansaugleitung des Motors entnommen. Handbremse. Bremswirkung des Motors nutzbar.

Fahrgastraum

G e s t a l t u n g : Dem leichten Nebenbahnverkehr angepaßt. Ein Fahrgastgroßraum. Einstiegraum von Abteilen türlos getrennt. An beiden Wagenenden Führerstand, mit Gepäckraum vereinigt. Keine Toilette.

E i n s t i e g : In Wagenmitte doppelflüglige Schiebetür. Zugang über Trittstufen.
2. K l a s s e : Großraum mit Abteilen und Mittelgang. Sitzplatzanordnung 2 + 3. Abteiltiefe 1445 mm, 1460 mm bzw. 1475 mm, Sitzplatzbreite 450 mm, Gangbreite 430 mm. Im Einstiegraum zehn und an einer Stirnwand zwei Klappsitze.
H e i z u n g : Luftheizung. Wärmetauscher der Auspuffleitung.
B e l e u c h t u n g : Glühlampen.

Maschinenanlage

A n o r d n u n g : Maschinenanlage an einer Stirnwand unter Vorbau in Wagenkasten ragend.
M o t o r : Vergasermotor (Type D), 6 Zylinder, stehend, 4 Takte. Wasserkühlung. Elektrischer Anlasser.
K r a f t ü b e r t r a g u n g : Mehrscheibentrockenkupplung; Zahnradwechselgetriebe (Type ZF DK b 50, 3 Vorwärts- und 1 Rückwärtsgang);

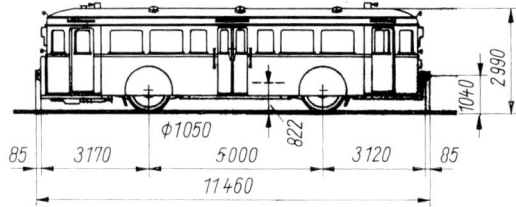

Gelenkwelle; Achstrieb 1. Achse; Zwischengelenkwelle mit zwei Gummigelenkscheiben; Achstrieb 2. Achse.

S t e u e r u n g : Kupplung, Getriebe und Motorregulierung über Gestänge. Im nichtbenutzten Führerstand Getriebehebel gesichert.

H i l f s e i n r i c h t u n g e n : Kühler für Vergasermotor; nachträglich mit Leitblechen versehen, um Fahrtwind bei Rückwärtsfahrt von beiden Seiten dem Kühler zuzuleiten. Sicherheitsfahrschaltung (Gashandhebel). Sandstreueinrichtung.

VT 135 051 bis VT 135 059

DB VT 75.9
DR 186.2

Tabelle 2, Seite A 20

Anfang der dreißiger Jahre wurden zahlreiche Dieseltriebwagenmuster in umfangreichen Versuchen erprobt. Die hier beschriebene Ausführung ist die sogenannte Baureihe 3, die in den Jahren 1935/1936 entstanden war. Sie bildete die Fortentwicklung der Baureihe 1 (VT 135 002 bis VT 135 011) aus den Jahren 1932/1933 und der Baureihe 2 (VT 135 022 bis VT 135 031) aus dem Jahr 1934. Hauptmerkmal dieser Entwicklung sind die Steigerung der Motorleistung und das Senken der Dienstmasse.

Die bei der Deutschen Reichsbahn verbliebenen Triebwagen verkehrten noch bis in die siebziger Jahre auf Nebenbahnstrecken, wurden aber inzwischen ausgemustert. Nur ein Triebwagen ist noch als Sonderfahrzeug vorhanden. Auch die bei der Deutschen Bundesbahn verbliebenen Triebwagen wurden ausgemustert.

Fahrzeugteil

L a u f w e r k : Vereinslenkachsen.

Wälzachslager. Achsfederung Blatt- und Schraubenfedern.

W a g e n k a s t e n : Leichtstahlbauweise in Schweißkonstruktion, Stahlbeblechung. Stirnenden gerade. Einstiege in Nischen. Keine Übergangsmöglichkeit.

Z u g - u n d S t o ß v o r r i c h t u n g : Schraubenkupplung und Hülsenpuffer.

D r u c k l u f t a n l a g e : Luftverdichter, Hauptluftbehälter. Sandstreueinrichtung.

B r e m s e : Mehrlösige Trommelbremse Bauart Hikp. Druckölhandbremse.

Fahrgastraum

G e s t a l t u n g : Dem Nebenbahnverkehr angepaßt. Ein Fahrgastgroßraum. Einstiegräume mit Führerstand vereinigt.

Einstieg: Am Wagenende einflüglige Drehtür. Zugang über Trittstufen.

2. Klasse: Großraum mit dreieinhalb Abteilen und Mittelgang. Sitzplatzanordnung 2 + 3. Abteiltiefe 1500

mm, Sitzplatzbreite 488 mm bzw. 492 mm, Gangbreite 495 mm. Holzlattenbänke.

Gepäckabteil: Vorderer Einstiegraum (3059 mm lang) als Gepäckraum verwendbar.

H e i z u n g : Luftheizung. Wärmetauscher in Kühlwasserleitung, Ölzusatzheizung.

B e l e u c h t u n g : Glühlampen, = 24 V.

Maschinenanlage

A n o r d n u n g : Gesamte Maschinenanlage unterflur in schwanenhalsartigem Maschinenrahmen. Dieselmotor überragt Fußbodenhöhe und wird durch aufklappbare Sitzbänke abgedeckt. Kühler auf Dach.

M o t o r : Dieselmotor Type OM 54, 6 Zylinder, stehend, 4 Takte. Nennleistung 99 kW. Wasserkühlung. Elektrischer Anlasser.

Bei DR Ersatz durch Dieselmotor Type 6 KVD 14,5 SRW, 6 Zylinder, stehend, 4 Takte, Nennleistung 81 kW. Wasserkühlung. Elektrischer Anlasser.

K r a f t ü b e r t r a g u n g : Zahnradwechsel- und -wendegetriebe (Type LRG 125, 4 Gänge, Lamellenkupplung für jeden Gang, Kupplungen für 1. und 2. Gang wegen Wärmebelastung und Auswechselbarkeit außerhalb Getriebegehäuse und trocken laufend, Kupplungen für andere Gänge innerhalb Getriebe in Ölnebel laufend); Gelenkwelle; Achstrieb, Type AT.

S t e u e r u n g : Einfachsteuerung. Kupplung, Wechsel- und Wendegetriebe mit Druckluft betätigt.

H i l f s e i n r i c h t u n g e n : Kühler für Dieselmotorkühlwasser, Batterie, Hilfsgenerator.

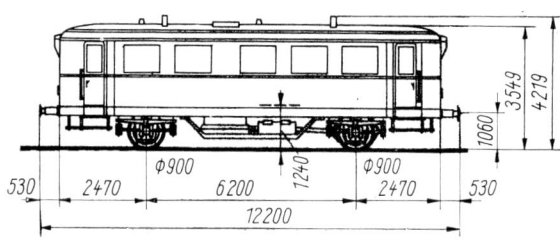

VT 135 061 bis VT 135 064

VT 135 067 bis VT 135 076

VT 135 083 bis VT 135 132

DB VT 70.9
DR 186.0
DR 186.2

Die Triebwagen setzten sich im Nebenbahnverkehr schnell durch und sind bei der Deutschen Reichsbahn teilweise noch heute in Betrieb. Ein Teil der Triebwagen wurde zu Dienstfahrzeugen umgebaut. Bei dem langjährigen Einsatz stellte sich heraus, daß die mechanische Konstruktion des Laufwerkes bei krümmungsreichen Nebenbahnstrecken nicht befriedigt (Lenkachsen). Insgesamt bewährten sich die Triebwagen jedoch durchaus zufriedenstellend.

Triebwagen Tabelle 2, Seiten A 21, A 22
Beiwagen Tabelle 4, Seiten A 54, A 55

Fahrzeugteil

Alle älteren Triebwagenbauarten vor 1935 lassen sich im Prinzip nur als Versuchs- und Erprobungsausführungen ansehen. Immer wieder

wirtschaftlicher gestalten zu können. Für den Nebenbahnverkehr sollten vierachsige und zweiachsige Triebwagen dienen. Die hier beschriebene

Laufwerk: Lenkachsen. Wälzachslager. Achsfederung Schrauben- und Blattfedern.
Wagenkasten: Stahlkonstruktion aus Stahlleichtprofilen und

erkannten Bahnverwaltung und Hersteller Unzulänglichkeiten. Deshalb entschloß man sich 1936, mit den vielen Typen von Verbrennungstriebwagen Schluß zu machen und künftig eine begrenzte Anzahl von Bauarten zu schaffen, um den Betriebseinsatz und die Instandhaltung

Ausführung ist solch ein Einheitsnebenbahntriebwagen. Umfangreiche Entwicklungsarbeiten ließen die Auslieferung erst Mitte 1937 zu. Der Wunsch nach leichter Bauweise erforderte die Neukonstruktion des Wagenkastens und des Hilfsrahmens für die Maschinenanlage.

abgekanteten Blechen, vollständig geschweißt. Stahlbeblechung. Stirnenden geneigt und abgerundet. Keine Übergangsmöglichkeit.
Zug- und Stoßvorrichtung: Schraubenkupplung, Hülsenpuffer.
Druckluftanlage: Luftver-

dichter, Hauptluftbehälter. Sandstreueinrichtung.
B r e m s e : Mehrlösige Klotzbremse Bauart Hikpt. Spindelhandbremse.

Fahrgastraum

G e s t a l t u n g : Dem Nebenbahnverkehr angepaßt.
Triebwagen besteht aus Gepäckraum mit Führerstand, Fahrgastraum und zweitem Führerstand.
Einstieg: Einstiegräume mit Führerstand vereinigt. Je eine Tür an Wa-

Maschinenanlage

A n o r d n u n g : Gesamte Maschinenanlage unterflur in besonderem
Tragrahmen, der bei Triebachse
über Blattfedern auf den außen-
liegenden Achsbuchsen und bei
Laufachse auf einem Wälzlager auf-
liegt. Rahmen aus Stahlblech geschweißt. Dieselmotor überragt
Fußbodenhöhe und wird durch
aufklappbare Sitzbänke abgedeckt.
M o t o r : Dieselmotor Type W 6 V
15/18 oder W 6 V 15/18 A, 6 Zylinder,
stehend, 4 Takte. Wasserkühlung.
Elektrischer Anlasser.

tet, daß durch druckluftbetätigte
Bandbremsen ein Teil eines oder
zweier Planetengetriebe festgehal-
ten wird.

Beiwagen

F a h r z e u g t e i l : Analog Triebwagen.
F a h r g a s t r a u m : Großraum
2. Klasse mit Mittelgang, Sitzplatzanordnung 2 + 3, Abteiltiefe 1550
mm, Sitzplatzbreite 490 mm, Gangbreite 455 mm. Postraum mit einflüg-
liger Schiebetür.

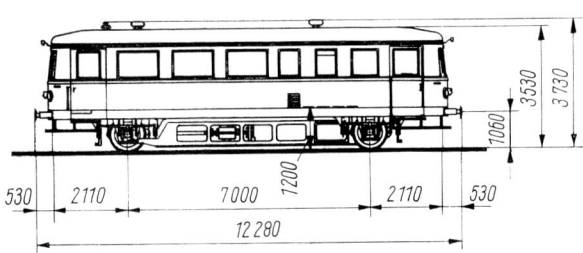

VT 135 061 bis VT 135 064,
VT 135 067 bis VT 135 076
und
VT 135 083 bis VT 135 132

genenden; einflügige Drehtür aus
Leichtmetall mit innenliegendem
Drehpunkt. Im Gepäckraum einflüglige Schiebetür aus Leichtmetall. Zugang über Trittstufen.
2. Klasse: Großraum mit dreieinhalb
Abteilen und Mittelgang. Sitzplatzanordnung 2 + 3. Abteiltiefe 1550
mm, Sitzbreite 490 mm, Gangbreite
457 mm. Polstersitzbänke.
Gepäckraum: zwei feste Sitze und
sechs Klappsitze.
H e i z u n g : Luftheizung. Wärmetauscher in Kühlwasserleitung, elektrisch angetriebene Lüfter. Im Sommer für Frischluftzuführung geeignet.
B e l e u c h t u n g : Glühlampen.

K r a f t ü b e r t r a g u n g : Zahnradwechselgetriebe (Type cv 2 leicht)
mit Leichtmetallgehäuse; Achswendegetriebe (Type H leicht) mit Leichtmetallgehäuse.
S t e u e r u n g : Einfachsteuerung.
Mechanisch geschaltet, Kupplung
druckluftbetätigt, Gänge durch Seilzug vorgewählt.
H i l f s e i n r i c h t u n g e n : Hilfsgenerator, Kühler für Dieselmotorkühlwasser und Motoröl, Batterie.
S o n d e r a u s f ü h r u n g : Bei
VT 135 076 versuchsweise Umlauf-
rädergetriebe (Type SG 30), in jeder
Fahrtrichtung vier Gänge. Besteht
aus drei Wellen und drei Planeten-
radsätzen. Gänge dadurch geschal-

VT 137 000 bis VT 137 024
VT 137 036 bis VT 137 054
VT 137 121 bis VT 137 135

DB VT 62.9
DB VT 65.9

Triebwagen Tabelle 2, Seiten A 22 bis A 24 und A 28
Beiwagen Tabelle 4, Seiten A 56, A 57

Die guten Erfahrungen mit den 130-kW-Triebwagen der schwerer Bauart (VT 851 ff.) und die inzwischen erzielten Erfolge im Leichtbau veranlaßten die Deutsche Reichsbahn-Gesellschaft im Jahr 1932, fünf Versuchstriebwagen (VT 137 000 bis VT 137 004) mit 130 kW Leistung, die infolge Leichtbauweise eine Masseersparnis von 25 Prozent ergaben, zu beschaffen; hinzu kamen auch Beiwagen.
Die guten Betriebsergebnisse führten zur weiteren Lieferung von 20 Triebwagen (VT 137 005 bis VT 137 024) in den Jahren 1932 und 1933. Die Triebwagen wurden in den Bw Seddin, Hagen-Eckessey, Coburg, Bremen Hbf, Glogau, Frankfurt (Oder) und Gemünden eingesetzt. Den zweiten Weltkrieg haben nur wenige Fahrzeuge überstanden, von denen die Deutsche Reichsbahn fünf Triebwagen in ihren Fahrzeugpark aufnahm. Vier Triebwagen waren bis 1960 im Bw Zittau und ein Triebwagen als Dienstfahrzeug bei der Rbd Halle im Einsatz. Die bei der Deutschen Bundesbahn verbliebenen zwei Triebwagen erhielten später einen stärkeren Dieselmotor, wurden aber inzwischen ebenfalls ausgemustert.
In den Jahren 1934 und 1935 folgten nochmals 34 Triebwagen (VT 137 036 bis VT 137 054 und VT 137 121 bis VT 137 135), die in den Bw Krefeld, Kreuzberg, Stuttgart-Rosenstein, Trier Hbf, Ulm, Friedrichshafen, Kolberg, Templin und Neustrelitz für den Nebenbahnverkehr beheimatet waren. Die bei der Deutschen Reichsbahn verbliebenen zwei Triebwagen waren bis 1964 im Bw Frankfurt (Oder) im Einsatz. Bei der Deutschen Bundesbahn verblieb ein Triebwagen, der inzwischen auch ausgemustret ist und verschrottet sein soll.

Fahrzeugteil

L a u f w e r k : Triebdrehgestell Kastenkonstruktion aus Blechen, mit Profilen versteift. Innenliegende Radlager. Gleitachslager. Achs- und Wiegenfederung Blattfedern. Laufdrehgestell Bauart Görlitz IV. Genietete Kastenkonstruktion. Gleitachslager. Achsfederung Schrau-

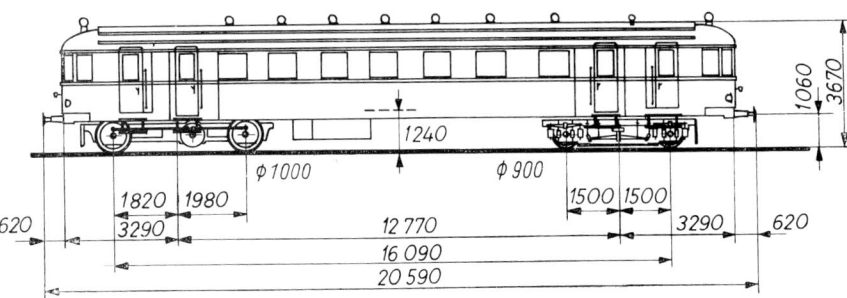

Motor:

VT 137 000 bis VT 137 024:
Dieselmotor Type G 4 b, 6 Zylinder, stehend, 4 Takte. Wasserkühlung. Anlassen mit Druckluft.

VT 137 036 bis VT 137 054 und VT 137 121 bis VT 137 135:
Dieselmotor Type GO 5 h, 6 Zylinder, stehend, 4 Takte. Wasserkühlung. Elektrischer Anlasser.

K r a f t ü b e r t r a g u n g : Gelenkwelle; Dämpfungskupplung; Zahnradgetriebe (Type T 2 bei VT 137 000 bis VT 137 024, 4 Gänge, druckölbetätigte Lamellenkupplungen schalteten Gänge); Wendegetriebe (in Ganggetriebe eingebaut); Blindwelle; Treibstangen. Bei VT 137 036 bis VT 137 054 und VT 137 121 bis VT 137 135 zwischen Motor und Getriebe Flüssigkeitskupplung. Getriebe erhielt Umschaltbremse, Type T 2 a.
S t e u e r u n g : Einfachsteuerung, Seilzüge.
H i l f s e i n r i c h t u n g e n : Nebenaggregate vom Getriebe angetrieben, Luftverdichter bei VT 137 000 bis VT 137 004 vom Motor angetrieben. Zwei Hilfsgeneratoren. Unterflurkühlanlage für Motorkühlwasser. Batterie.

Umbau DB

VT 62 905 und VT 62 906 auf Dieselmotor Type GO 5 h umgebaut.

Beiwagen

F a h r z e u g t e i l : Analog Triebwagen.
F a h r g a s t r a u m : Großräume 2. Klasse mit Mittelgang. Sitzplatzanordnung 2 + 3. Warmwasserheizung; Koksofen. Elektrische Beleuchtung vom Triebwagen aus,

---

ben- und Blattfedern. Wiegenfederung Blattfedern.
W a g e n k a s t e n : Kasten und Untergestell aus leichten Sonderprofilen, teilweise genietet, teilweise geschweißt. Stahlbeblechung. Stirnenden abgerundet. Im Bereich der Einstiege Seitenwände eingezogen. Keine Übergangsmöglichkeit.
Z u g - u n d S t o ß v o r r i c h t u n g : Schraubenkupplung, Stangenpuffer.
D r u c k l u f t a n l a g e : Luftverdichter, Hauptluftbehälter. Sandstreueinrichtung.
B r e m s e : Mehrlösige Klotzbremse Bauart Kp oder Hikp. Spindelhandbremse.

Fahrgastraum

G e s t a l t u n g : Dem Nebenbahnverkehr angepaßt.
Führerstand; Maschinenraum; Einstiegraum; Fahrgastabteile unterschiedlicher Anordnung; Einstiegraum; Gepäckraum; Führerstand. Führerstand mit Maschinenraum bzw. Gepäckraum vereinigt.
Einstieg: Je eine Tür am Wagenende. Einflügige Drehtür, lichte Türweite 650 mm. Zugang über Trittstufen. Führerstände einflügige Drehtür mit Zusatzflügel.

1. Klasse:
VT 137 000 bis VT 137 004 und VT 137 007 bis VT 137 024:
ein Abteil mit Mittelgang. Sitzplatzanordnung 1 + 3, Abteiltiefe 1800 mm, Sitzplatzbreite 656 mm bzw. 536 mm, Gangbreite 550 mm. Polstersitzbänke.
VT 137 036 bis VT 137 054 und VT 137 121 bis VT 137 134:
zwei Abteile mit Mittelgang. Sitzplatzanordnung 1 + 3. Abteiltiefe 1800 mm, Sitzplatzbreite 655 mm bzw. 536 mm, Gangbreite 550 mm. Polstersitzbänke.
2. Klasse: Großräume mit vier, drei und zwei Abteilen und Mittelgang. Sitzplatzordnung 2 + 3. Abteiltiefe 1500 mm (zum Teil auch 1800 mm, 1475 mm, 1480 mm, 1490 mm und 1787 mm), Sitzplatzbreite 485 mm bzw. 457 mm, Gangbreite 470 mm.
Gepäckraum: 3115 mm lang (einschließlich Führerstand).
H e i z u n g : Warmwasserheizung; Kohleofen. Später mit Kühlwasserkreislauf verbunden.
B e l e u c h t u n g : Glühlampen.

Maschinenanlage

A n o r d n u n g : Gesamte Maschinenanlage im Triebdrehgestell angeordnet, ragt in Maschinenraum.

VT 137 025 bis VT 137 027
VT 137 055 bis VT 137 057
VT 137 111 bis VT 137 120
VT 137 236
VT 137 296 bis VT 137 300

DB VT 50.0
DB VT 50.1
DB VT 50.2
DB VT 51.0
DB VT 51.1

Triebwagen Tabelle 2, Seiten A 23, A 24, A 27, A 28, A 33 und A 36
Steuerwagen Tabelle 3, Seiten A 42, A 43, A 45

Mitte der dreißiger Jahre beschaffte die Deutsche Reichsbahn-Gesellschaft außer den 302-kW-Einheitstriebwagen Dieseltriebwagen mit 220 kW Leistung. Diese Fahrzeuge sollten in weniger dicht besiedelten Flachlandgebieten einen schnellen Personenverkehr zwischen kleineren Städten und einen Zubringerverkehr zu den Hauptstrecken ermöglichen. Die Triebwagen VT 137 025 bis VT 137 027 waren als Versuchsfahrzeuge vorgesehen, um den Einsatz eines

Dieselmotors mit einer geringen Nenndrehzahl in seiner Auswirkung auf den Instandhaltungsaufwand zu untersuchen.
Ebenfalls ein Versuchsfahrzeug war der Triebwagen VT 137 236, der im Fahrzeugteil nahezu den VT 137 111 bis VT 137 116 entspricht, für die Ermittlung der Grenzleistung mechanischer Getriebe.
Die Triebwagen hatten eine Höchstgeschwindigkeit von 90 km/h; mit einem Steuerwagen konnte eine

höchste Geschwindigkeit von 80 km/h erreicht werden.
Die Triebwagen wurden zwischen 1932 und 1937 in Dienst gestellt. Sie waren in den Bw Würzburg, Nürnberg, Gemünden und Allenstein eingesetzt.
Die Deutsche Reichsbahn hat lediglich den VT 137 112 in ihren Bestand aufnehmen können. Sie stattete ihn mit einem 155-kW-Sechszylinder-Dieselmotor aus und baute ihn zu einem 2.-Klasse-Wagen um. Er wurde inzwischen ausgemustert.
Bei der Deutschen Bundesbahn waren 18 Triebwagen verblieben, von denen die VT 137 025, VT 137 056, VT 137 057, VT 137 117 und VT 137 300 zu Steuerwagen umgebaut wurden. Die anderen Triebwagen wurden bis etwa 1960 ausgemustert.

Fahrzeugteil

L a u f w e r k : Triebdrehgestellrahmen aus Profilen geschweißt. Bei VT 137 236 geschweißte Blechträgerbauweise. Wälzachslager. Achsfederung Blatt- und Schraubenfedern. Wiegenfederung Blattfedern. Bei

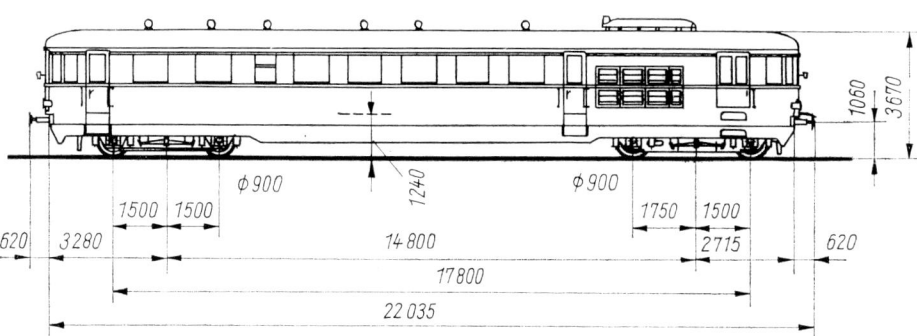

VT 137 025 bis VT 137 027

einem Teil der Fahrzeuge Drehzapfen asymmetrisch, bei einem Teil der Fahrzeuge Wiege oberhalb der Verbindungswelle Dieselmotor – Generator bzw. Getriebe angeordnet.
Laufdrehgestell Bauart Görlitz. Rahmen aus Profilen genietet. Bei VT 137 236 geschweißte Blechträgerbauweise. Wälzachslager. Achsfederung Blatt- und Schraubenfedern. Wiegenfederung Blattfedern.
Wagenkasten: Kastengeripe aus gewalzten und gepreßten Stahlprofilen, Kastensäulen aus (z. T. geschweißten) Z-Profilen, Schweißkonstruktion, Stahlblechverkleidung zum Tragen mit herangezogen, genietet. Untergestell aus Normal- und Sonderprofilen, geschweißt. Holzfußboden, über Hauptgenerator

erhöht. Stirnenden abgerundet. Offene Übergangsbrücken nur für Personal.
Zug- und Stoßvorrichtung: Schraubenkupplung, Stangenpuffer.
Druckluftanlage: Luftverdichter, Hauptluftbehälter. Sandstreueinrichtung.
Bremse: Mehrlösige Klotzbremse Bauart Kp (VT 137 025 bis VT 137 027) bzw. Hikpt. Spindelhandbremse.

Fahrgastraum

Gestaltung: Dem schnellen Personenverkehr zwischen kleineren Städten angepaßt.
Führerstand und Gepäckraum; Ma-

schinenraum; Einstiegraum; Großraum 2. Klasse mit drei Abteilen; Großraum 2. Klasse mit zweieinhalb bzw. drei Abteilen; zwei Abteile 1. Klasse; Einstiegraum; Führerstand. Führerstand nur auf rechter Wagenseite.
Einstieg: Einflüglige Drehtür, nach innen öffnend, lichte Türweite 650 mm. Zugang über Trittstufen.
1. Klasse: Abteile mit Mittelgang. Sitzplatzanordnung 1 + 3. Abteiltiefe 1750 mm, Sitzplatzbreite 680 mm und 525 mm, Gangbreite 550 mm. Polstersitzbänke.
2. Klasse: Großräume mit zweieinhalb bzw. drei Abteilen und Mittelgang. Sitzplatzanordnung 2 + 3. Abteiltiefe 1500 mm, Sitzplatzbreite 490 mm bzw. 458 mm, Gangbreite 450 mm. Polstersitzbänke.

VT 137 116 bis VT 137 120
und VT 137 296
bis VT 137 300

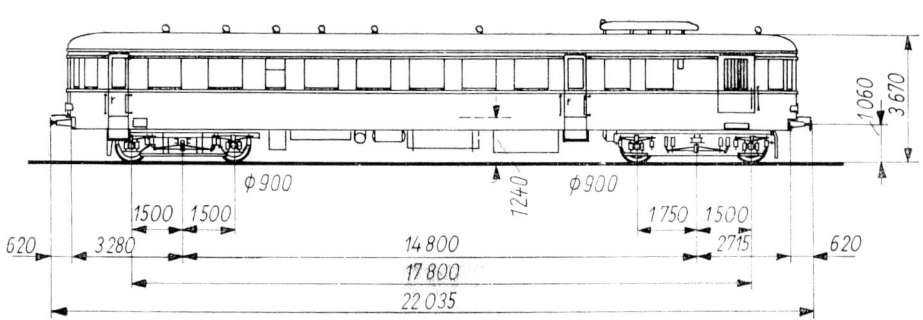

Gepäckraum: 3270 mm, 3275 mm bzw. 3335 mm lang. Beidseitig einflüglige Schiebetür, lichte Türweite 900 mm.
H e i z u n g : Warmwasserheizung; Kühlwasser und kohle- bzw. ölgefeuerter Heizkessel.
B e l e u c h t u n g : Glühlampen.

Maschinenanlage VT 137 025 bis VT 137 027

A n o r d n u n g : Maschinenanlage (Dieselmotor, Haupt- und Hilfsgenerator) in zwei Hilfstragrahmen federnd im Drehgestell aufgehängt. Dieselmotor ragt in Maschinenraum, mit Haube abgedeckt.
M o t o r : Dieselmotor Type RS 125, 6 Zylinder, stehend, 4 Takte. Wasserkühlung. Elektrisches Anlassen über Hauptgenerator.
K r a f t ü b e r t r a g u n g : Hauptgenerator (Type VGN 1350) mit Hilfsgenerator (Type NLH 6,5); zwei Gleichstromreihenschlußmotoren (Type USL 421 f, Nennleistung je 103 kW, Tatzlagerantrieb).
S t e u e r u n g : AEG-Lemp-Schaltung, Vielfachsteuerung. Elektropneumatische Regelung des Dieselmotors in sechs Stufen (einschließlich einer Überlaststufe).
H i l f s e i n r i c h t u n g e n : Kühler für Wasser und Öl des Dieselmotors in Maschinenraumseitenwand. Elektrisch angetriebene Lüfter für Kühler. Luftverdichter elektrisch angetrieben. Batterie. Zeitabhängige Sicherheitsfahrschaltung.

Maschinenanlage VT 137 055 bis VT 137 057 und VT 137 111 bis VT 137 116

A n o r d n u n g : Maschinenanlage (Dieselmotor, Haupt- und Hilfs-

generator) in zwei Hilfstragrahmen federnd im Drehgestell aufgehängt. Der Dieselmotor ragt in den Maschinenraum hinein und ist mit einer Haube abgedeckt.
M o t o r : Dieselmotor Type OM 85 (später als MB 805 bezeichnet), 12 Zylinder, V-förmig, 4 Takte. Wasserkühlung. Elektrisches Anlassen über Anlaßwicklung des Hauptgenerators.
K r a f t ü b e r t r a g u n g : Voith-Maurer-Kupplung; Hauptgenerator (Type FG 4226) und Hilfsgenerator (Type FE 295); zwei Gleichstromfahrmotoren (Type USL 421 f, Nennleistung je 103 kW, Tatzlagerantrieb).
S t e u e r u n g : RZM-Einfach-Schaltung, Steuerung von VT und VS. Elektrische Regelung des Dieselmotors in fünf Stufen.
H i l f s e i n r i c h t u n g e n : Kühler für Wasser und Öl des Dieselmotors unterflur. Lüfter über Gelenkwelle vom Dieselmotor angetrieben. Batterie. Zeitabhängige Sicherheitsfahrschaltung.

Maschinenanlage VT 137 117 bis VT 137 120

A n o r d n u n g : Maschinenanlage (Dieselmotor, Haupt- und Hilfsgenerator) in zwei Hilfstragrahmen federnd im Drehgestell aufgehängt. Dieselmotor ragt in Maschinenraum, mit Haube abgedeckt.
M o t o r : Dieselmotor Type RS 125 s, 6 Zylinder, stehend, 4 Takte. Wasserkühlung. Elektrischer Anlasser.
K r a f t ü b e r t r a g u n g : Voith-Maurer-Kupplung (Type DIAH spez.); Hauptgenerator (Type VGN 1350); zwei Gleichstromfahrmotoren (Type USL 421 f, Nennleistung je 103 kW, Tatzlagerantrieb).
S t e u e r u n g : RZM-Einfach-Schaltung, Steuerung von VT und

VS. Elektrische Regelung des Dieselmotors in sechs Stufen.
H i l f s e i n r i c h t u n g e n : Kühler für Wasser und Öl des Dieselmotors in Maschinenraumseitenwand. Zeitabhängige Sicherheitsfahrschaltung.

Maschinenanlage VT 137 236

A n o r d n u n g : Dieselmotor mit Hilfstragrahmen federnd im Drehgestell aufgehängt. Ragt in Maschinenraum, mit Haube abgedeckt. Getriebe und Wendegetriebe über Gummiklötze befestigt.
M o t o r : Dieselmotor Type OM 85 (später als MB 805 bezeichnet), 12 Zylinder, V-förmig, 4 Takte. Wasserkühlung. Elektrischer Anlasser.
K r a f t ü b e r t r a g u n g : Trocken laufende Lamellenkupplung; Zahnradgetriebe (Type EW, 5 Gänge); Wendegetriebe (in Ganggetriebe eingebaut) mit Differential und doppelseitigem Antrieb; Gelenkwellen; Achstrieb (Type A).
S t e u e r u n g : Einfachsteuerung. Dieselmotorfüllungsregelung durch Seilzug. Druckluftbetätigung für Getriebe und Wendegetriebe.
H i l f s e i n r i c h t u n g e n : Ölkühlerlüfter auf innerer Seite des Drehgestelles angeordnet, vom Getriebe angetrieben. Lüfter für Wasserkühler über Lüfterkupplung und weitere Gelenkwelle angetrieben. Luftverdichter von Motorwelle unmittelbar angetrieben.

Maschinenanlage VT 137 296 bis VT 137 300

A n o r d n u n g : Maschinenanlage (Dieselmotor, Haupt- und Hilfsgenerator) in zwei Hilfstragrahmen federnd im Drehgestell aufgehängt.

Dieselmotor ragt in Maschinenraum, mit Haube abgedeckt.
M o t o r : Dieselmotor Type RS 125 s, 6 Zylinder, stehend, 4 Takte. Wasserkühlung. Elektrischer Anlasser.
K r a f t ü b e r t r a g u n g : Hauptgenerator (Type FG 4628) und Hilfsgenerator (Type SFE 2912); zwei Gleichstromfahrmotoren (Type USL 421 f, Nennleistung je 103 kW, Tatzlagerantrieb).
S t e u e r u n g : RZM-B-Schaltung (Vollastschaltung), Vielfachsteuerung. Elektrische Steuerung des Dieselmotors.
H i l f s e i n r i c h t u n g e n : Kühler für Wasser und Öl von Dieselmotor in Maschinenraumseitenwand. Zeitabhängige Sicherheitsfahrschaltung.

Steuerwagen

F a h r z e u g t e i l : Analog Triebwagen.
F a h r g a s t r a u m : Zwei Abteile 1. Klasse und zwei Großräume 2. Klasse bzw. nur zwei Großräume 2. Klasse, dementsprechend 16/60 Sitzplätze 1./2. Klasse bzw. 80 Sitzplätze 2. Klasse. VS 145 216 bis VS 145 220 zusätzlich Mitteleinstieg.
E i n s a t z m ö g l i c h k e i t : VS 145 011 bis VS 145 013 für VT 137 025 bis VT 137 027; VS 145 015 bis VS 145 017, VS 145 072 bis VS 145 081 und VS 145 216 bis VS 145 220 für VT 137 055 bis VT 137 057, VT 137 117 bis VT 137 120 und VT 137 296 bis VT 137 300.

VT 137 028 bis VT 137 035

VT 137 058 bis VT 137 110

VT 137 160 und VT 137 161

VT 137 164 bis VT 137 223

VT 137 271 und VT 137 272

DB VT 30.0
DB VT 32.0
DB VT 33.1
DB VT 33.2
DB VT 33.5
DB VT 46.5
DR 185.0
DR 185.2

Triebwagen Tabelle 2, Seiten A 23, A 24 bis A 27, A 29, A 31, A 34 und A 35
Steuerwagen Tabelle 3, Seiten A 42 und A 43

In dem Typenprogramm, das die Deutsche Reichsbahn-Gesellschaft Mitte der dreißiger Jahre für Dieseltriebwagen aufgestellt hatte, nahm der 302-kW-Einheitstriebwagen eine dominierende Rolle ein. Das Hauptziel war, eine vereinheitlichte Baureihe zu schaffen, was freilich bei der raschen technischen Entwicklung nicht ganz gelang. Einheitlich blieben nur die Grundzüge und bestimmte Bauelemente. Die im Jahre 1934 angelieferten Triebwagen VT 137 028 bis VT 137 030 stellen noch Versuchswagen dar, die mit dem nicht aufgeladenen Dieselmotor GO 5 und mit der BBC-Leistungswächtersteuerung gebaut wurden.
Die Triebwagen waren für verkehrsschwache Zeiten im leichten Schnellzug-, Eilzug- und Personenzugdienst auf Hauptbahnen vorgesehen. Außerdem sollten sie im Vorortverkehr eingesetzt werden. Entsprechend den Einsatzgebieten erfolgte die Innenraumgestaltung in drei Varianten.
In den Jahren 1933 bis 1937 lieferten zahlreiche Firmen über 100 Triebwagen, deren Dieselmotoren etwa 300 kW Leistung aufwiesen; die Kraftübertragung geschah elektrisch. Vier Versuchstriebwagen hatten eine hydraulische Kraftübertragung.
In der Regel waren die Fahrzeugeinheiten aus einem Triebwagen und einem Steuerwagen zusammengesetzt und hatten dabei eine spezifische Antriebsleistung von 4,9 kW/t. Etwa die Hälfte der Triebwagen fuhr ab 1935 im Ruhrschnellverkehr auf einigen Strecken mit einer 30-min- oder 60-min-Zugfolge im starren Fahrplan. Dabei bewährten sich diese Fahrzeuge nicht voll. Hingegen im Personenzug- und Eilzugdienst brachten sie sehr gute Ergebnisse.
Die Deutsche Reichsbahn hat etwa ein Drittel der seinerzeit gebauten 302-kW-Triebwagen in ihren Bestand übernommen. Sie stattete sie mit einem gleichstarken Dieselmotor der Firma ČKD Praha aus. Außerdem modernisierte sie den Fahrgastraum. Beispielsweise erhielt der VT 137 220 beim Wiederaufbau im Jahre 1959 eine Sitzplatzteilung von 1 + 2/2 + 2 mit 12/32 Sitzplätzen in

der 1./2. Klasse. Die Triebwagen wurden inzwischen ausgemustert; nur zwei Wagen sind noch als Sonderfahrzeuge im Einsatz.

Auch die bei der Deutschen Bundesbahn verbliebenen Triebwagen wurden teilweise umgebaut. Die Triebwagen der Baureihe VT 32.0 erhielten einen 309-kW-Dieselmotor (Daimler-Benz, MB 836), in die Triebwagen der Baureihe VT 33.2 wurde der Maybach-Motor Type GO 56 eingebaut. Im Jahre 1951 wurden die Triebwagen VT 137 097, VT 137 098, VT 137 107, VT 137 214, VT 137 222 und VT 137 223 auf hydraulische Kraftübertragung umgebaut (Baureihe VT 25.5).

Sämtliche bei der Deutschen Bundesbahn verbliebenen Triebwagen wurden inzwischen ausgemustert, nachdem einige Triebwagen noch längere Zeit im Bw Bielefeld beheimatet waren.

Fahrzeugteil

L a u f w e r k : Triebdrehgestell Bauart Görlitz III leicht und Sonderbauformen. Schweißkonstruktion. Wälzachslager. Achsfederung Blatt- und Schraubenfedern. Wiegenfederung Blattfedern.

Laufdrehgestell Sonderbauformen, da es Maschinenanlage trägt, meist Bauart Görlitz III leicht angepaßt. Schweißkonstruktion. Zum Teil asymmetrischer Drehzapfen. Drehgestellwiege liegt oberhalb des Maschinensatzes. Wälzachslager. Achsfederung Blatt- und Schraubenfedern. Wiegenfederung Blattfedern.

W a g e n k a s t e n : Stahlkonstruktion in geschweißter Leichtbauweise. Untergestell verstärkt, dadurch Wagenkasten leichter. Stirnenden korbbogenförmig bzw. halbrund. Schürzen (zum Teil später entfernt). Offene Übergangsbühnen für Personal.

Z u g - u n d S t o ß v o r r i c h t u n g : Schraubenkupplung leichter Bauart, Hülsenpuffer (zum Teil am Triebdrehgestellende nur einseitig angeordnet.)

D r u c k l u f t a n l a g e : Luftverdichter, Hauptluftbehälter, Hauptluftbehälterleitung. Sandstreueinrichtung.

B r e m s e :
VT 137 028 bis VT 137 035 und VT 137 058 bis VT 137 073 einlösige Klotzbremse Bauart Kp, später in mehrlösige Klotzbremse Bauart Hikpt umgebaut. Spindelhandbremse.
VT 137 074 bis VT 137 093 mehrlösige Klotzbremse Bauart Hikpt. Drucköhandbremse.
VT 137 094 bis VT 137 110, VT 137 160 und VT 137 161, VT 137 164 bis VT 137 223 sowie VT 137 271 und VT 137 272 mehrlösige Trommelbremse Bauart Hikpt sowie Drucköhandbremse. Aus der Serie VT 137 164 bis VT 137 223 haben zwei VT mehrlösige Scheibenbremse Bauart Hikp.

Fahrgastraum „Eilzugwagengrundriß"

(VT 137 028 bis VT 137 030)
(VT 137 058 bis VT 137 073)
(VT 137 075 bis VT 137 079)

G e s t a l t u n g : Dem Personenzugdienst angepaßt.

Grundrisse der Einheitstriebwagen
(v. o. n. u.: Eilzugwagengrundriß,
Essener Grundriß, Einheitsgrundriß)

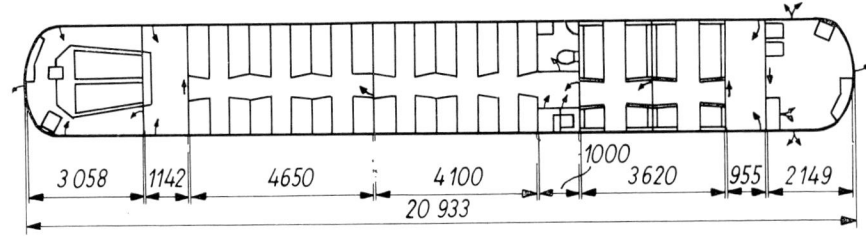

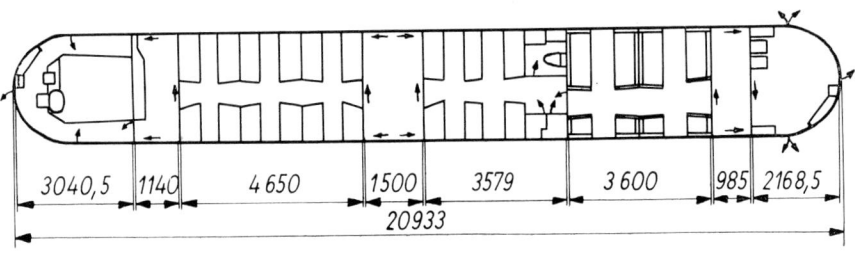

Führerstand; Maschinenraum; Einstiegraum; Großraum 2. Klasse mit
drei Abteilen; Großraum 2. Klasse
mit drei Abteilen; zwei Abteile
1. Klasse; Einstiegraum; Gepäckraum; Führerstand.
Führerstand mit Maschinenraum
bzw. Gepäckraum vereinigt.
Einstieg: Einflügige Drehtür, nach
innen öffnend, lichte Türweite
650 mm. Zugang über Trittstufen.
1. Klasse: Abteile mit Mittelgang.
Sitzplatzanordnung 1 + 3. Abteiltiefe 1800 mm, Sitzplatzbreite
680 mm bzw. 529 mm, Gangbreite
550 mm. Polstersitzbänke.
2. Klasse: Großräume mit drei Abteilen und Mittelgang. Sitzplatzanordnung 2 + 3. Abteiltiefe 1550 mm,
Sitzplatzbreite 470 mm bzw. 468 mm,
Gangbreite 470 mm.
Gepäckraum: 2149 mm lang. Zwei
Klappsitze. Beidseitig einflügige
Drehtür, durch Zusatzflügel zu verbreitern, lichte Türweite 920 mm.
H e i z u n g : Warmwasserheizung;
Kühlwasser und koksgefeuerter
Unterflurofen.
B e l e u c h t u n g : Glühlampen
= 110 V.

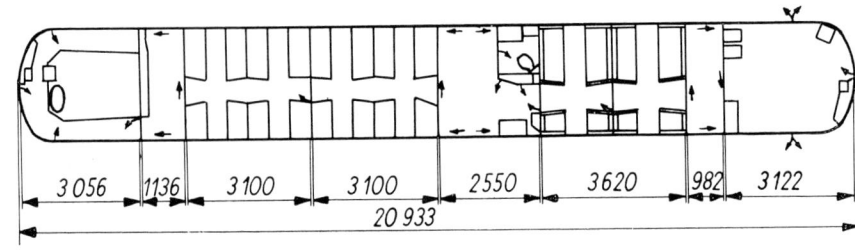

**Fahrgastraum
„Essener Grundriß"**

(VT 137 031 bis VT 137 035)
(VT 137 074)
(VT 137 080 bis VT 137 096)

G e s t a l t u n g : Für den Ruhrschnellverkehr entwickelt, schneller
Fahrgastwechsel.

Führerstand; Maschinenraum; Einstiegraum; Großraum 2. Klasse mit
drei Abteilen; Einstiegraum; Großraum 2. Klasse mit eineinhalb Abteilen; Großraum 1. Klasse mit zwei
Abteilen; Einstiegraum; Gepäckraum; Führerstand.
Führerstand mit Maschinenraum
bzw. Gepäckraum vereinigt.
Einstieg: An den Wagenenden einflügige Schiebetür, lichte Türweite
650 bzw. 760 mm, Zugang über Trittstufen. In Wagenmitte zweiflügige
Schiebetür, lichte Türweite 1000 mm

bzw. 1180 mm, Zugang über Trittstufen.
1. Klasse: Großraum mit zwei Abteilen und Mittelgang. Sitzplatzanordnung 1 + 3. Abteiltiefe 1800 mm,
Sitzplatzbreite 678 mm bzw. 528 mm,
Gangbreite 550 mm. Polstersitzbänke.
2. Klasse: Großräume mit drei bzw.
eineinhalb Abteilen und Mittelgang.
Sitzplatzanordnung 2 + 3. Abteiltiefe 1550 mm, Sitzplatzbreite
489 mm bzw. 462 mm, Gangbreite
450 mm.

Gepäckraum: 2168 mm lang. 2 Klappsitze. Beidseitig einflüglige Drehtür, durch Zusatzflügel erweiterbar.
H e i z u n g : Warmwasserheizung; Kühlwasser und koksgefeuerter Unterflurofen.
B e l e u c h t u n g : Glühlampen = 110 V.

Fahrgastraum „Einheitsgrundriß"

(VT 137 097 bis VT 137 110)
(VT 137 160 und VT 137 161)
(VT 137 164 bis VT 137 223)
(VT 137 271 und VT 137 272)

G e s t a l t u n g : Dem Vorortverkehr angepaßt, durch großen Mitteleinstiegraum weitere Verkürzung des Fahrgastwechsels.
Führerstand; Maschinenraum; Einstiegraum; Großraum 2. Klasse mit zwei Abteilen, Großraum 2. Klasse mit zwei Abteilen; Einstiegraum; zwei Abteile 1. Klasse; Einstiegraum; Gepäckraum, Führerstand. Führerstand mit Maschinenraum bzw. Gepäckraum vereinigt.
Einstieg: An den Wagenenden einflüglige Schiebetür, lichte Türweite 665 mm. Zugang über Trittstufen. In Wagenmitte doppelflüglige Schiebetür, lichte Türweite 970 mm. Zugang über Trittstufen.
1. Klasse: Abteile mit Mittelgang. Sitzplatzanordnung 1 + 3. Abteiltiefe 1800 mm, Sitzplatzbreite 679 mm bzw. 529 mm, Gangbreite 550 mm. Polstersitzbänke.
2. Klasse: Großräume mit zwei Abteilen und Mittelgang. Sitzplatzanordnung 2 + 3. Abteiltiefe 1550 mm, Sitzplatzbreite 488 mm bzw. 462 mm, Gangbreite 450 mm.
Gepäckraum: 3122 mm lang. Drei Klappsitze. Beidseitig einflüglige

Drehtür, durch Zusatzflügel erweiterbar; dann beträgt die lichte Türweite 920 mm.
H e i z u n g : Warmwasserheizung; Motorkühlwasser oder koksgefeuerter Unterflurofen. Bei VT 137 160 und VT 137 161 Warmluftheizung mit Ölfeuerung.
B e l e u c h t u n g : Glühlampen = 110 V.

Maschinenanlage (elektrische Kraftübertragung)

(VT 137 028 bis VT 137 035)
(VT 137 058 bis VT 137 110)
(VT 137 164 bis VT 137 223)

A n o r d n u n g : Maschinenanlage (Dieselmotor, Haupt- und Hilfsgenerator) mit zwei Hilfstragrahmen im Drehgestell federnd aufgehängt. Dieselmotor ragt in Maschinenraum, mit Haube abgedeckt. Motor bei VT 137 074, VT 137 097 bis VT 137 109 und VT 137 210 bis VT 137 223 waagerecht eingebaut, übrige geneigt.
M o t o r :
VT 137 028 bis VT 137 035, VT 137 058 bis VT 137 073, VT 137 075 bis VT 137 096, VT 137 164 bis VT 137 187 und VT 137 191 bis VT 137 209:
Dieselmotor Type GO 5, 12 Zylinder, V-förmig 60°, 4 Takte. Wasserkühlung. Elektrisches Anlassen über Hauptgenerator.
VT 137 074, VT 137 097 bis VT 137 109 und VT 137 210 bis VT 137 223:
Dieselmotor Type L 2 × 6 V 17,5/18, 2 × 6 Zylinder, Zweiwellenmotor, 4 Takte. Wasserkühlung. Beide Kurbelwellen über Zahnradgetriebe auf gemeinsame Abtriebswelle. Elektrisches Anlassen über Hauptgenerator.

VT 137 110:
Dieselmotor Type L 12 V 17,5/18, 12 Zylinder, V-förmig, 4 Takte. Wasserkühlung. Elektrisches Anlassen über Hauptgenerator.
VT 137 188 bis VT 137 190:
Dieselmotor Type OM 86, 12 Zylinder, V-förmig, 4 Takte. Wasserkühlung. Elektrisches Anlassen über Hauptgenerator.
Umbau DR: Dieselmotor Type 12 V 170 DR, 12 Zylinder, V-förmig 50°, 4 Takte. Wasserkühlung. Elektrisches Anlassen über Hauptgenerator.
K r a f t ü b e r t r a g u n g : Kupplungswelle mit zwei Gewebescheiben; Hauptgenerator (Type G 550/6 bei VT 137 028 bis VT 137 035, VT 137 072 bis VT 137 074, VT 137 080 bis VT 137 086; Type aGV 310/26 bei VT 137 058 bis VT 137 067; Type FG 5227 bei VT 137 068 bis VT 137 071; Type FG 5227b bei VT 137 095 und VT 137 096; Type FG 5227c bei VT 137 075 bis VT 137 079, VT 137 087 bis VT 137 094, VT 137 097 bis VT 137 110 und VT 137 164 bis VT 137 223);
Hilfsgenerator (Type G 340/6 bei VT 137 028 bis VT 137 035, VT 137 072 bis VT 137 074, VT 137 080 bis VT 137 086; Type aG 230/5 bei VT 137 058 bis VT 137 067; Type FE 295 bei VT 137 068 bis VT 137 071; Type SFE 2911 bei VT 137 095 und VT 137 096; Type FE 295b bei VT 137 075 bis VT 137 079, VT 137 087 bis VT 137 094, VT 137 097 bis VT 137 110 und VT 137 164 bis VT 137 223);
zwei Gleichstromreihenschlußmotoren (Type GDTM 1412 bei VT 137 028 bis VT 137 035, VT 137 072 bis VT 137 074 und VT 137 080 bis VT 137 086, Nennleistung je 117 kW, Tatzlagerantrieb bzw. Type GBMy 700 bei VT 137 058 bis VT 137 071, VT 137 075 bis VT 137 079,

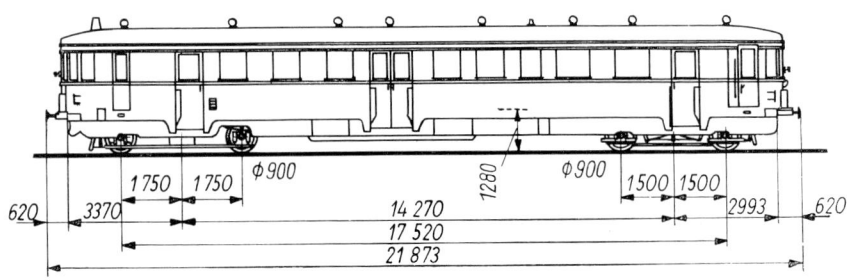

VT 137 058 bis VT 137 067

VT 137 080 bis VT 137 093

VT 137 087 bis VT 137 110 und VT 137 164 bis VT 137 223 mit je 120 kW Nennleistung und Tatzlagerantrieb). S t e u e r u n g : VT 137 028 bis VT 137 030, VT 137 072 und VT 137 073: BBC-Leistungswächter-Steuerung, Einfachsteuerung; VT 137 031 bis VT 137 035, VT 137 074 und VT 137 080 bis VT 137 086: BBC-Vielfach-Steuerung; fünf Fahrstufen; VT 137 058 bis VT 137 071: RZM-Steuerung, Einfachsteuerung, fünf Fahrstufen; VT 137 075 bis VT 137 079, VT 137 087 bis VT 137 094, VT 137 097 bis VT 137 110, VT 137 164 bis VT 137 191 und VT 137 194 bis VT 137 223: RZM-A-Steuerung, Vielfachsteuerung; fünf Fahrstufen.

VT 137 095 und VT 137 096: RZM-B-Steuerung, Vollastschaltung, Vielfachsteuerung; VT 137 192 und VT 137 193: BBC-Servo-Feldregler-Steuerung, Vielfachsteuerung. Notfahrschaltung (Speisung Fahrmotor aus Batterie) bei VT 137 028 bis VT 137 035, VT 137 058 bis VT 137 074, VT 137 097 bis VT 137 110 und VT 137 210 bis VT 137 223 nur zur Räumung der Strecke. H i l f s e i n r i c h t u n g e n : Kühler für Dieselmotorkühlwasser unterflur. Lüfter von Hilfsgenerator über Gelenkwelle angetrieben. Kühler für Motoröl an Drehgestell. Luftverdichter, elektrisch angetrieben. Batterie = 110 V. Wegabhängige Sicherheitsfahrschaltung.

Maschinenanlage (hydraulische Kraftübertragung)

VT 137 160 und VT 137 161

A n o r d n u n g : Maschinenanlage unterhalb Wagenkasten; Dieselmotor ragt in Maschinenraum, durch Haube abgedeckt. M o t o r : Dieselmotor Type L 2 × 6 V 17,5/18, 2 × 6 Zylinder, Zweiwellenmotor, 4 Takte. Wasserkühlung. Elektrischer Anlasser. K r a f t ü b e r t r a g u n g : Vorgelege (zur Drehzahlerhöhung); Gelenkwelle mit Gummigelenkkupplungen; Strömungsgetriebe (Type ACL 36 m 1, ein Wandler und eine Kupplung); Wendegetriebe (Type W 40, mit Vorgelege vereinigt); Vorgelege; Gelenkwellen; Achstriebe. S t e u e r u n g : Einfachsteuerung

VT 137 160 und VT 137 161

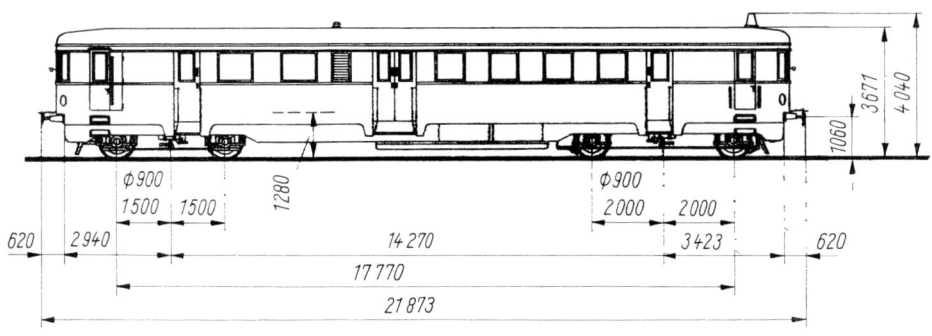

(Steuerung von VT und VS), Dieselmotor elektrische Füllungsverstellung, Strömungs- und Wendegetriebe elektropneumatisch gesteuert.
Hilfseinrichtungen: Kühler für Wasser und Öl unterflur, Lüfter über durch Wärmefühler gesteuerte Kupplung vom Getriebe angetrieben. Lichtanlaßmaschine über Vorgelege mit Motorkurbelwelle gekuppelt. Batterie, Sicherheitsfahrschaltung.

VT 137 271 und VT 137 272

Anordnung: Maschinenanlage unterhalb Wagenkasten, Dieselmotor ragt in Maschinenraum, durch Haube abgedeckt.
Motor: Dieselmotor Type GO 56,

12 Zylinder, V-förmig, 4 Takte. Wasserkühlung. Elektrischer Anlasser.
Kraftübertragung: Gelenkwelle; Zahnradgetriebe; Strömungsgetriebe (Type FF 16,3 CC 8,8, 3 Wandler, Anfahrwandler auf beide Achsen, Marschwandler II und III treiben jeweils nur eine Achse; Zahnradgetriebe (für jeden Marschwandler unterschiedliche Übersetzung); Gelenkwelle; Achsriebe.
Steuerung: Mehrfachsteuerung. Dieselmotor elektrischer Drehzahlversteller, Getriebe elektropneumatisch gesteuert.
Hilfseinrichtungen: Kühler unterflur, temperaturabhängig gesteuert. Lichtanlaßmaschine über Gelenkwelle von Getriebe angetrieben. Batterie. Sicherheitsfahrschaltung.

Steuerwagen

Fahrzeugteil: Analog Triebwagen.
Fahrgastraum: Analog Triebwagen.
Eilzugwagengrundriß VS 145 009 bis VS 145 033, VS 145 048 bis VS 145 070, VS 145 082 bis VS 145 087 16/60 Sitzplätze 1./2. Klasse bzw. 80 Sitzplätze 2. Klasse.

Essener Grundriß VS 145 004 bis VS 145 008, VS 145 034 bis VS 145 047 16/52 Sitzplätze 1./2. Klasse.
Einheitsgrundriß VS 145 096 bis VS 145 150, VS 145 214 und VS 145 215 16/60 Sitzplätze 1./2. Klasse.
Warmwasserumlaufheizung. Elektroenergie vom zugehörigen Triebwagen über Steuerstromkupplung.
Einsatzmöglichkeit:
VS 145 004 bis VS 145 008,
VS 145 031 und VS 145 032 für
VT 137 031 bis VT 137 035,
VT 137 072 und VT 137 073;
VS 145 009, VS 145 010 und
VS 145 014 für
VT 137 028 bis VT 137 030;
VS 145 018 bis VS 145 030 und
VS 145 033 für
VT 137 058 bis VT 137 071;
VS 145 034 bis VS 145 070,
VS 145 082 bis VS 145 085,
VS 145 096 bis VS 145 150,
VS 145 214 und VS 145 215 für
VT 137 058 bis VT 137 071,
VT 137 074 bis VT 137 110,
VT 137 164 bis VT 137 223,
VT 137 271 und VT 137 272;
VS 145 086 und VS 145 087 für
VT 137 160 und VT 137 161.

VT 137 136 bis VT 137 148
VT 137 162 und VT 137 163
VT 137 235

DB VT 63.9

Triebwagen Tabelle 2, Seiten A 28, A 30, A 33
Steuerwagen Tabelle 3, Seite A 43
Beiwagen Tabelle 4, Seiten A 57, A 58

Für den Personenverkehr auf den Nebenbahnen wurde Mitte der dreißiger Jahre auch eine größere Anzahl vierachsiger Triebwagen beschafft. Bei der Gestaltung ging man vom Einziehen der Seitenwände im Bereich der Einstiege und vom Stangenantrieb ab, glich die äußere Form derjenigen der 302-kW-Triebwagen an und versah den Antrieb mit Gelenkwellen.

Außer den 13 Serien-Triebwagen (VT 137 136 bis VT 137 148) mit einer dieselmechanischen Antriebsanlage von 155 kW wurden auch versuchsweise zwei Triebwagen (VT 137 162 und VT 137 163) mit hydraulischer Kraftübertragung und 206 kW Leistung (infolge Aufladung) sowie vergleichsweise dazu für die Erprobung eines neuen mechanischen Getriebes ein Triebwagen (VT 137 235) mit ebenfalls 206 kW beschafft.

Die Triebwagen waren in den Bw Rheine und Landau beheimatet.

Die Deutsche Reichsbahn hatte in ihren Bestand zwei Triebwagen übernehmen können. Der VT 137 136 war bis 1958 im Bw Zittau eingesetzt. Der VT 137 163 war im Bw Aschersleben eingesetzt und wurde 1965 zum VB 147 532 umgebaut.

Bei der Deutschen Bundesbahn verblieben neun Fahrzeuge. Sie wurden 1960 ausgemustert.

Der Triebwagen VT 137 142 wurde 1965 von der österreichischen privaten Montafonerbahn Bludenz—Schruns zu einem elektrischen Triebwagen für zwei Stromsysteme (= 0,8 kV/16$^2/_3$ Hz $\sim$ 15 kV) umgebaut und dabei auch umgestaltet. Zwei weitere Fahrzeuge folgten.

Fahrzeugteil

L a u f w e r k : Triebdrehgestell Schweißkonstruktion aus Profilen und Blechen. Bei VT 137 162 und VT 137 163 sowie VT 137 235 geschweißte Blechträgerbauweise. Wälzachslager. Achsfederung Blatt- und Schraubenfedern. Wiegenfederung Blattfedern.

Laufdrehgestell Schweißkonstruktion Bauart Görlitz IV leicht. Bei VT 137 162 und VT 137 163 sowie VT 137 235 geschweißte Blechträger-

bauweise. Wälzachslager. Achsfederung Blatt- und Schraubenfedern. Wiegenfederung Blattfedern.

W a g e n k a s t e n : Schweißkonstruktion aus Walzprofilen, Kastensäulen aus Z-Profilen. Gekupferte Stahlbleche der äußeren Kastenverkleidung zum Tragen mit herangezogen. Untergestell Schweißkonstruktion aus Walzprofilen. Stirnenden abgerundet. Offene Übergangsbrücken für Personal.

Z u g - u n d S t o ß v o r r i c h t u n g : Schraubenkupplung, leichte Bauart. Hülsenpuffer.

D r u c k l u f t a n l a g e : Luftverdichter, Hauptluftbehälter, Hauptluftbehälterleitung.

B r e m s e : Mehrlösige Trommelbremse Bauart Hikpt. Drucköhandbremse.

Fahrgastraum

G e s t a l t u n g : Dem Nebenbahnverkehr angepaßt. Führerstand; Maschinenraum; Einstiegraum; Großraum 2. Klasse mit Traglastenabteil und zwei Abteilen; Großraum 2. Klasse mit zweieinviertel Abteilen; zwei Abteile 1. Klasse; Einstiegraum; Gepäckraum; Führerstand.

Führerstand mit Maschinenraum und Gepäckraum vereinigt.

Einstieg: An Wagenenden einflüglige Schiebetür, lichte Türweite 650 mm. Der Zugang erfolgt über Trittstufen.

1. Klasse: Abteile mit Mittelgang. Sitzplatzanordnung 1 + 3. Abteiltiefe 1800 mm, Sitzplatzbreite 679 mm bzw. 527 mm, Gangbreite 550 mm. Polstersitzbänke.

2. Klasse: Großräume mit zwei bzw. zweieinviertel Abteilen und Mittelgang. Sitzplatzanordnung 2 + 3. Abteiltiefe 1550 mm, Sitzplatzbreite

488 mm bzw. 461 mm, Gangbreite 450 mm.

Traglastenabteil: Abteiltiefe 1530 mm, vier Klappsitze.

Gepäckraum: 3126 mm lang, drei Klappsitze (bei VT 137 162, VT 137 163 und VT 137 235 ein Klappsitz), beidseitig einflüglige Drehtür, lichte Weite 920 mm, durch Zusatzflügel erweiterbar.

H e i z u n g : Warmwasserheizung. Koksgefeuerter Unterflurofen, bei VT 137 162 und VT 137 163 ölgefeuerter Unterflurofen.

B e l e u c h t u n g : Glühlampen, batteriegespeist.

Maschinenanlage (mechanische Kraftübertragung)

VT 137 136 bis VT 137 148

A n o r d n u n g : Maschinenanlage (Dieselmotor und Getriebe) in Hilfstragrahmen im Drehgestell federnd aufgehängt. Dieselmotor ragt in Maschinenraum, mit Haube abgedeckt.

M o t o r : Dieselmotor Type L 6 V 17,5/18, 6 Zylinder, V-förmig, 4 Takte. Wasserkühlung. Elektrischer Anlasser.

K r a f t ü b e r t r a g u n g : Zwischenwelle; Zahnradgetriebe (Type LRG 175 D, 4 Gänge. Für jeden Gang Lamellenkupplung. Kupplungen für 1. und 2. Gang außerhalb Getriebe angeordnet, Kupplungen für 3. und 4. Gang innerhalb Getriebe, laufen in Ölnebel. Druckluftzufuhr zu Kupplung für 1. und 2. Gang verzögert, vermeidet Anfahrstöße. Doppelter Abtrieb); Wendegetriebe (in gleichem Gehäuse wie Ganggetriebe); Gelenkwellen; Achstriebe.

S t e u e r u n g : Seilzugsteuerung für Dieselmotorfüllung. Druckluftbetätigung für Lamellenkupplung und Wendegetriebe. Motor hat Sicherheitsregler gegen Überdrehzahl des Motors.

H i l f s e i n r i c h t u n g e n : Kühler für Motorkühlwasser unterflur. Kühler für Motoröl auf innerer Seite des Triebdrehgestelles. Antrieb der Kühler über Gelenkwelle von Getriebe. Batterie. Sicherheitsfahrschaltung.

VT 137 235

A n o r d n u n g : Dieselmotor mit Hilfstragrahmen im Drehgestell federnd aufgehängt. Getriebe mit elastischen Gummiklötzen im Drehgestell angeordnet. Dieselmotor ragt in Maschinenraum, mit Haube abgedeckt.

M o t o r : Dieselmotor Type L 6 V 17,5/18, 6 Zylinder, V-förmig, 4 Takte. Aufladung. Wasserkühlung. Elektrischer Anlasser.

K r a f t ü b e r t r a g u n g : Zwischenwelle; Zahnradgetriebe (Type LRG 250 D, 4 Gänge. Für jeden Gang Lamellenkupplung. Kupplungen für 1. und 2. Gang außerhalb des Getriebes angeordnet. Kupplungen für 3. und 4. Gang innerhalb des Getriebes, laufen in Ölnebel. Zahnradvorgelege im Getriebeeingang); Wendegetriebe (in gleichem Gehäuse mit Ganggetriebe); Gelenkwellen; Achstriebe (Type AT 160).

S t e u e r u n g : Seilzugsteuerung für Dieselmotorfüllung. Druckluftbetätigung für Gang- und Wendegetriebe.

Hilfseinrichtungen: Kühler für Motorkühlwasser unterflur. Kühler für Motoröl auf innerer Seite des Triebdrehgestelles. Antrieb der Kühler über Gelenkwelle vom Getriebe, vor Wasserkühler elektromagnetische Lüfterkupplung. Hilfsgenerator von Lüfterwelle angetrieben. Batterie. Sicherheitsfahrschaltung.

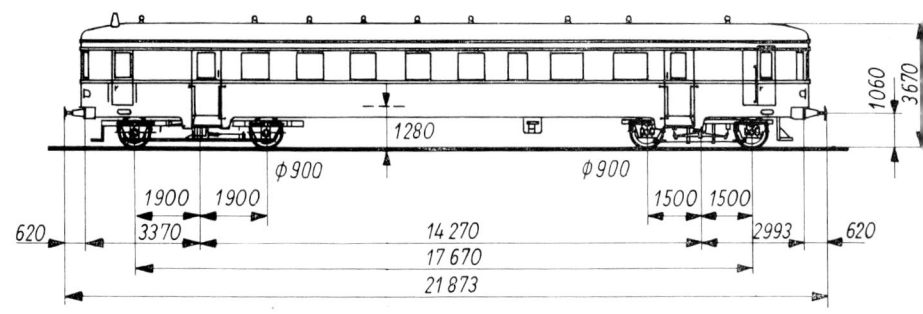

VT 137 136 bis VT 137 148

Maschinenanlage
(hydraulische Kraftübertragung)

VT 137 162 und VT 137 163

Anordnung: Maschinenanlage unterhalb Wagenkasten. Dieselmotor ragt in Maschinenraum, mit Haube abgedeckt. Motor- und Getriebehilfsrahmen in Gummi gelagert.
Motor: Dieselmotor Type L 6 V 17,5/18, 6 Zylinder, V-förmig, 4 Takte. Aufladung. Wasserkühlung. Elektrischer Anlasser.
Kraftübertragung: Vorgelege (zur Drehzahlerhöhung); Gelenkwelle mit Gummigelenkkupplungen; Strömungsgetriebe (Type ACL 36 m 1, ein Wandler und eine Kupplung); Wendegetriebe (mit Vorgelege vereinigt); Gelenkwellen; Achstriebe.
Steuerung: Einfachsteuerung (Steuerung von VT und VS möglich). Dieselmotor elektrische Füllungsverstellung, Strömungs- und Wendegetriebe elektropneumatisch gesteuert.
Hilfseinrichtungen: Kühler für Wasser und Öl unterflur, Lüfter über durch Wärmefühler gesteuerte Kupplung vom Getriebe angetrieben, Hilfsgenerator ebenfalls vom Getriebe über gleiche Welle angetrieben. Batterie. Sicherheitsfahrschaltung.

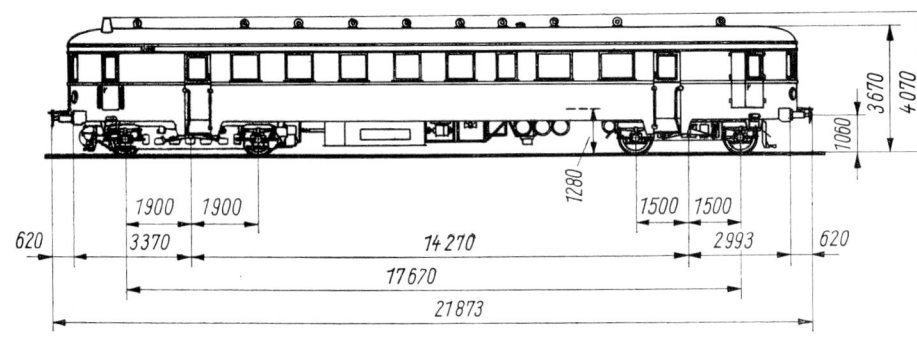

VT 137 235

Steuerwagen

Fahrzeugteil: Analog Triebwagen.
Fahrgastraum: Analog Triebwagen. 16/59 Sitzplätze 1./2. Klasse. Warmwasserheizung.
Einsatzmöglichkeit: Für VT 137 162 und VT 137 163.

Beiwagen

Fahrzeugteil: Analog Triebwagen.
Fahrgastraum: Analog Triebwagen. 16/59 Sitzplätze 1./2. Klasse. Warmwasserheizung.

Einsatzmöglichkeit: Für VT 137 136 bis VT 137 148 und VT 137 235.

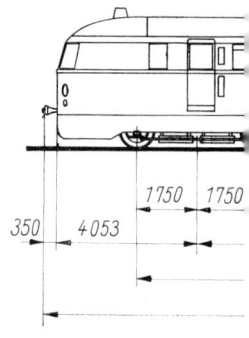

SVT 137 149 bis SVT 137 152
SVT 137 224 bis SVT 137 232

DB VT 04.1
DB VT 04.5
DR 183.0
DR 183.2
Bauart Hamburg

Tabelle 2, Seiten A 29, A 32

Wegen der guten Betriebserfahrungen mit dem „Fliegenden Hamburger" entschloß sich die Deutsche Reichsbahn-Gesellschaft, den Schnelltriebwagenverkehr auf weitere Strecken auszudehnen und stellte 1935/36 die zweiteiligen SVT Hamburg in Dienst. Die Erfahrungen mit dem „Fliegenden Hamburger" wurden hier bereits verwertet, so daß die neue Baureihe verschiedene Abweichungen aufweist. Die Triebzüge befuhren ab 1935 planmäßig die Strecken Berlin–Hamburg, Berlin–Köln, Berlin–Frankfurt (M.), Berlin–Nürnberg–München/Stuttgart. Auf dem Streckenabschnitt Hannover–Hamm erreichten sie eine Reisegeschwindigkeit von 132,2 km/h und waren seinerzeit die schnellsten Züge der Welt.

Nach einer langen kriegsbedingten Pause und einem zwischenzeitlichen Einsatz bei der Deutschen Bundesbahn waren die Triebzüge später in den Bestand der Deutschen Reichsbahn aufgenommen worden. Die Triebzüge verkehrten längere Zeit in einigen nationalen Schnellzugrelationen (zum Beispiel Berlin–Bautzen). Sie wurden inzwischen ausgemustert, außer dem Salontriebzug der Regierung.

Fahrzeugteil

Laufwerk: Jakobs-Triebdrehgestell, angepaßte Konstruktion der Bauart Görlitz. Laufdrehgestell angepaßte Konstruktion der Bauart Görlitz. Wälzachslager. Achsfederung Blatt- und Schraubenfedern. Wiegenfederung Blattfedern. Ende der dreißiger Jahre durch neue geschweißte Bauart ersetzt, dabei Wiegenfederung auf Blatt- und Schraubenfedern umgestaltet.
Wagenkasten: Spantenbauweise mit tragenden Seitenwänden. Außenhautbündige Konstruktion. Stirnenden abgerundet. Durchgehende Bodenschürze. Innerhalb des Triebzugs durch Faltenbalg geschützter Übergang, weiterer Faltenbalg mit Wagenaußenhaut bündig. An Stirnenden keine Übergangsmöglichkeit.
Zug- und Stoßvorrichtung: Selbsttätige Mittelpufferkupplung Bauart Scharfenberg. Pneumatische Leitungen werden mitgekuppelt. Ende der dreißiger Jahre derart umgebaut, daß auch elektrische Leitungen mitgekuppelt werden.

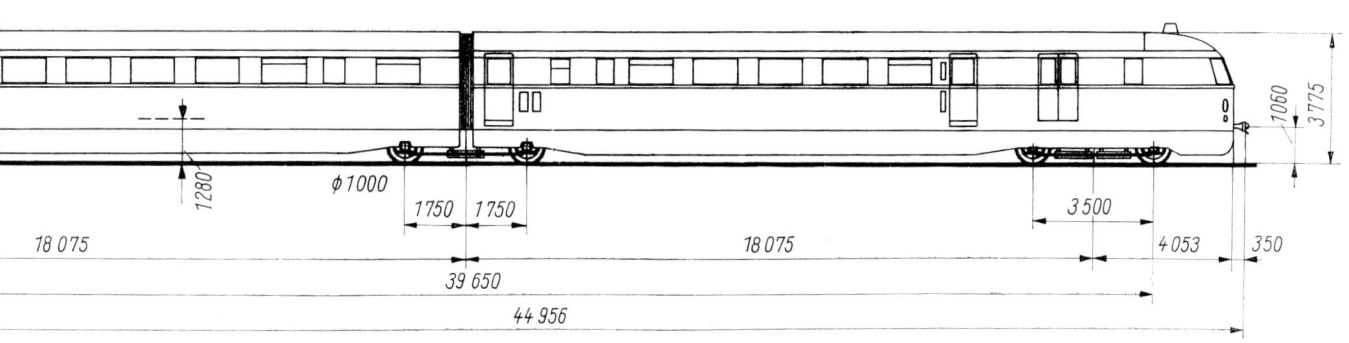

Druckluftanlage: Luftverdichter, Hauptluftbehälter, Hauptluftbehälterleitung. Elektropneumatische Sandstreueinrichtung.
Bremse: Mehrlösige Trommelbremse Bauart Hikp. Magnetschienenbremse. Drucköhlhandbremse. Bei Drehgestellneubau auf Scheibenbremse umgestaltet.

Fahrgastraum

Gestaltung: Dem nationalen Expreß-Schnellzugverkehr angepaßt.
VTa: Führerstand mit Maschinenraum; Gepäckraum; Einstiegraum; Großraum 1. Klasse mit fünfeinhalb Abteilen; Toiletten; Einstiegraum.
VTb: Anrichte; Großraum 1. Klasse mit siebeneinhalb Abteilen; Einstiegraum; Führerstand mit Maschinenraum.
Einstieg: An Wagenenden und über Nachbarwagen. Einflüglige Schiebetür, lichte Weite 650 mm. Zugang über Trittstufen.
1. Klasse: Großräume mit siebeneinhalb und fünfeinhalb Abteilen und Mittelgang. Sitzplatzanordnung

1 + 2. Abteiltiefe 1800 mm, Sitzplatzbreite 740 mm bzw. 695 mm, Gangbreite 522 mm. Polstersitze.
Anrichte: ca. 3000 mm lang. Vier Sitzplätze.
Gepäckraum: 3600 mm lang. Beidseitig doppelflüglige Drehtür, lichte Türweite 950 mm.
Heizung: Warmwasserheizung; koksgefeuerter Heizkessel. Jeder Wagen eigene Heizanlage.
Beleuchtung: Glühlampen.
Nebenanlagen: Heißwasserspeicher in Anrichte, von Hilfsgenerator gespeist. Kochplatte und Kraftsteckdose hingegen von Batterie gespeist.

Maschinenanlage

Anordnung: Zwei getrennte gleiche Maschinenanlagen. Maschinenanlage (Dieselmotor, Hauptgenerator) auf zwei getrennten Hilfsrahmen über je drei Aufhängepunkte im Laufdrehgestell aufgehängt. Dieselmotor ragt in Maschinenraum, mit Haube abgedeckt. Mit neuer Drehgestellbauart durch-

gehender Hilfsrahmen mit drei Aufhängepunkten.
Motor: Dieselmotor Type GO 5, 12 Zylinder, V-förmig 60°, 4 Takte. Wasserkühlung. Elektrisches Anlassen über Anlaßwicklung des Hauptgenerators.
Kraftübertragung: Hauptgenerator (Type aG 310/26 b) mit Hilfsgenerator (Type aGV 230/5); Gleichstromreihenschlußmotoren (Type Dx 1681 a, Tatzlagerantrieb).
Steuerung: RZM-Vielfachsteuerung. 22polige Steuerstromverbindung über Steckdosen, später Kontaktleiste an Mittelpufferkupplung. Anlassen der Motoren in jedem Triebzug erforderlich, gesteuerte Triebzüge mit Maschinenwärter besetzt. Fernsprech- und Klingelanlage zwischen Führerständen.
Hilfseinrichtungen: Hilfsgenerator und Lüfter für Motorkühlwasser über Gelenkwellen von Dieselmotor angetrieben. Luftverdichter von Batterie gespeist. Fremdeinspeisung für Batterieladung. Zeitabhängige Sicherheitsfahrschaltung. Induktive Zugbeeinflussung.

SVT 137 153 und SVT 137 154
SVT 137 233 und SVT 137 234

DR 183.2
Bauart Leipzig

Tabelle 2, Seiten A 29, A 32 und A 33

Parallel zum zweiteiligen SVT Hamburg entstand ein dreiteiliger Schnelltriebzug, der erstmalig außer der 1. auch die 2. Wagenklasse erhielt und als SVT Leipzig bezeichnet wurde. Die Höchstgeschwindigkeit sollte wiederum 160 km/h betragen; auch die bewährte Aufteilung der

Maschinenanlage des SVT Hamburg sollte beibehalten werden. Die notwendige höhere installierte Leistung kam dadurch zustande, daß inzwischen ein 442-kW-Motor mit nahezu gleichen Abmessungen wie der bisherige 302-kW-Motor zur Verfügung stand; denn die Entwick-

lung schnellaufender Dieselmotoren mit Abgasturbolader war zu einem gewissen Abschluß gekommen. Zwei Triebzüge wurden mit hydraulischer Kraftübertragung (SVT 137 153 und SVT 137 154) und zwei mit elektrischer Kraftübertragung (SVT 137 233 und SVT 137 234) ausgerüstet, um das vorteilhaftere System zu ermitteln.

Die Triebzüge wurden in zahlreichen Meß- und Versuchsfahrten erprobt, wobei auch Geschwindigkeiten über 160 km/h erzielt werden konnten. Bei einer Fahrt am 17. Februar 1936 von Hamburg nach Berlin stellte der Triebzug mit 205 km/h einen Weltrekord für serienmäßige Eisenbahnfahrzeuge auf.

Da die Plätze 1. Klasse sehr gefragt waren, sollte 1939 durch einen zusätzlichen vierten Wagen mit sieben Abteilen 1. Klasse das Sitzplatzangebot erhöht werden. Außerdem sollte der Großraum 2. Klasse des Endwagens in einen Speiseraum umgestaltet werden. Die dadurch

SVT 137 233 und SVT 137 234
(Klammerwerte SVT 137 153 und SVT 137 154)

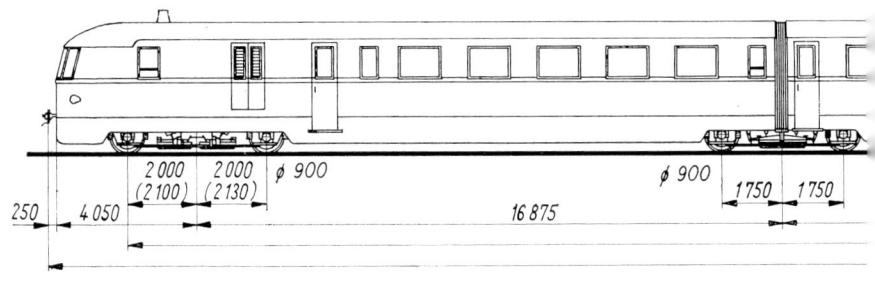

Fahrzeugteil

L a u f w e r k : Triebdrehgestelle der SVT 137 153 und SVT 137 154 Kastenrahmen. Wiege unterhalb Verbindungswelle Motor – Getriebe. Wälzachslager. Achsfederung Blatt- und Schraubenfedern. Wiegenfederung Blattfedern.
Triebdrehgestelle der SVT 137 233 und SVT 137 234 Jakobs-Drehgestell. Angepaßte Konstruktion der Drehgestellbauart Görlitz. Wälzachslager. Achsfederung Blatt- und Schraubenfedern. Wiegenfederung Blattfedern.
Laufdrehgestelle der SVT 137 153 und SVT 137 154: Jakobs-Drehgestelle. Angepaßte Konstruktion der Drehgestellbauart Görlitz. Wälzachslager. Achsfederung Blatt- und Schraubenfedern. Wiegenfederung Blattfedern.
Laufdrehgestelle der SVT 137 233 und SVT 137 234 angepaßte Konstruktion der Drehgestellbauart Görlitz. Wiege unterhalb Verbindungswelle Motor – Generator. Wälzachslager. Achsfederung Blatt- und Schraubenfedern. Wiegenfederung Blattfedern.
W a g e n k a s t e n : Spantenbauweise mit tragenden Seitenwänden. Außenhautbündige Konstruktion. Stirnenden abgerundet. Durchgehende Schürze. Innerhalb des Triebzugs durch Faltenbalg geschützte Übergänge, weiterer Faltenbalg mit Außenhaut bündig. An Stirnenden keine Übergangsmöglichkeit.
Z u g - u n d S t o ß v o r r i c h t u n g : Selbsttätige Mittelpufferkupplung Bauart Scharfenberg. Pneumatische Leitungen werden mitgekuppelt.
D r u c k l u f t a n l a g e : Luftverdichter, Hauptluftbehälter, Hauptluftbehälterleitung. Elektropneumatische Sandstreueinrichtung.
B r e m s e : Mehrlösige Trommelbremse Bauart Hikp. Magnetschienenbremse. Druckölhandbremse.

Die Triebzüge wurden in der Zwischenzeit alle ausausgemustert.

gesunkene spezifische Antriebsleistung hätte sich nicht nachteilig ausgewirkt, da diese Baureihe nur im Flachland auf der damaligen Relation Berlin–Breslau–Beuthen eingesetzt wurde.
Die Triebzüge SVT 137 154, SVT 137 233 und SVT 137 234 waren bei der Deutschen Reichsbahn noch im Einsatz, wobei der SVT 137 234 kurzzeitig als vierteiliger Triebzug verkehrte. Später war er wieder dreiteilig und für Sonderzwecke eingesetzt. Der SVT 137 153 ging bei Kriegsereignissen verloren. Die Triebzüge wurden in der Zwischenzeit alle ausausgemustert.

Fahrgastraum

G e s t a l t u n g : Dem nationalen Fernschnellzugverkehr angepaßt.
Wagen a: Führerstand mit Maschinenraum; Gepäckraum; Einstiegraum; fünf Abteile 1. Klasse; Einstiegraum.
Wagen b: Einstiegraum; Großraum 2. Klasse mit fünf Abteilen; Großraum 2. Klasse mit vier Abteilen; Einstiegraum.
Wagen c: Einstiegraum; Anrichte; Küche; Großraum 2. Klasse mit fünf Abteilen; Einstiegraum; Postabteil; Maschinenraum mit Führerstand. Großraum wurde später in einen Speiseraum umgestaltet.
Einstieg: An Wagenenden und über Nachbarwagen. Einflügige Schiebetür, lichte Weite 760 mm. Zugang über Trittstufen.
1. Klasse: Geschlossene Abteile mit Seitengang. Sitzplatzanordnung 0 + 3. Abteiltiefe 1990 mm, Sitzplatzbreite 658 mm, Gangbreite 710 mm. Polstersitze.
2. Klasse: Großräume mit fünf bzw. vier Abteilen und Seitengang. Sitzplatzanordnung 0 + 4. Abteiltiefe 1600 mm, Sitzplatzbreite 519 mm, Gangbreite 600 mm. Polsterbänke mit halbhohen Rückenlehnen.
Speiseraum: Sitzplatzanordnung 1 + 2, 29 Sitzplätze.
Gepäckraum: 3350 mm lang. Beid-

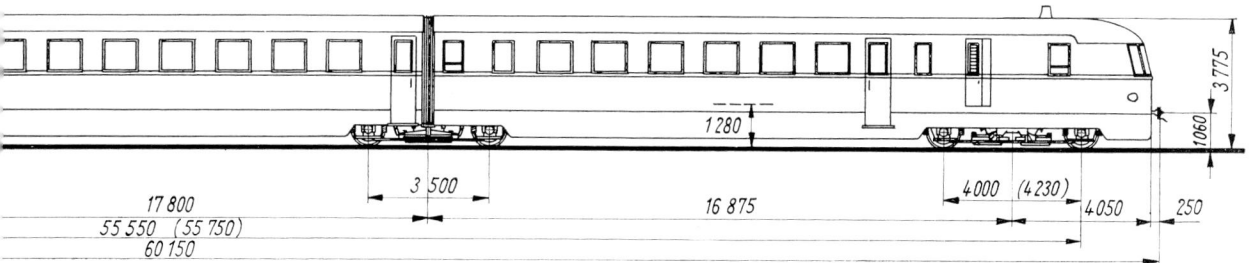

seitig doppelflügige Drehtür, lichte Weite 1000 mm.

Postabteil: 1800 mm lang. Beidseitig einflügige Drehtür, durch Zusatzflügel zu erweitern, lichte Weite 700 mm. Seitengang.

H e i z u n g : Luftheizung. Wärmetauscher Motorkühlwasser und Ölheizkessel, in Mittelwagen nur Ölheizkessel. Im Sommer als Lüftungsanlage verwendbar. Jeder Wagen eigene Heizanlage.

B e l e u c h t u n g : Glühlampen.

Maschinenanlage (hydraulische Kraftübertragung)

(SVT 137 153 und SVT 137 154)

A n o r d n u n g : Zwei getrennte gleiche Maschinenanlagen. Dieselmotor ragt in Maschinenraum, durch Haube abgedeckt. Dieselmotor und Getriebe auf Hilfsrahmen, mit drei Kugelzapfen im Drehgestellrahmen gelagert.

M o t o r : Dieselmotor Type GO 6, 12 Zylinder, V-förmig 60°, 4 Takte. Aufladung. Wasserkühlung. Elektrischer Anlasser.

K r a f t ü b e r t r a g u n g : Zahnradgetriebe (ü = 4:3); Gelenkwelle; Strömungsgetriebe (Type FCR 97 m 2, zwei Wandler; Anfahrwandler bis 108 km/h, Marschwand-

ler von 108 km/h bis 160 km/h. Bremsbetrieb mit Anfahrwandler möglich); Wendegetriebe (in Strömungsgetriebe eingebaut); Zahnradgetriebe; Gelenkwelle mit Abschaltkupplung (über 30 km/h in jedem Drehgestell eine Achse abgeschaltet); Achstriebe.

S t e u e r u n g : Elektropneumatische Vielfachsteuerung; bis zu drei Triebzüge steuerbar.

H i l f s e i n r i c h t u n g e n : Kühlanlage für Motorkühlwasser und -öl sowie für Getriebeöl unterflur. Lichtanlaßmaschine von Eingangswellen des Getriebes angetrieben. Zeitabhängige Sicherheitsfahrschaltung. Induktive Zugbeeinflussung.

Maschinenanlage (elektrische Kraftübertragung)

(SVT 137 233 und SVT 137 234)

A n o r d n u n g : Zwei getrennte gleiche Maschinenanlagen. Maschinenanlage (Dieselmotor, Hauptgenerator, Hilfsgenerator) auf Hilfsrahmen; über Schaken am Drehgestellrahmen aufgehängt.

M o t o r : Dieselmotor Type GO 6, 12 Zylinder, V-förmig 60°, 4 Takte. Aufladung. Wasserkühlung. Elektrischer Anlasser.

K r a f t ü b e r t r a g u n g : Haupt-

generator (Type aG 311/38) mit Hilfsgenerator (Type aGV 240/5); Gleichstromreihenschlußmotoren (Type GBM 780, Tatzlagerantrieb, zwei Fahrmotoren je Maschinenanlage).

S t e u e r u n g : RZM-Vielfachsteuerung. 22polige Steuerstromverbindung über Steckdosen, später durch Kontaktleiste an Mittelpufferkupplung ersetzt. Gemischte Erregung des Hauptgenerators (Fremderregung, Selbsterregung und Gegenkompoundierung) ermöglicht gute Ausnutzung der Dieselmotorleistung im gesamten Geschwindigkeitsbereich.

H i l f s e i n r i c h t u n g e n : Lüfter für Motorkühlwasser vom Dieselmotor angetrieben. Wegabhängige Sicherheitsfahrschaltung. Induktive Zugbeeinflussung.

SVT 137 155

Bauart Kruckenberg

Tabelle 2, Seite A 29

Die am 5. April 1928 gegründete „Flugbahn-Gesellschaft mit beschränkter Haftung" nahm recht aktiv an der Entwicklung von Fernschnelltriebwagen teil, wobei diese Gesellschaft besonders neue Antriebsformen erprobte. Gründer dieser Gesellschaft waren Franz Kruckenberg und Curt Stedefeld.
Nach zahlreichen Versuchen mit Einzelwagen wurde im Herbst 1931 das Projekt für einen Schnelltriebzug erarbeitet. Dieses Projekt lief parallel zur Entwicklung des Zentralamtes der Deutschen Reichsbahn-Gesellschaft, das im Februar 1931 der Wumag Görlitz den Auftrag zum Bau eines Probetriebzuges mit die-

selelektrischem Antrieb für eine Höchstgeschwindigkeit von 160 km/h („Fliegender Hamburger", VT 877) erteilt hatte.
Der Triebzug SVT 137 155 erhielt einen dieselhydraulischen Antrieb und war für eine Höchstgeschwindigkeit von 160 km/h ausgelegt.
Im Januar 1938 stand der Triebzug zu Probefahrten bereit. Einige Schwierigkeiten und technische Mängel führten jedoch dazu, daß der Triebzug nicht ab 1. Juli 1938, wie vorgesehen, auf der Strecke Berlin—Hamburg planmäßig eingesetzt werden konnte. Bei der Probefahrt am 27. Juni 1938 von Hamburg nach Berlin war ein Achslager heiß-

gelaufen, so daß die Achse brach. Andererseits wurden die Laufeigenschaften des Triebzuges besonders gelobt. Auf einer Versuchsfahrt am 23. Juni 1939 wurde bei der Fahrt nach Berlin hinter Ludwigslust eine Geschwindigkeit von 215 km/h erreicht. Ein erneuter Achsbruch am 25. Juni 1939 führte zur Stillsetzung des Triebzuges. Der Triebzug blieb im Raw Wittenberge abgestellt und wurde, nachdem man mehrfach den Wiederaufbau erwogen hatte, im Jahre 1967 verschrottet.

Fahrzeugteil

L a u f w e r k : Drehgestelle Kastenrahmen, schwanenhalsförmig ausgebildet. Drehzapfenlos, Winkelbewegung über Lenkerstangen, Winkelhebel und quer zur Fahrzeugachse liegende Stange mit Rückstelleinrichtung. Lenkerbewegung durch Flüssigkeits-Drehdämpfer gedämpft. Wälzachslager, Innenlager. Achsfederung Schraubenfedern. Wiegenfederung Gummikugeln (im Triebdrehgestell 24 Stück, im Laufdrehgestell 20 Stück) und Blattfedern.
W a g e n k a s t e n : Selbsttragende geschweißte Röhrenkonstruktion, Leichtbauweise, kasettenförmig ausgesteift. Wagenkasten aus fünf Längsteilen (Boden, Seitenwände,

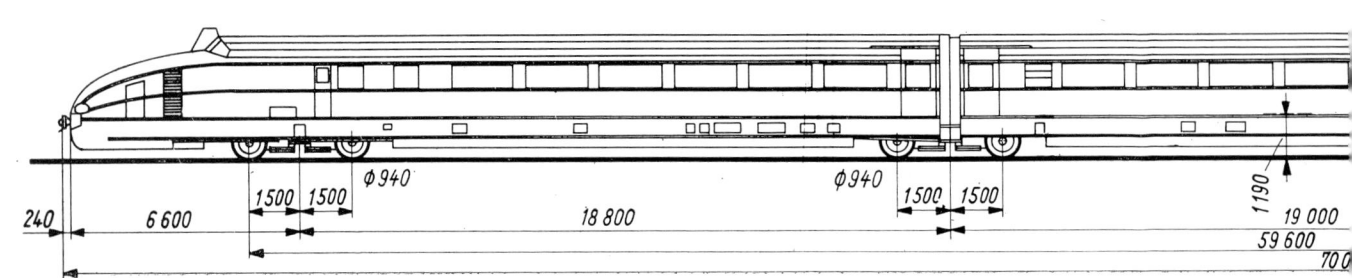

zwei Dachteile), diese einzeln mit Spanten- und Spriegelstücken sowie Längs- und Querstreifen verschweißt und danach zusammengefügt. Verbindung zwischen Wagenkästen durch Gelenkkupplungen, die Winkelbewegung in horizontaler und vertikaler Ebene gestatten, jedoch Verdrehen oder Versetzen der Wagenkästen verhindern. Stirnenden stromlinienförmig ausgebildet, großer Vorbau. Durchgehende Bodenschürze. Innerhalb des Triebzugs durch Faltenbalg geschützte Übergänge. An Außenhaut verlängerte

Seitenwandbleche, die übereinander greifen, um Luftwiderstand zu mindern. An Stirnenden keine Übergangsmöglichkeit.
Z u g - u n d S t o ß v o r r i c h t u n g : Selbsttätige Mittelpufferkupplung, Bauart Scharfenberg. Pneumatische Leitungen werden mitgekuppelt.
D r u c k l u f t a n l a g e : Luftverdichter, Hauptluftbehälter, Hauptluftbehälterleitung.
B r e m s e : Mehrlösige Klotzbremse Bauart Hik, Magnetschienenbremse. Handbremse.

Fahrgastraum

G e s t a l t u n g : Dem nationalen Expreß-Schnellzugverkehr angepaßt.
Wagen a: Maschinenraum mit hochgelegenem Führerstand; Einstiegraum für Personal; Küche; Anrichte; Großraum 1. Klasse mit sechs Abteilen; Einstiegraum für Reisende.
Wagen b: Einstiegraum; Toiletten; Großraum 1. Klasse mit sechs Abteilen; Toiletten; Einstiegraum.
Wagen c: Einstiegraum; Großraum 1. Klasse mit fünf Abteilen; Postabteil; Gepäckraum; Maschinen-

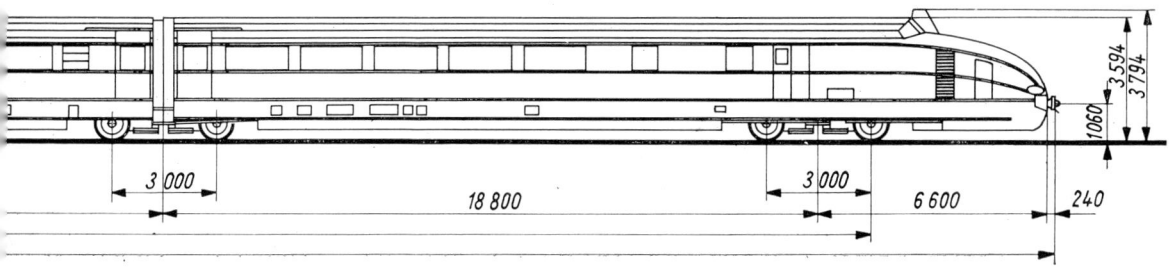

raum mit hochgelegenem Führerstand.

Einstieg: Über Jakobs-Drehgestellen. Einflügige Schiebetür, läuft an Wagenaußenseite und liegt im geschlossenen Zustand bündig mit Wagenaußenwand, lichte Türweite 800 mm bzw. 750 mm. Zugang über Trittstufen.

1. Klasse: Großräume mit sechs bzw. fünf Abteilen und Mittelgang. Sitzplatzanordnung 1 + 2. Abteiltiefe 2100 mm, Sitzplatzbreite 680 mm, Gangbreite 658 mm. Polstersitze. Klapptische zum Servieren von Speisen und Getränken.

Küche: 1710 mm lang.

Anrichte: 2260 mm lang.

Gepäckraum: 3470 mm lang. Beidseitig doppelflüglige Drehtür, lichte Weite 910 mm.

Postabteil: 3135 mm lang, Seitengang.

H e i z u n g : Klimaanlage.

B e l e u c h t u n g : Glühlampen.

Maschinenanlage

A n o r d n u n g : Zwei getrennte gleiche Maschinenanlagen. Maschinenanlage (Dieselmotor, Strömungsgetriebe) in Vorbau.

M o t o r : Dieselmotor Type GO 6, 12 Zylinder, V-förmig 60°, 4 Takte. Aufladung. Wasserkühlung. Elektrischer Anlasser.

K r a f t ü b e r t r a g u n g : Strömungsgetriebe (2 Wandler, Betriebsflüssigkeit Wasser); Gelenkwelle; Achstrieb.

S t e u e r u n g : Vielfachsteuerung.

H i l f s e i n r i c h t u n g e n : Sicherheitsfahrschaltung. Induktive Zugbeeinflussung.

VT 137 240

VT 137 462 und VT 137 463

Tabelle 2, Seiten A 34, A 39

DB VT 90.5
Aussichtstriebwagen

Neu war ein solcher Fahrzeugtyp nicht, neu war aber sein Einsatz auf einem größeren Streckennetz. Die Deutsche Reichsbahn-Gesellschaft wollte mit dem 1936 in Dienst gestellten Aussichtstriebwagen, dem drei Jahre später zwei weitere folgten, vor allem den Reisegesellschaften, die Kraftomnibusse verwendeten, Konkurrenz bieten und den wachsenden Ausflugsverkehr auf die Schiene leiten.

Die Höchstgeschwindigkeit von 120 km/h ermöglichte kurze Fahrzeiten zum Reiseziel. Der Triebwagen konnte Steigungen von 33 ‰ noch mit 30 km/h befahren.

Zwei im Krieg beschädigte Triebwagen wurden bei der Deutschen Bundesbahn wieder aufgebaut und als VT 90.5 eingenummert. Die Triebwagen wurden 1960 und 1962 ausgemustert.

Fahrzeugteil

L a u f w e r k : Drehgestellrahmen aus Blechen geschweißt. Sonderkonstruktion. Vorderer Kopfträger

VT 137 240

Fahrgastraum

durchgekröpft, da darüber tiefliegende Toilette. Wiegenträger erhielt Ausschnitt für Antriebsgelenkwelle. Wälzachslager. Achsfederung Blatt- und Schraubenfedern. Wiegenfederung Blattfedern.
W a g e n k a s t e n : Schweißkonstruktion aus Rohren, Profilen und Blechen. Untergestell besonders kräftig ausgeführt, einige Untergestellträger waren Gitterträger aus Hohlprofilen. Seitenwand zum Tragen herangezogen. Viele Dachöffnungen (Fenster in Kehle und Rolldach in Wagenmitte) erfordern eine besondere konstrukive Gestaltung. Stirnenden abgerundet. Schürzen klappbar. Keine Übergangsmöglichkeit.
VT 137 462 und VT 137 463 geringförmig abweichende Konstruktion.
Z u g - u n d S t o ß v o r r i c h t u n g : Ungefederte Notpuffer und Abschlephaken.
D r u c k l u f t a n l a g e : Luftverdichter, Hauptluftbehälter.
B r e m s e : Mehrlösige Scheibenbremse Bauart Hikpt. Spindelhandbremse. Hydraulische Bremse möglich.

G e s t a l t u n g : Dem Ausflugsverkehr angepaßt. Triebwagen besteht aus einem Raum, der Fahrgastraum, Einstiegräume und Führerstände türlos vereinigt. Breite Fenster an allen Wagenseiten und in Dachkehle ermöglichen ungehinderte Sicht nach allen Seiten. Außerdem Rolldach, elektrisch und von Hand bedienbar. Größere Gepäckstücke in Schränken neben Einstiegtüren unterbringbar. Toilette an Stirnwänden unterhalb Fensterbrüstung vertieft neben Führertischen, um Sicht nicht zu beeinträchtigen.
Einstieg: An Wagenenden einflüglige Schiebetür, lichte Weite 685 mm (VT 137 240) bzw. 675 mm (VT 137 462 und VT 137 463). Zugang über Trittstufen.
2. Klasse: Großraum mit Mittelgang. Wendesitze. Sitzplatzanordnung 2 + 2. Sitzplatzabstand 800 mm, Sitzplatzbreite 550 mm (VT 137 240) bzw. 538 mm (VT 137 462 und VT 137 463), Gangbreite 436 mm (VT 137 240) bzw. 430 mm (VT 137 462 und VT 137 463). Polstersitzbänke.

Sitzgestelle aus leichtem Hydronaliumrohr.
H e i z u n g : Frischluftheizung. Wärmetauscher der Auspuffgase bzw. ölgefeuerter Heizkessel. Zwei Heizanlagen. Fensterscheiben beheizt.
B e l e u c h t u n g : Glühlampen.
Z u s a t z a u s r ü s t u n g : Lautsprecheranlage, mit Plattenspieler kombinierbar.

Maschinenanlage

A n o r d n u n g : Zwei getrennte gleiche Maschinenanlagen. Gesamte Maschinenanlage außerhalb des Wagenkastens angeordnet. Dieselmotor, Kühlanlage und Luftverdichter auf Rahmen, über vier Gummipuffer am Wagenuntergestell aufgehängt. Strömungsgetriebe hängt an drei Punkten im Drehgestellrahmen. Abgase jeweils an hinterer Stirnseite abgeführt.
M o t o r : Unterflurdieselmotor Type 2 × 4 V 18 L, 8 Zylinder, liegend, 4 Takte. Wasserkühlung. Elektrischer Anlasser.

VT 137 240

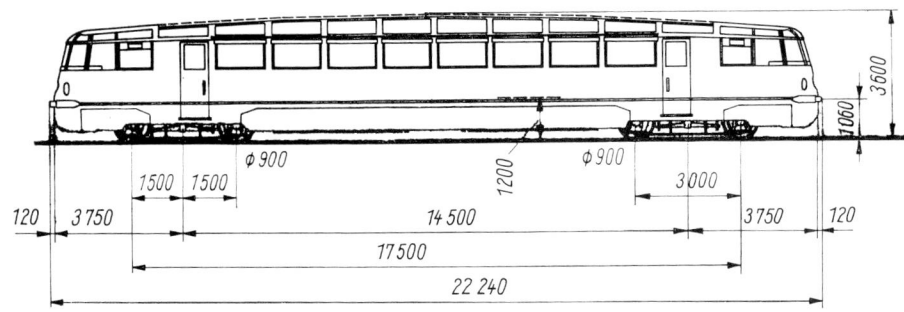

VT 137 462 und VT 137 463

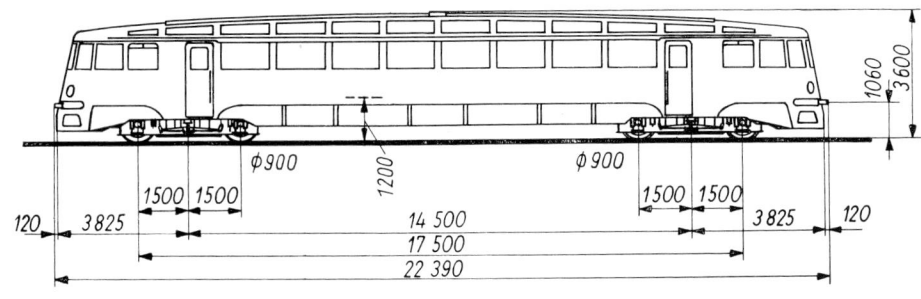

Kraftübertragung: Voith-Maurer-Kupplung (Type D Di AW 6); Zahnradgetriebe; Strömungsgetriebe (Type JJ 5,4 CG 3,3, zwei Wandler und zwei Kupplungen, arbeiten beide parallel, somit nur für halbe Leistung ausgelegt. Kupplung II von 58 km/h bis 82 km/h, darüber Kupplung III. Wandler bei längeren Gefällefahrten zur Bremsung nutzbar); Zahnradgetriebe (für jede Kupplung andere Übersetzung); Gelenkwelle; Achswendegetriebe (Type 5 – OR).
Steuerung: Einfache Fahrsteuerung. Füllungsregelung der Dieselmotoren pneumatisch gesteuert. Selbsttätige Steuerung des Getriebes. Pneumatische Steuerung von Strömungs- und Achswendegetriebe.
Hilfseinrichtungen: Lüfter für Motorkühlwasser vom Dieselmotor angetrieben. Luftverdichter über Lüfter angetrieben. Kühler für Getriebeöl. Zeitabhängige Sicherheitsfahrschaltung.

VT 137 241 bis VT 137 270
VT 137 442 bis VT 137 461

DB VT 36.5

BD Hannover, Köln und Wuppertal einsetzte. Die Triebwagen wurden in den Jahren 1963 bis 1966 ausgemustert.

Fahrzeugteil

L a u f w e r k : Drehgestelle geschweißte Kastenkonstruktion. Triebdrehgestellwiege in Mittelteil Öffnung für Gelenkwelle. Wälzachslager. Achsfederung Blatt- und Schraubenfedern. Wiegenfederung Blattfedern.

W a g e n k a s t e n : Schweißkonstruktion aus Profilen und Blechen. Untergestell ebenfalls aus Profilen und Blechen geschweißt, an Einstiegen Längsträger eingezogen, wobei Untergurt mittlere Trittstufe ist. Seitenwand- und Deckenbleche leicht gekupfert. Stirnenden aus Schrägflächen abgerundet. An Stirnenden offene Übergangsbrücken für Personal.

Z u g - u n d S t o ß v o r r i c h t u n g : Schraubenkupplung, Hülsenpuffer.

D r u c k l u f t a n l a g e : Luftverdichter, Hauptluftbehälter, Hauptluftbehälterleitung.

B r e m s e : Mehrlösige Klotzbremse Bauart Hikpt. Spindelhandbremse.

Triebwagen Tabelle 2, Seiten A 34, A 39
Steuerwagen Tabelle 3, Seite A 44

Außer zweiachsigen Nebenbahntriebwagen beschaffte die Deutsche Reichsbahn-Gesellschaft ab 1937 auch vierachsige, die auf den anschließenden Hauptstrecken den Verkehr mit bedienen sollten. Die Höchstgeschwindigkeit von 100 km/h und die installierte Leistung von 265 kW machten diese Triebwagen sehr vielseitig einsetzbar und sogar für einen Steuerwagenbetrieb geeignet. Die Triebwagen waren zur Erprobung langsamlaufender Dieselmotoren bestimmt, denn es galt herauszufinden, ob sich bei geringerer Motordrehzahl ein günstigerer Instandhaltungsaufwand ergäbe. Außerdem wurde die hydraulische Kraftübertragung erstmalig in einer größeren Serie erprobt.

Die Triebwagen haben sich gut bewährt. In den Bestand der Deutschen Reichsbahn gingen fünf Triebwagen über, die in der Rbd Dresden eingesetzt waren. Sie wurden inzwischen ausgemustert.

Die Deutsche Bundesbahn übernahm 16 Triebwagen, die sie in den

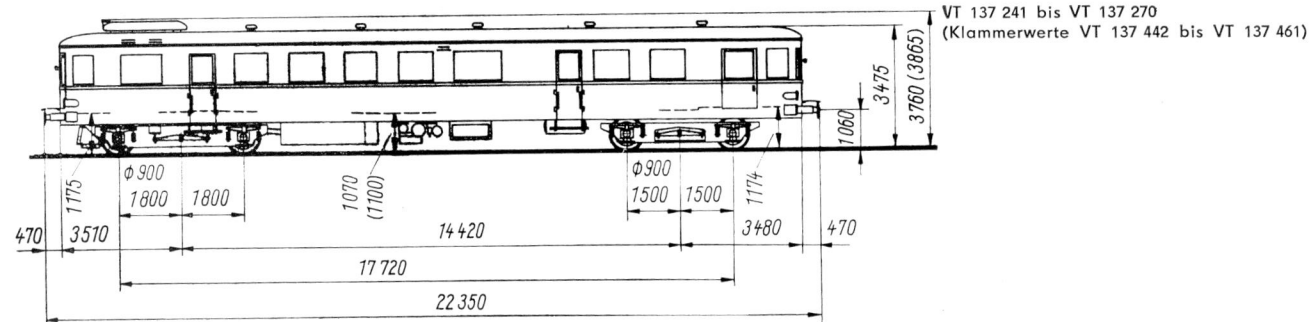

VT 137 241 bis VT 137 270
(Klammerwerte VT 137 442 bis VT 137 461)

Fahrgastraum
VT 137 241 bis VT 137 270

Gestaltung: Dem Nebenbahnverkehr angepaßt.
Führerstand mit Maschinenraum; Einstiegraum; Großraum 2. Klasse mit dreieinhalb Abteilen; Abteil 1. Klasse; Einstiegraum, türlos verbunden mit Traglastenraum; Gepäckraum mit Führerstand.
Fußboden sehr niedrig angeordnet (1070 mm über SO), über Triebdrehgestell (Einstiegraum) auf 1175 mm erhöht, deshalb Fußbodenschräge in Fahrgastraum. Ferner Fußboden in Gepäckraum auf 1174 mm erhöht.
Einstieg: Einflügelige Schiebetüren, Zugang über Trittstufen.
1. Klasse: Abteil mit Mittelgang. Sitzplatzanordnung 2 + 2. Abteiltiefe 2000 mm, Sitzplatzbreite 554 mm, Gangbreite 590 mm. Polstersitze.
2. Klasse: Großraum mit dreieinhalb Abteilen und Mittelgang. Sitzplatzanordnung 2 + 3. Abteiltiefe 1600 mm, Sitzplatzbreite 485 mm bzw. 461 mm, Gangbreite 450 mm.
Traglastenraum: Großraum, Klappsitze.
Gepäckraum: Klappsitze. Beidseitig einflügelige Schiebetür.
Heizung: Frischluftheizung, später Kühlwasser-Ofenheizung.
Beleuchtung: Glühlampen.

Fahrgastraum
VT 137 442 bis VT 137 461

Gestaltung: Dem Nebenbahnverkehr angepaßt.
Führerstand mit Maschinenraum; Einstiegraum; Großraum 2. Klasse mit vier Abteilen; Abteil 1. Klasse; Einstiegraum, türlos verbunden mit Traglastenraum; Gepäckraum mit Führerstand.
Fußboden sehr niedrig angeordnet (1100 mm über SO), über Triebdrehgestell (Einstiegraum) erhöht, deshalb Fußbodenschräge im Fahrgastraum.
Einstieg: Einflügelige Schiebetüren, lichte Türweite 656 mm. Zugang über Trittstufen.
1. Klasse: Geschlossenes Abteil mit Seitengang. Sitzplatzanordnung 0 + 3. Abteiltiefe 1975 mm, Sitzplatzbreite 687 mm, Gangbreite 700 mm. Polstersitze.
2. Klasse: Großraum mit vier Abteilen und Mittelgang. Sitzplatzanordnung 2 + 3. Abteiltiefe 1600 mm, Sitzplatzbreite 478 mm bzw. 459 mm, Gangbreite 449 mm.
Traglastenraum: Großraum, 3200 mm lang, zwei Abteile. Vier feste Sitzbänke, vier klappbare Sitzbänke.
Gepäckraum: 2908 mm lang. Vier Klappsitze. Beidseitig einflügelige Schiebetür mit einer lichten Weite von 886 mm.

Heizung: Frischluftheizung, später Kühlwasser-Ofenheizung.
Beleuchtung: Glühlampen.

Maschinenanlage

Anordnung: Maschinenanlage im Triebdrehgestell. Dieselmotor ragt in Maschinenraum, durch Haube abgedeckt. Motortragrahmen über Gummipuffer in drei Punkten aufgehängt.
Motor: Dieselmotor Type W 6 V 22/30, 6 Zylinder, Reihe, 4 Takte. Wasserkühlung. Elektrischer Anlasser.
Kraftübertragung: Gelenkwelle; Voith-Maurer-Kupplung; Stiftkupplung; Zahnradgetriebe; Strömungsgetriebe (Type JJ 14 CG 8,8; Doppelturbogetriebe); Zahnradgetriebe (für jede Kupplung andere Übersetzung); Achswendegetriebe (Typen 6 OL und 5 UL). Zur Anfahrt beide Achsen genutzt (Wandler Ia und Ib), bei höheren Geschwindigkeiten nur eine Achse angetrieben, Kupplung II von 51 km/h bis 71 km/h, darüber Kupplung III.
Steuerung: Vielfachsteuerung. Betrieb von zwei VT und zwei VS möglich. Sieben Fahrstufen. Elektrische Füllungsverstellung des Dieselmotors. Vorsteuerblock des Getriebes elektrisch gesteuert. Achs-

wendegetriebe elektropneumatisch gesteuert.
Hilfseinrichtungen: Kühler für Motorkühlwasser unterflur, über elektromagnetische Kupplung, Vorgelege und Gelenkwelle vom Strömungsgetriebe angetrieben. Kühler für Motoröl. Hilfsgenerator über Gelenkwelle vom Getriebe angetrieben. Zeitabhängige Sicherheitsfahrschaltung.

SVT 137 273 bis SVT 137 278
SVT 137 851 bis SVT 137 858

DB VT 06.1
DB VT 06.5
DR 182.0
Bauart Köln

Steuerwagen

Fahrzeugteil: Analog Triebwagen.
Fahrgastraum: Analog Triebwagen. Großräume 1. und 2. Klasse, Postraum. Heizung koksgefeuerte Warmwasserumlaufheizung. Beleuchtung vom Triebwagen aus.

Tabelle 2, Seiten A 35, A 41

Als die Deutsche Reichsbahn-Gesellschaft wegen der großen Nachfrage ihr Schnellverkehrsnetz weiter ausdehnen mußte, beschaffte sie 1938 dreiteilige Triebzüge, die die Bezeichnung SVT Köln erhielten. Da das Kuppeln mehrerer Triebzüge auf die Dauer unwirtschaftlich ist und eine dreiteilige Einheit beibehalten werden sollte, ging man bei dem neuen Triebzug auf Einzelwagen über, die länger sein konnten als Wagen mit Jakobs-Drehgestellen.
Der Triebzug besteht aus zwei Triebwagen (Endwagen) und dem Mittelwagen, die als Einzelwagen mit zweiachsigen Drehgestellen ausgeführt und durch eine Kurzkupplung miteinander verbunden sind.
Die Triebzüge, die nur die 1. Wagenklasse hatten, fuhren ab 1. Juli 1938 auf der Strecke Berlin–Köln.
Die SVT 137 274 und SVT 137 852 wurden im Krieg zerstört und ausgemustert. 1951 wurden von der Deutschen Bundesbahn die Triebzüge SVT 137 275 und SVT 137 858 auf hydraulische Kraftübertragung umgebaut und als Baureihe VT 06.5 bezeichnet. Die bei der Deutschen

Bundesbahn verbliebenen Triebzüge waren im Bww Köln (zeitweise auch Bww Dortmund) beheimatet und befuhren als Ferntriebwagen „Dompfeil", „Sachsenroß" und „Germania" die Relation Köln–Hannover (planmäßig 140 km/h). In den Jahren 1959/60 gingen sie dann in den Bestand der Deutschen Reichsbahn über, wo sie ab 1963 modernisiert und zwei Jahre später mit neuen ČKD-Motoren ausgerüstet wurden. Außerdem gestaltete die Deutsche Reichsbahn die Triebzüge in vierteilige Einheiten um, indem sie einen weiteren Mittelwagen einfügte.
Der Triebzug SVT 137 275 brannte teilweise aus und wurde ausgemustert.
Die Triebzüge befuhren einige internationale Schnellverkehrslinien der Deutschen Reichsbahn, z. B. als „Neptun" die Strecke Berlin–Kopenhagen und als „Vindobona" die Strecke Berlin–Prag–Wien. Inzwischen wurden sie jedoch durch die Bauart Görlitz abgelöst. Zwei dreiteilige Triebzüge werden heute noch zu Sonderfahrten eingesetzt.

Fahrzeugteil

L a u f w e r k :   Triebdrehgestelle Bauart Görlitz. Rahmen vollständig geschweißt. Wälzachslager. Achsfederung Blatt- und Schrauben-federn. Wiegenfederung Blatt-federn.
Laufdrehgestelle der Triebwagen angepaßte Konstruktion der Dreh-gestellbauart Görlitz. Schweißkon-struktion. Wälzachslager. Achsfede-rung Blatt- und Schraubenfedern. Wiegenfederung Blattfedern.
Laufdrehgestelle der Mittelwagen Bauart Görlitz. Rahmen vollständig geschweißt. Wälzachslager. Achs-federung Blatt- und Schrauben-

federn. Wiegenfederung Blattfedern.

Wagenkasten: Spantenbauweise mit tragenden Seitenwänden. Schweißkonstruktion. Außenhautbündige Konstruktion. Stirnenden abgerundet. Kleine Führerstandsfenster. Durchgehende Schürze. Innerhalb des Triebzugs durch Faltenbalg geschützte Übergänge. An Außenhaut Windleitbleche. An Stirnenden keine Übergangsmöglichkeit.

Zug- und Stoßvorrichtung: An Stirnenden selbsttätige Mittelpufferkupplung Bauart Scharfenberg. Elektrische und pneumatische Leitungen werden mitgekuppelt. Innerhalb des Triebzugs Schrauben-Kurzkupplung, einseitige Hülsenpuffer. Besondere Veränderungen für Trajektierung auf Fährschiff „Danmark" der DSB, da Auffahrt über 90-m-S-Kurve ohne Zwischengerade unter gleichzeitiger Berücksichtigung der Pegelschwankung +0,9 m und —0,7 m von NN.

Druckluftanlage: Luftverdichter, Hauptluftbehälter, Hauptluftbehälterleitung. Elektropneumatische Sandstreueinrichtung.

Bremse: Mehrlösige Klotzbremse Bauart Hikss mit Hikst-Steuerventil. Zweiteilige Bremsklötze. Elektrische Steuerung. Abbremsung 200 % über 60 km/h, darunter 80 %. Magnetschienenbremse. Spindelhandbremse.

Fahrgastraum

Gestaltung: Dem nationalen Fernschnellzugverkehr angepaßt.
Wagen a: Führerstand mit Maschinenraum; Einstiegraum; acht Abteile 1. Klasse; Einstiegraum.
Wagen b: Einstiegraum; neun Abteile 1. Klasse; Einstiegraum.
Wagen c: Einstiegraum; Speiseraum; Einstiegraum; Anrichte; Küche; Gepäckraum; Maschinenraum mit Führerstand.
Einstieg: An Wagenenden und über Nachbarwagen. Einflügelige Schiebetür. Zugang über Trittstufen.
1. Klasse: Geschlossene Abteile mit Seitengang. Sitzplatzanordnung 0 + 3. Abteiltiefe 2100 mm, Sitzplatzbreite 652 mm, Gangbreite 730 mm. Polstersitze.
Speiseraum: Sitzplatzanordnung 1 + 2, 30 Sitzplätze.
Gepäckraum: Beidseitig doppelflügelige Drehtür.
Heizung: Warmwasserheizung. Ölheizkessel, durch Wärmefühler gesteuert. Jeder Wagen eigene Heizanlage.
Beleuchtung: Glühlampen = 110 V.

Maschinenanlage

Anordnung: Zwei getrennte gleiche Maschinenanlagen. Maschinenanlage (Dieselmotor, Hauptgenerator, Hilfsgenerator) auf Hilfsrahmen angeordnet, in drei Punkten pendelnd am Drehgestellrahmen aufgehängt. Lenker mit hydraulischen Stoßdämpfern.
Motor: Dieselmotor (Type GO 6, 12 Zylinder, V-förmig 60°, 4 Takte. Aufladung. Wasserkühlung. Elektrischer Anlasser.
Kraftübertragung: Hauptgenerator (Type aG 311/28) mit angebautem Hilfsstromgenerator (Type aGV 270/5); Gleichstromreihenschlußmotoren (Type GBM 780 spez., Tatzlagerantrieb, zwei Fahrmotoren je Maschinenanlage).
Steuerung: RZM-Vielfachsteuerung. Von einem Führerpult vier Maschinenanlagen vollständig bedienbar (steuern, anlassen, abstellen, überwachen), insgesamt sechs Maschinenanlagen steuerbar.

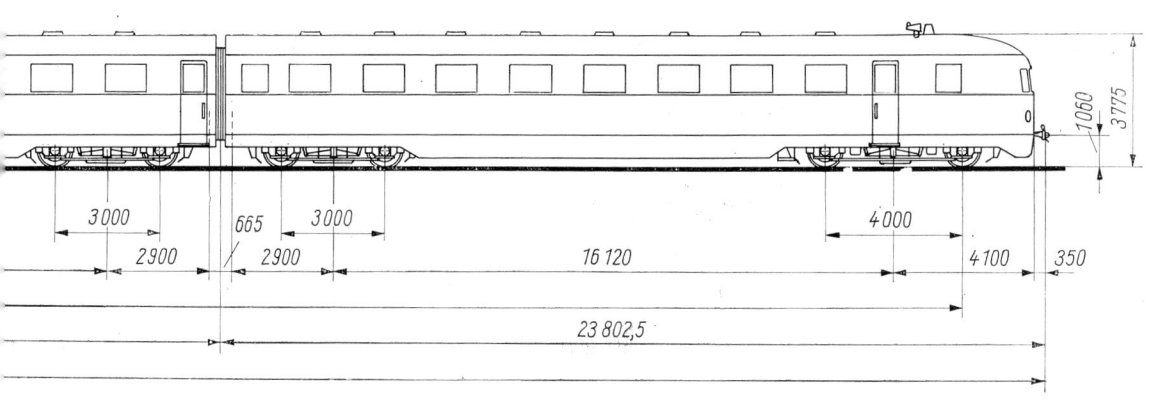

Zur Anfahrt und zur Fahrt in großen Steigungen beide Fahrmotoren in Reihe, sonst parallel geschaltet.
Klingel- und Fernsprechanlage zur Verständigung von Triebzugführer und Maschinenwärter.
H i l f s e i n r i c h t u n g e n : Lüfter für Unterflurkühler über Kupplung mit Wärmefühler angetrieben, Luftverdichter aus Batterie gespeist. Batterie 2 × 4 Ky 285, je 200 Ah. Zeitabhängige Sicherheitsfahrschaltung. Induktive Zugbeeinflussung.

Umbau Deutsche Reichsbahn

Fahrgastraum

G e s t a l t u n g : Dem internationalen Fernschnellzugverkehr angepaßt.
Wagen a: Führerstand mit Maschinenraum; Einstiegraum; acht Abteile 1. Klasse; Einstiegraum.
Wagen b: Einstiegraum; neun Abteile 2. Klasse; Einstiegraum.
Wagen c: Einstiegraum; neun Abteile 2. Klasse; Einstiegraum.
Wagen d: Einstiegraum; Speiseraum; Einstiegraum; Küche; Anrichte; Gepäckraum; Maschinenraum mit Führerstand.
2. Klasse: Geschlossene Abteile mit Seitengang. Sitzplatzanordnung 0 + 4. Abteiltiefe 2100 mm, Sitzplatzbreite 489 mm, Gangbreite 730 mm. Polstersitzbänke.

Maschinenanlage

M o t o r : Dieselmotor Type K 12 V 170 DR IV, 12 Zylinder, V-förmig 50°, 4 Takte. Aufladung. Wasserkühlung. Elektrischer Anlasser.
H i l f s e i n r i c h t u n g e n : Batterie (Type 3 Gt 195), je 195 Ah. Fremdeinspeisung 220 V, 50 Hz. Brandschutzanlage.

VT 137 283 bis VT 137 287

Bauart Ruhr (dreiteilig)

Tabelle 2, Seite A 35

Für den Arbeiterberufsverkehr im Ruhrgebiet probierte die Deutsche Reichsbahn-Gesellschaft in den dreißiger Jahren verschiedene Bauarten von Triebzügen aus. Außer den üblichen 302-kW-Dieseltriebwagen beschaffte sie auch zwei- und dreiteilige Triebzüge der Bauart Ruhr.
Die Triebzüge bestehen aus drei Wagenkästen, die durch Jakobs-Drehgestelle verbunden sind.
Die Triebzüge bewährten sich im Ruhrschnellverkehr nicht. Trotz hoher Anfahrbeschleunigung konnten sie auf Dauer dem stark anwachsenden Verkehr wegen ihres geringen Fassungsvermögens nicht gerecht werden. Außerdem erwies es sich als notwendig, die Anzahl der Einstiege erheblich zu vergrößern, um die Aufenthaltszeiten zu verkürzen. Deshalb war eine weitere Baureihe (VT + VS) vorgesehen, die 25 Sitzplätze 1. Klasse, 93 der 2. Klasse und 171 Stehplätze aufweisen sollte. Sie sollte sich in ihrer Gestaltung an die Berliner S-Bahntriebwagen anlehnen, wobei auch der trittstufenlose Zugang übernommen wer-

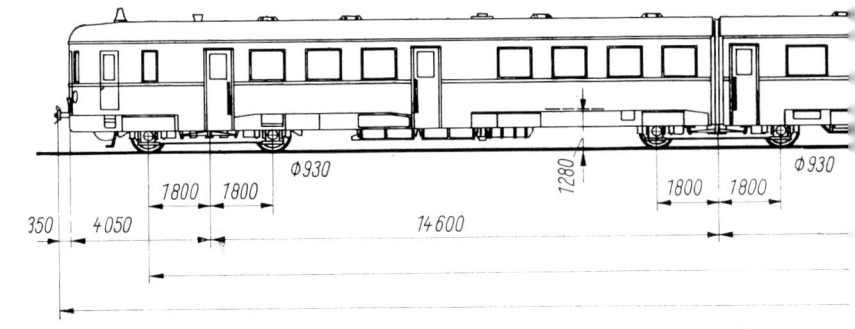

Fahrzeugteil

Laufwerk: Triebdrehgestell Kastenkonstruktion, geschweißt. Wälzachslager. Achsfederung Blatt- und Schraubenfedern. Wiegenfederung Blattfedern.
Laufdrehgestell Kastenkonstruktion System Jakobs. Wälzachslager. Achsfederung Blatt- und Schraubenfedern. Wiegenfederung Blattfedern.

Wagenkasten: Geschweißtes Stahlgerippe aus leichten Profilen. Äußere Kastenverkleidung zum Tragen herangezogen. Stirnenden abgerundet. Klappbare Schürze. Innerhalb des Triebzugs durch Faltenbalg geschützter asymmetrisch angeordneter Übergang, zweiter Faltenbalg an Wagenaußenhaut. An Stirnenden offene Übergangsbrücken, nur für Personal.

Zug- und Stoßvorrichtung: Selbsttätige Mittelpufferkupplung Bauart Scharfenberg. Elektrische und pneumatische Leitungen werden mitgekuppelt.

Druckluftanlage: Luftverdichter, Hauptluftbehälter, Hauptluftbehälterleitung.

Bremse: Einlösige Klotzbremse Bauart Kp, durch elektrische Steuerung mehrlösig. Spindelhandbremse.

Fahrgastraum

Gestaltung: Dem Vorortverkehr angepaßt.
Wagen a: Führerstand mit Maschinenraum; Gepäckraum; Traglastenabteil, türlos verbunden mit Einstiegraum; Großraum 2. Klasse mit vier Abteilen.
Wagen b: Großraum 2. Klasse mit zwei Abteilen; Einstiegraum; Großraum 1. Klasse mit zwei Abteilen; Großraum 1. Klasse mit zwei Abteilen; Einstiegraum.
Wagen c: Großraum 2. Klasse mit vier Abteilen; Einstiegraum; Großraum 2. Klasse mit drei Abteilen; Einstiegraum; Maschinenraum mit Führerstand.
Einstieg: Gleichmäßig über Triebzug verteilt. Einflüglige Schiebetür, lichte Türweite 690 mm. Zugang über Trittstufen. Einstiegtüren vom Führerstand elektropneumatisch schließbar.
1. Klasse: Großräume mit zwei Abteilen und Mittelgang. Sitzplatzanordnung 1 + 3. Abteiltiefe 2020 mm, Sitzplatzbreite 658 mm bzw. 516 mm. Gangbreite 528 mm. Polstersitze. Bei DR auf Sitzplatzanordnung 1 + 2 umgebaut.
2. Klasse: Großräume mit vier, drei bzw. zwei Abteilen und Mittelgang.

den sollte. Es waren 480-kW-Dieselmotoren und die elektrische Kraftübertragung geplant. Zur Bauausführung dieses Projektes ist es dann aber wegen des Kriegsausbruches nicht mehr gekommen.
Die Deutsche Reichsbahn übernahm zwei dreiteilige Triebzüge, die lange Zeit im Bw Dresden-Pieschen beheimatet waren. Sie befuhren vorzugsweise die Strecke Dresden—Berlin—Stralsund. Die Triebzüge wurden später in das Bw Templin umgesetzt. Sie sind inzwischen ausgemustert. Der Triebzug VT 137 285 verbrannte im Krieg im Bw Dresden-Pieschen.

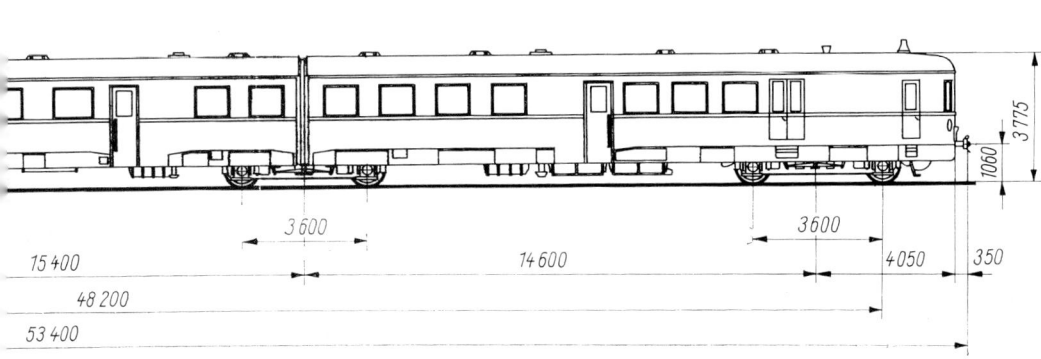

Sitzplatzanordnung 1 + 3. Abteiltiefe 1600 mm, Sitzplatzbreite 565 mm bzw. 517 mm, Gangbreite 620 mm. Polstersitzbänke. Bei DR auf Sitzplatzanordnung 2 + 2 umgebaut.

Traglastenraum: 2874 mm lang. Längssitzbänke mit je sechs Sitzplätzen, zwei Klappsitze.

Gepäckraum: 3000 mm lang. Vier Klappsitze. Beidseitig doppelflüglige Drehtür, lichte Türweite 900 mm.

H e i z u n g : Warmwasserheizung. Ölheizkessel.

B e l e u c h t u n g : Glühlampen.

S t e u e r u n g : RZM-Vielfachsteuerung. Fünf Fahrstufen. Von einem Führerpult vier Maschinenanlagen (zwei Triebzüge) vollständig bedienbar (anlassen, steuern, abstellen, überwachen), insgesamt sechs Maschinenanlagen steuerbar. Selbsttätige elektrische Steuerung des Strömungsgetriebes.

H i l f s e i n r i c h t u n g e n : Unterflurkühler. Luftverdichter von Batterie gespeist. Batterie. Zeitabhängige Sicherheitsfahrschaltung.

Maschinenanlage

A n o r d n u n g : Zwei getrennte gleiche Maschinenanlagen.

M o t o r : Dieselmotor Type GO 56, 12 Zylinder, V-förmig, 4 Takte. Wasserkühlung. Elektrischer Anlasser.

K r a f t ü b e r t r a g u n g : Strömungsgetriebe (Type T 45 M 2, zwei Wandler); Gelenkwelle; Achswendegetriebe (Type 5 OL und 5 UL).

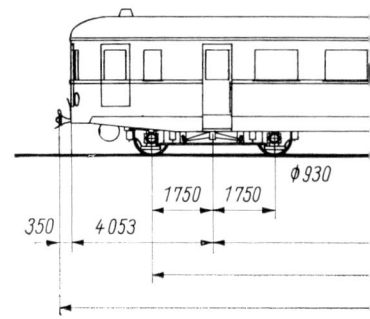

VT 137 288 bis VT 137 295

**DR 184.0
Bauart Ruhr
(zweiteilig)**

Tabelle 2, Seite A 35

Für die zweiteilige Bauart Ruhr gilt für Aufgabenstellung, Entwicklung und Betriebsbewährung das Gleiche wie für die dreiteilige Bauart (unter VT 137 283 bis VT 137 287 beschrieben).
Die von der DR übernommenen zweiteiligen Triebzüge waren im Bw Berlin-Karlshorst beheimatet. Sie wurden im Eil- und Schnellzugdienst bei geringem Verkehrsaufkommen sowie im Zubringerdienst des Berliner Berufsschnellverkehrs eingesetzt. Inzwischen sind sie bis auf einen Triebzug ausgemustert.

Fahrzeugteil

Laufwerk: Triebdrehgestell Bauart Görlitz, System Jakobs. Rahmen aus Profilen und Blechen vollständig geschweißt. Wälzachslager. Achsfederung Blatt- und Schraubenfedern. Wiegenfederung Blattfedern.
Laufdrehgestell angepaßte Konstruktion der Drehgestellbauart Görlitz, aus Profilen und Blechen geschweißt. Wälzachslager. Achsfederung Blatt- und Schraubenfedern. Wiegenfederung Blattfedern.

Wagenkasten: Geschweißtes Stahlgerippe aus leichten Profilen. Äußere Kastenverkleidung zum Tragen herangezogen. Stirnenden abgerundet. Klappbare Schürze. Innerhalb des Triebzugs durch Faltenbalg geschützter Übergang, weiterer Faltenbalg an Wagenaußenhaut. An Stirnenden offene Übergangsbrücken.
Zug- und Stoßvorrichtung: Selbsttätige Mittelpufferkupplung Bauart Scharfenberg. Elektrische und pneumatische Leitungen werden mitgekuppelt.
Druckluftanlage: Luftverdichter, Hauptluftbehälter, Hauptluftbehälterleitung.
Bremse: Einlösige Klotzbremse Bauart Ks, durch elektrische Steuerung mehrlösig. Geteilte Bremsklötze. Spindelhandbremse.

Fahrgastraum

Gestaltung: Dem Vorortverkehr angepaßt.
Wagen a: Führerstand mit Maschinenraum; Gepäckraum; Traglastenraum; Einstiegraum; Großraum 2. Klasse mit sechs Abteilen; Einstiegraum.
Wagen b: Einstiegraum; Großraum

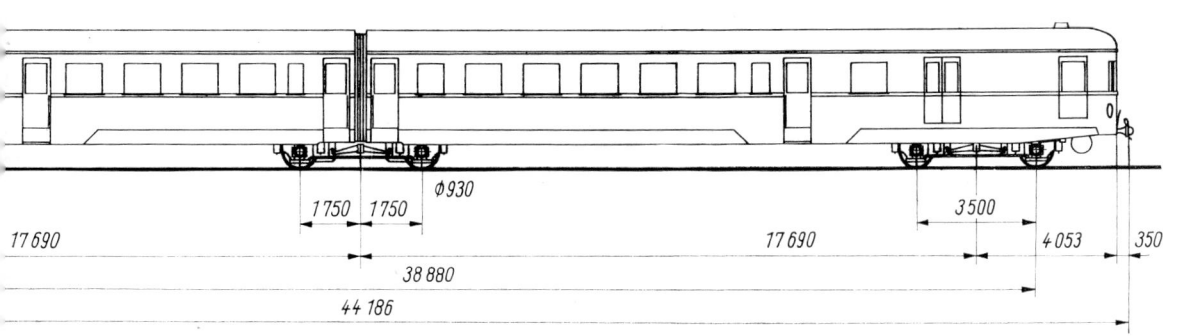

2. Klasse mit viereinhalb Abteilen; Einstiegraum; Abteil 1. Klasse; Großraum 1. Klasse mit zwei Abteilen; Einstiegraum; Maschinenraum mit Führerstand.
Einstieg: An Wagenenden und in Wagenmitte. Einflüglige Schiebetür. Zugang über Trittstufen. Einstiegtüren vom Führerstand elektropneumatisch schließbar.
1. Klasse: Abteil und Großraum mit zwei Abteilen und Mittelgang. Sitzplatzanordnung 1 + 2. Polstersitze.
2. Klasse: Großräume mit viereinhalb bzw. sechs Abteilen und Mittelgang. Sitzplatzanordnung 2 + 3. Polstersitzbänke. Bei DR auf Sitzplatzanordnung 2 + 2 umgebaut.
Traglastenraum: Längssitzbänke mit je fünf Sitzplätzen.
Gepäckraum: Beidseitig doppelflüglige Drehtür.
H e i z u n g : Warmluftheizung. Ölheizkessel. Druckbelüftung.
B e l e u c h t u n g : Glühlampen.

Maschinenanlage

A n o r d n u n g : Zwei getrennte gleiche Maschinenanlagen. Maschinenanlage (Dieselmotor, Hauptgenerator) auf zwei Hilfsrahmen angeordnet, miteinander verbunden, an fünf Punkten im Drehgestellrahmen pendelnd aufgehängt.
M o t o r : Dieselmotor Type GO 56, 12 Zylinder, V-förmig, 4 Takte. Wasserkühlung. Elektrisches Anlassen durch Zusatzwicklung im Hauptgenerator.
K r a f t ü b e r t r a g u n g : Hauptgenerator (Type aG 280/25) mit Hilfsgenerator (Type aGV 240/6); Gleichstromreihenschlußmotoren (Type Dy 1411 a, Tatzlagerantrieb, ein Fahrmotor je Maschinenanlage).
S t e u e r u n g : RZM-Vielfachsteuerung. Fünf Fahrstufen. Von einem Führerpult vier Maschinenanlagen (zwei Triebzüge) vollständig bedienbar (anlassen, steuern, abstellen, überwachen), insgesamt acht Maschinenanlagen steuerbar. Dieselmotor elektrischer Drehzahlsteller. Fernsprech- und Klingelanlagen zwischen Führerständen.
H i l f s e i n r i c h t u n g e n : Unterflurkühler. Hilfsgenerator im Hauptgenerator eingebaut; über-

nahm neben Erregung des Hauptgenerators auch Stromversorgung der Hilfsbetriebe und Ladung der Batterie. Luftverdichter von Batterie gespeist. Zeitabhängige Sicherheitsfahrschaltung.

VT 137 322 bis VT 137 325

Tabelle 2, Seiten A 36, A 37

Die Deutsche Reichsbahn-Gesellschaft stellte 1938 vier Schmalspurtriebwagen für eine Spurweite von 750 mm in Dienst. Die Fahrzeuge waren für die Strecke Zittau–Hermsdorf vorgesehen und bedienten den Urlauberverkehr Zittau–Oybin/Jonsdorf. Sie hatten zwar die gleiche Maschinenanlage, aber zwei verschiedene Grundrisse. Das Verkehrsaufkommen dieser Strecke erforderte das Fahren von zwei Triebwagen im Zugverband. Später mußte man mit Steuerleitungen ausgerüstete normale Schmalspurpersonenwagen als Mittelwagen einstellen.

Die Triebwagen bewährten sich auf der Strecke mit ihren oft erheblichen Steigungen und kleinen Krümmungshalbmessern.

Die Deutsche Reichsbahn hat alle Triebwagen in ihren Bestand übernommen. Drei Triebwagen wurden inzwischen ausgemustert. Der VT 137 322 ist noch vorhanden, befindet sich aber nicht mehr im Betriebseinsatz.

Fahrzeugteil

L a u f w e r k : Triebdrehgestellrahmen Schweißkonstruktion aus Blechen und Profilen. Ein Kopfträger stark durchgekröpft, um Gelenkwelle nicht zu behindern. Wälzachslager (geteilte Rollenlager). Achsfederung Blatt- und Schraubenfedern.

Laufdrehgestellrahmen Schweißkonstruktion aus Blechen und Profilen. Wälzachslager. Achsfederung Blatt- und Schraubenfedern.

W a g e n k a s t e n : Selbsttragende Schweißkonstruktion aus Profilen und Blechen. Am Einstiegvorraum fischbauchartig eingezogen. Stirnenden gerade. Keine Übergangsmöglichkeit.

Z u g - u n d S t o ß v o r r i c h t u n g : Selbsttätige Mittelpuffer-

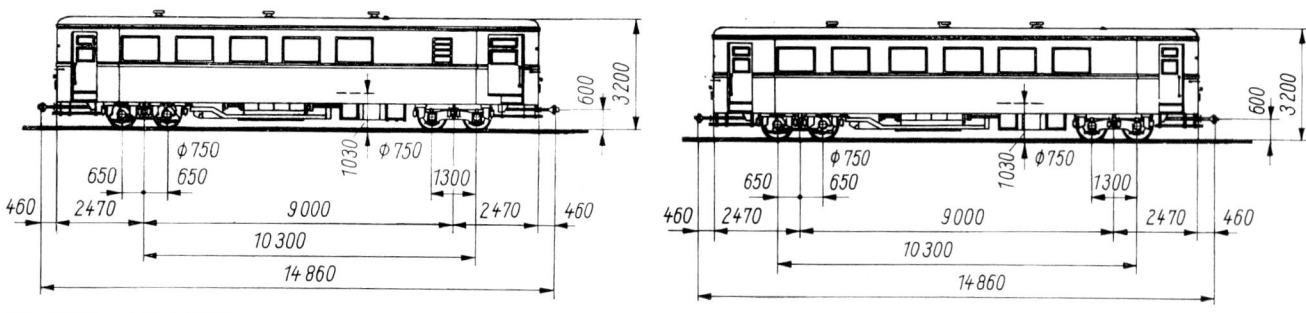

VT 137 322 und VT 137 324　　　　　　　　　　　　　　　　　　　　VT 137 323 und VT 137 325

kupplung Bauart Scharfenberg leicht. Elektrische und pneumatische Leitungen werden mitgekuppelt. Elektrische Kontaktleisten seitlich angeordnet.
D r u c k l u f t a n l a g e : Luftverdichter, Hauptluftbehälter, Hauptluftbehälterleitung.
B r e m s e : Mehrlösige Klotzbremse Bauart Hikp. Spindelhandbremse.

Fahrgastraum
VT 137 322 und VT 137 324

G e s t a l t u n g : Dem Nebenbahnverkehr von Schmalspurstrecken angepaßt.
Führerstand mit Einstiegraum; Großraum 2. Klasse mit fünf Abteilen; Einstiegraum mit Gepäckraum und Führerstand.
Einstieg: An Wagenenden. Einflüglige Schiebetür, lichte Türweite 629 mm bzw. in Gepäckraum 947 mm. Zugang über Trittstufen.
2. Klasse: Großraum mit fünf Abteilen und Mittelgang. Sitzplatzanordnung 1 + 2. Abteiltiefe 1550 mm, Sitzplatzbreite 475 mm, Gangbreite 485 mm.
Gepäckraum: 3410 mm lang (einschließlich Einstiegbereich und Führerstand). Sechs Klappsitze.
H e i z u n g : Warmwasserheizung;

Motorkühlwasser und koksgefeuerter Unterflurofen. Auch zum Vorwärmen von Motorkühlwasser geeignet. Fremdbelüftung der Heizkörper.
B e l e u c h t u n g : Glühlampen.

Fahrgastraum
VT 137 323 und VT 137 325

G e s t a l t u n g : Dem Nebenbahnverkehr von Schmalspurstrecken angepaßt.
Führerstand mit Einstiegraum; Großraum 2. Klasse mit zwei Abteilen; Großraum 2. Klasse mit vier Abteilen; Einstiegraum mit Führerstand.
Einstieg: An Wagenenden. Einflüglige Schiebetür, lichte Türweite 629 mm. Zugang über Trittstufen.
2. Klasse: Großräume mit zwei bzw. vier Abteilen und Mittelgang. Sitzplatzanordnung 1 + 2. Abteiltiefe 1550 mm, Sitzplatzbreite 475 mm, Gangbreite 485 mm.
H e i z u n g : Warmwasserheizung; Motorkühlwasser und koksgefeuerter Unterflurofen. Auch zum Vorwärmen von Motorkühlwasser geeignet. Fremdbelüftung der Heizkörper.
B e l e u c h t u n g : Glühlampen.

Maschinenanlage

A n o r d n u n g : Maschinenanlage unterflur auf Maschinentragrahmen angeordnet. Maschinentragrahmen vollständig geschweißt, an Wagenuntergestell über Querträger mit gummibewehrten Federn aufgehängt. Maschinentragrahmen nimmt Motor, Strömungsgetriebe und Luftverdichter auf.
M o t o r : Unterflurdieselmotor Type 8 R 3580 l, 8 Zylinder, liegend, 4 Takte. Wasserkühlung.
K r a f t ü b e r t r a g u n g : Strömungsgetriebe (Type T 43 KA, ein Wandler und zwei Kupplungen); Gelenkwelle; Achswendegetriebe (Type 7 OL, auf äußerer Achse angeordnet); Kuppelstange (Kurbelzapfen und Gegenmasse außerhalb Drehgestellrahmen.
S t e u e r u n g : Automatische Stufenschaltung mit Auf- und Ab-Steuerung. Vielfachsteuerung. Von einem Führerpult zwei Triebwagen überwacht, jedoch drei Wagen steuerbar. Füllungsregelung des Dieselmotors. Fahrschalter hat Stellungen „Null", „Ab", „Fahrt" und „Auf". Achswendegetriebe elektropneumatisch geschaltet.
H i l f s e i n r i c h t u n g e n : Unterflurkühler. Luftverdichter, vom Motor über Vorgelege angetrieben.

VT 137 326 bis VT 137 331
VT 137 367 bis VT 137 376

DB VT 45.5

Triebzüge dieser Baureihe in ihren Bestand übernommen, jedoch nur vier wieder aufgebaut. Sie wurden inzwischen ausgemustert (letzter Triebzug 1963) oder zu Beiwagen umgebaut.

Die Deutsche Bundesbahn übernahm drei Triebzüge, die sie als Baureihe VT 45.5 einnummerte. Sie baute diese Triebzüge um (Fahrgastraum und Dieselmotor). Diese Triebzüge sind inzwischen ausgemustert.

Tabelle 2, Seiten A 37, A 38

Fahrzeugteil

L a u f w e r k : Drehgestelle Bauart Görlitz. Rahmen vollständig geschweißt. Wälzachslager. Achsfederung Blatt- und Schraubenfedern. Wiegenfederung Blatt- und Schraubenfedern.

W a g e n k a s t e n : Geschweißte Stahlkonstruktion aus leichten Sonderprofilen. Seitenwände zum Tragen herangezogen. Stirnenden abgerundet. Innerhalb des Triebzugs

Abweichend von dem 1936 beschlossenen Vereinheitlichungsprogramm der Deutschen Reichsbahn-Gesellschaft für Verbrennungstriebwagen entstanden auch Fahrzeuge für Sonderzwecke. So wurden von 1938 bis 1940 für den Vorort- und Städteschnellverkehr zwei Serien zweiteiliger Triebzüge geliefert. Da die

Motoren unterflur angeordnet waren, konnten Räume für Gepäck und Post vorgesehen werden, ohne Fahrgastraum in Anspruch zu nehmen. Die spezifische Antriebsleistung von 5,05 kW/t verlieh dem Triebzug das für seinen Einsatz geforderte Beschleunigungsvermögen.

Die Deutsche Reichsbahn hat zehn

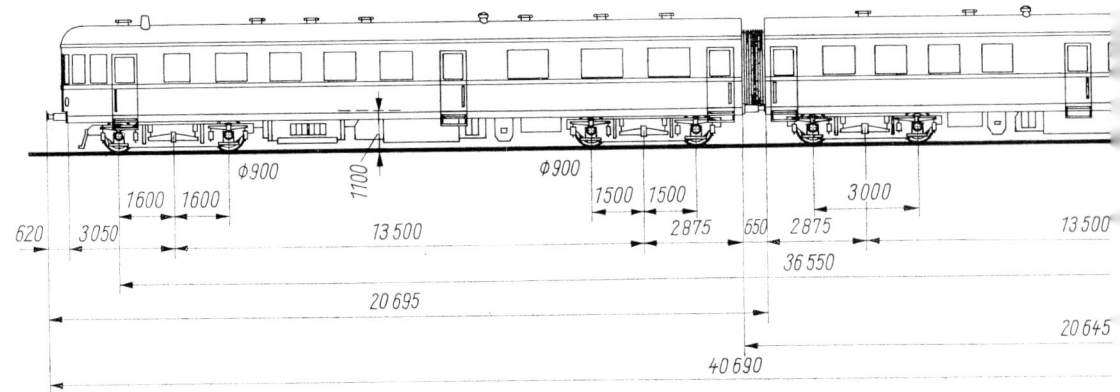

VT 137 326 bis VT 137 331

durch Faltenbalg geschützter Übergang. An Stirnenden offene Übergangsbrücken.
Z u g - und S t o ß v o r r i c h t u n g : An Stirnenden Schraubenkupplung, Hülsenpuffer. Innerhalb des Triebzugs Schrauben-Kurzkupplung mit Dämpfungspuffern.
D r u c k l u f t a n l a g e : Luftverdichter, Hauptluftbehälter, Hauptluftbehälterleitung.
B r e m s e : Mehrlösige Klotzbremse Bauart Hikpt. Spindelhandbremse.

Fahrgastraum

G e s t a l t u n g : Dem Vorortverkehr angepaßt.
Wagen a: Führerstand; Gepäckraum; Postraum; Traglastenraum; Einstiegraum; Großraum 2. Klasse mit vier Abteilen; Einstiegraum.
Wagen b: Einstiegraum; drei Abteile 1. Klasse; Einstiegraum; Großraum 2. Klasse mit fünf Abteilen; Einstiegraum (nur bei VT 137 326 bis VT 137 331); Führerstand.
Einstieg: An Wagenenden und in Wagenmitte. Einflügelige Schiebetür,

lichte Weite 640 mm. Zugang über Trittstufen.
1. Klasse: Geschlossene Abteile mit Seitengang. Sitzplatzanordnung 0 + 3. Polstersitze. Abteiltiefe 1975 mm. Sitzplatzbreite 688 mm. Gangbreite 695 mm.
2. Klasse: Großräume mit vier bzw. fünf Abteilen und Mittelgang. Sitzplatzanordnung 2 + 3. Abteiltiefe 1600 mm bzw. 1700 mm. Sitzplatzbreite 477 mm bzw. 458 mm. Gangbreite 450 mm.
Traglastenraum: Zwei Abteile. Sitzplatzanordnung 2 + 2. Zwei Klappbänke mit je zwei Sitzplätzen.
Gepäckraum: Beidseitig einflügelige Schiebetür.
Postraum: Beidseitig doppelflügelige Drehtür.
H e i z u n g : Warmwasserheizung. Ölheizkessel.
B e l e u c h t u n g : Glühlampen = 110 V.

Maschinenanlage

A n o r d n u n g : Zwei getrennte gleiche Maschinenanlagen. Diesel-

motoren in besonderem Tragrahmen am Wagenkastenuntergestell elastisch aufgehängt. Strömungsgetriebe im Triebdrehgestell.
M o t o r : Wahlweise verschiedene Bauarten mit je 203 kW Nennleistung:
Unterflurdieselmotor Type 12 V 19, 12 Zylinder, liegend Boxer, 4 Takte. Wasserkühlung.
Unterflurdieselmotor Type A 12 M 319, 12 Zylinder, liegend Boxer, 4 Takte. Wasserkühlung.
Unterflurdieselmotor Type MB 807, 12 Zylinder, liegend Boxer, 4 Takte. Wasserkühlung.
Unterflurdieselmotor Type W 12 V 13/19, 12 Zylinder, liegend Boxer, 4 Takte. Wasserkühlung.
K r a f t ü b e r t r a g u n g : Gelenkwelle; Strömungsgetriebe (wahlweise Type T 25 KB Wandler/Kupplung oder T 25 MW Wandler/Wandler); Gelenkwelle; Achswendegetriebe.
S t e u e r u n g : Vielfachsteuerung, von einem Führerstand zwei Triebzüge steuerbar und überwachbar. Fünf Fahrstufen. Dieselmotorfüllungsregelung und Achswende-

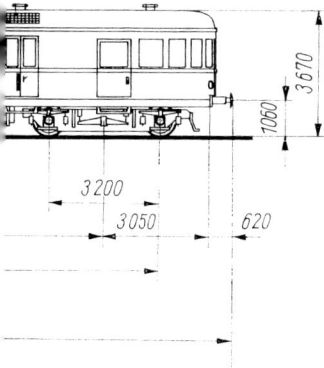

VT 137 347 bis VT 137 366
VT 137 377 bis VT 137 396

Triebwagen Tabelle 2, Seiten A 37, A 39
Steuerwagen Tabelle 3, Seite A 45

getriebe elektropneumatisch gesteuert.
Hilfseinrichtungen: Kühlanlage unterflur, horizontale Lüfter über temperaturabhängig gesteuerte Kupplung vom Dieselmotor angetrieben. Lichtanlaßmaschine über Gelenkwelle vom Getriebe angetrieben. Zeitabhängige Sicherheitsfahrschaltung.

Als Weiterentwicklung der vierachsigen 129-kW- bzw. 155-kW-Nebenbahntriebwagen mit mechanischer Kraftübertragung beschaffte die Deutsche Reichsbahn-Gesellschaft in den Jahren 1939/1940 mehrere Dieseltriebwagen mit hydraulischer Kraftübertragung.
Sie haben eine Höchstgeschwindigkeit von 80 km/h und können somit auch bedingt auf Hauptstrecken verkehren. Bei einem Betrieb mit Steuerwagen eignen sie sich wegen der relativ geringen Leistung vorrangig für Strecken ohne nennenswerte Neigungen.
Die Deutsche Reichsbahn hat nur drei Triebwagen in ihren Bestand übernehmen können. Sie wurden inzwischen ausgemustert.
Bei der Deutschen Bundesbahn verblieben 32 Triebwagen, als Baureihe VT 60.5 bezeichnet. Sie erhielten Anfang der 60er Jahre einen 243-kW-Dieselmotor (MWM, Type RHS 518 A). Auch wurde bei einem Teil der Triebwagen die Aufteilung der Fahrgasträume geändert (18/31 Sitzplätze 1./2. Klasse). Die Triebwagen sind in den Bw Bielefeld, Friedrichs-

hafen, Heilbronn, Kassel, Nürnberg Hbf und Rheine stationiert. Die induktive Zugbeeinflussung wurde nachträglich eingebaut. Diese Triebwagen sollen als eine der letzten Vorkriegsbaureihen ausgemustert werden.

Fahrzeugteil

Laufwerk: Drehgestelle Bauart Görlitz, geschweißte Blechträgerbauweise. Wälzachslager. Achsfederung Blatt- und Schraubenfedern. Wiegenfederung Blatt- und Schraubenfedern.
Wagenkasten: Geschweißte Stahlkonstruktion aus leichten Profilen. Stirnenden abgerundet. An Stirnenden offene Übergangsbrücken.
Zug- und Stoßvorrichtung: Schraubenkupplung, Hülsenpuffer.
Druckluftanlage: Luftverdichter, Hauptluftbehälter, Hauptluftbehälterleitung.
Bremse: Mehrlösige Klotzbremse Bauart Hikp. Spindelhandbremse.

Fahrgastraum

Gestaltung: Dem Neben-
bahnverkehr angepaßt.
Führerstand mit Maschinenraum;
Gepäckraum; Einstiegraum; Abteil
1. Klasse; Großraum 2. Klasse mit
zwei Abteilen; Großraum 2. Klasse
mit zwei Abteilen; Einstiegraum, türlos verbunden mit Traglastenabteil;
Führerstand.
Einstieg: Einflüglige Schiebetüren,
lichte Türweite 690 mm. Zugang
über Trittstufen.
1. Klasse: Geschlossenes Abteil mit
Seitengang. Sitzplatzanordnung
0 + 3. Abteiltiefe 2000 mm, Sitzplatz-
breite 688 mm, Gangbreite 700 mm.
Polstersitze.
2. Klasse: Großräume mit zwei Ab-
teilen und Mittelgang. Sitzplatzanordnung 2 + 3. Abteiltiefe 1600 mm,
Sitzplatzbreite 477 mm bzw. 458 mm,
Gangbreite 450 mm.
Traglastenabteil: 1705 mm lang.
Zwei feste Sitzbänke (Sitzplatzan-
ordnung 2 + 2), vier Klappsitze.
Gepäckraum: 3000 mm lang. Beid-
seitig doppelflüglige Drehtür, lichte
Türweite 900 mm. Vier Klappsitze.
Heizung: Warmwasserheizung.
Ölheizkessel, Wärmetauscher für
Motorkühlwasser.
Beleuchtung: Glühlampen.

Maschinenanlage

Anordnung: Maschinenanlage
im Triebdrehgestell. Dieselmotor
ragt in Maschinenraum, mit Haube
abgedeckt.
Motor: Dieselmotor Type G 56 h,
6 Zylinder, Reihe, 4 Takte. Wasserkühlung.
Kraftübertragung: Strö-
mungsgetriebe (Type T 25 MW, zwei
Wandler); Gelenkwelle; Achswendegetriebe.
Steuerung: Vielfachsteuerung.
Fünf Fahrstufen. Elektrischer Drehzahlversteller für Dieselmotor.
Hilfseinrichtungen: Un-

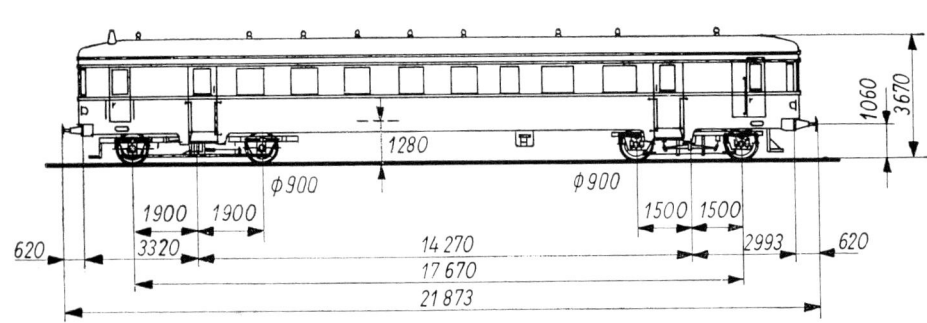

terflurkühlanlage, vom Strömungsgetriebe über temperaturabhängig gesteuerte Kupplung angetrieben. Zeitabhängige Sicherheitsfahrschaltung.

Steuerwagen

(VS 145 184 bis VS 145 213)

F a h r z e u g t e i l : Analog Triebwagen.
F a h r g a s t r a u m : Analog Triebwagen. VS 145 184 bis VS 145 193 6/60 Sitzplätze 1./2. Klasse, VS 145 194 bis VS 145 203 6/56 Sitzplätze 1./2. Klasse, VS 145 204 bis VS 145 213 76 Sitzplätze 2. Klasse; VS 145 194 bis VS 145 213 Postabteil. Warmwasserheizung, koksgefeuerter Ofen, Beleuchtung von Triebwagen versorgt.

SVT 137 901 bis SVT 137 903

DB VT 07.5
Bauart Berlin

Tabelle 2, Seite A 41

Für die längeren Fahrzeiten im erweiterten Netz des Fernschnellverkehrs brauchte die Deutsche Reichsbahn-Gesellschaft komfortablere Triebzüge; so entstand die Baureihe SVT Berlin, die in der Gestaltung der maschinentechnischen Anlage von den bisherigen Schnelltriebzug-Baureihen erheblich abwich. Betriebliche und instandhaltungstechnische Gründe führten dazu, diesen Triebzug mit nur einer Maschinenanlage auszurüsten. Wegen der Vielfachtraktion der Schnelltriebzüge sah man keine Bedenken. Motoren mit niedrigeren Drehzahlen ließen einen geringeren Verschleiß und fast keine Schäden erwarten, wie internationale Untersuchungen ergaben. Die Maschinenanlage wurde deshalb in einem besonderen Maschinenwagen untergebracht, der leicht gegen einen Ersatzmaschinenwagen getauscht werden konnte. Da aber die Antriebskraft wegen der gleichmäßigen Antriebsmomente über den ganzen Zug verteilt sein sollte, kam nur die elektrische Kraftübertragung in Frage. Auch für die Innenausstattung wählte man

gegenüber der Bauart Köln eine größere Abteiltiefe und eine größere Küche.
Der SVT Berlin war als Versuchsausführung gedacht; deshalb wurden zunächst zwei Triebzüge und ein Ersatz-Maschinenwagen gebaut. Der erste Triebzug war 1938 fertig, unternahm aber nur einige Versuchsfahrten auf der Strecke Berlin—Basel bzw. Karlsruhe, da ab August 1939 die Bewirtschaftung von Dieselkraftstoff begann, so daß keine Verbrennungstriebwagen bei der Deutschen Reichsbahn-Gesellschaft mehr verkehrten. Später verwendete die Wehrmacht die Maschinenwagen als ortsveränderliche Stromerzeuger.
Die Deutsche Reichsbahn übernahm nur den Maschinenwagen SVT 137 902a in ihren Bestand. Er wurde mit anderen Wagen des Schadparkes zum Triebzug SVT 137 902 aufgebaut.
Auch die bei der Deutschen Bundesbahn verbliebenen Triebzüge waren unvollständig: von beiden Zügen waren die Maschinenwagen durch die Kriegsereignisse verlorengegan-

gen. Die Wagen wurden deshalb mit einer neuen Maschinenanlage versehen und zu dreiteiligen Triebzügen umgestaltet. In einem besonderen Maschinendrehgestell wurde ein 736-kW-Dieselmotor gelagert, der mit einer hydraulischen Kraftübertragung auf die beiden Treibachsen wirkt. Auch die Heizung wurde in eine Warmwasserheizung mit Wärmetauscher und dieselkraftstoffgefeuertem Heizkessel umgestaltet.

Die Triebzüge wurden als Baureihe VT 07.5 bezeichnet. Der VT 07 501 war längere Zeit im Bw Hamburg-Altona beheimatet und wurde als Verstärkungseinheit des TEE 78/ TEE 77 verwendet. Später wurde er zum Bw Dortmund umgesetzt. Im Jahre 1960 wurden die Triebzüge ausgemustert. Sie sind inzwischen verschrottet.

Schweißkonstruktion aus Blechen und leichten Stahlprofilen. Außenhautbündig. Stirnenden abgerundet. Durchgehende Schürze. Innerhalb des Triebzugs durch Faltenbalg geschützte Übergänge, an Außenhaut Windleitbleche (zwischen Maschinenwagen und Mittelwagen b) oder Faltenbalg (zwischen übrigen Wagen). An Stirnenden keine Übergangsmöglichkeit.

Maschinenwagen abweichender Aufbau: Wagenuntergestell gleichzeitig Tragrahmen für Dieselmotor. Hohe Blechträger (Längs- und Querträger). Seitenwandbleche bis zu Fensterbrüstungshöhe als Längsträger ausgebildet. Querträger stark gekröpft. Wagenkasten aus Profilen und Blechen geschweißt. Dach über Haupt- und Hilfsdieselaggregat mit Kastengerippe bis zur Fensterbrüstung abnehmbar.

Z u g - u n d S t o ß v o r r i c h t u n g : Am Triebzugende und zwischen Maschinenwagen und Mittelwagen b selbsttätige Mittelpufferkupplung Bauart Scharfenberg. Elektrische und pneumatische Leitungen werden mitgekuppelt. Zwischen anderen Wagen Kurzkupplung mit Seitenpuffern.

D r u c k l u f t a n l a g e : Luftverdichter, Hauptluftbehälter, Hauptluftbehälterleitung. Elektropneumatische Sandstreueinrichtung (alle Drehgestelle, um auch Bremswirkung zu verbessern).

B r e m s e : Mehrlösige Klotzbremse Bauart Hikss, elektrische Steuerung. Fliehkraftregler ergab über 60 km/h 200 % Abbremsung, unter 60 km/h 75 % Abbremsung. Magnetschienenbremse. Spindelhandbremse als Feststellbremse.

Fahrgastraum

G e s t a l t u n g : Dem nationalen Fernschnellzugverkehr angepaßt.
Maschinenwagen: Führerstand; Maschinenraum; Gepäckraum; Postabteil.
Mittelwagen b: Einstiegraum; neun Abteile 1. Klasse; Einstiegraum.
Mittelwagen c: Einstiegraum; neun Abteile 1. Klasse; Einstiegraum.
Steuerwagen: Drei Abteile 1. Klasse;

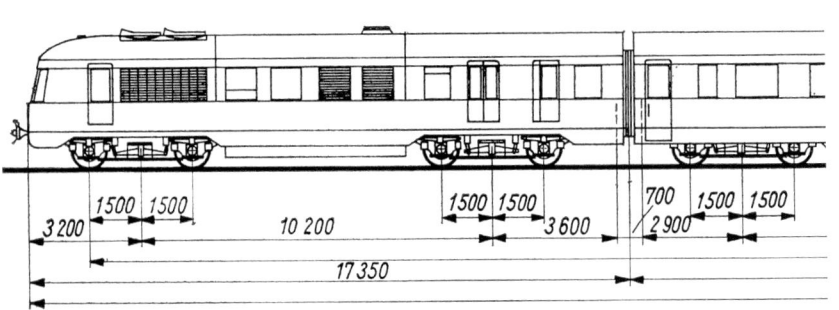

Fahrzeugteil

L a u f w e r k : Drehgestelle angepaßte Konstruktion der Bauart Görlitz. Wälzachslager. Achsfederung Blatt- und Schraubenfedern. Wiegenfederung Blatt- und Schraubenfedern.

W a g e n k a s t e n : Spantenbauweise mit tragenden Seitenwänden.

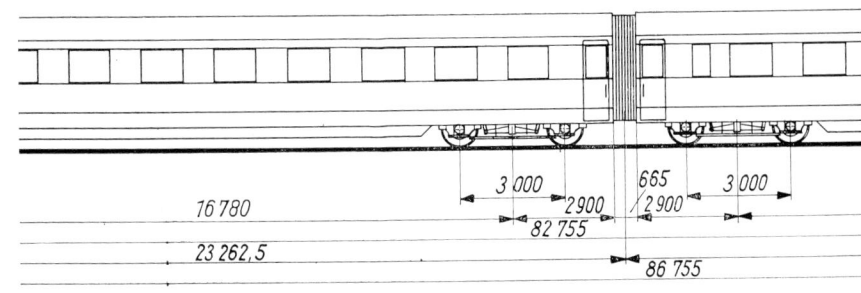

Speiseraum; Einstiegraum; Anrichte; Küche; Führerstand.
Einstieg: An Wagenenden und über Nachbarwagen. Einflüglige Schiebetür, lichte Weite 760 mm. Zugang über Trittstufen, klappbar, von Führerstand elektropneumatisch betätigt.
1. Klasse: Geschlossene Abteile mit Seitengang. Sitzplatzanordnung 0 + 3. Abteiltiefe 2095 mm, Sitzplatzbreite 651 mm, Gangbreite 700 mm. Polstersitze.
Speiseraum: Sitzplatzanordnung 1 + 2. 29 Sitzplätze.
Gepäckraum: 3200 mm lang. Beidseitig doppelflüglige Drehtür.

Postabteil: 2800 mm lang. Beidseitig einflüglige Drehtür, durch Zusatzflügel zu verbreitern.
Küche: 1880 mm lang. Nur von Anrichte betretbar.
Anrichte: 1800 mm lang.
H e i z u n g : Luftheizung. Ölheizkessel und Wärmetauscher. Raumtemperatur und Luftwechsel selbsttätig geregelt. Im Sommer als Lüftungsanlage verwendbar. Jeder Wagen eigene Heizanlage. Maschinenwagen elektrische Widerstandsheizung, Kühlluftumwälzung der elektrotechnischen Maschinen.
B e l e u c h t u n g : Glühlampen, gespeist von Hilfsgenerator.

Maschinenanlage

A n o r d n u n g : Maschinenanlage in gesondertem Maschinenwagen. Je zwei Fahrmotoren im Maschinenwagen und im Steuerwagen angeordnet.
M o t o r : Dieselmotor Type W 8 V 30/38, 8 Zylinder, Reihe, 4 Takte. Aufladung. Wasserkühlung. Elektrischer Anlasser.
K r a f t ü b e r t r a g u n g : Hauptgenerator (Type GE 1100/8) mit eingebauter Hilfserregermaschine (Type G 500/6; Hilfserregermaschine nur bei Ausfall von Hilfsdiesel benutzt); Gleichstromreihenschlußmotor (Type

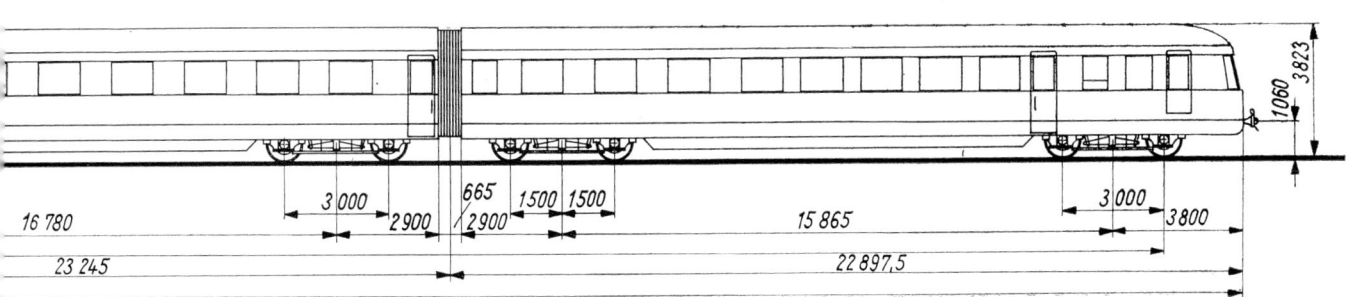

GLM 2375 H, Stundenleistung 223 kW. Fahrmotoren in Drehgestellrahmen abgefedert aufgehängt. Treibachse verlief durch Fahrmotorhohlwelle. Kraftübertragung durch achtarmigen Mitnehmer und vorgespannte Schraubenfedern, die sich in Kammern des Großrades befanden).

S t e u e r u n g : BBC-Servo-Feldreglersteuerung. Vielfachsteuerung von zwei Triebzügen. Fünf Fahr- und eine Überlaststufe. Klingel- und Fernsprechanlage zur Verständigung zwischen Führerständen.

H i l f s e i n r i c h t u n g e n : Hilfsdieselsatz, bestehend aus Dieselmotor (Type W 6 V 15/18, 6 Zylinder, Reihe, 4 Takte. Nennleistung 89 kW, Nenndrehzahl 1200 min^{-1}, Hubraum 19,1 l) und Hilfsgenerator (Type GE 440/6, Nennleistung 71,5 kW bei 130 V und 1200 min^{-1}) für Beleuchtung, Lüftermotoren, Luftverdichter, Batterie, Anlaßstrom für Hauptdieselmotor, Erregerstrom für Hauptgenerator. Zum Räumen der Strecke Fahrt mit Hilfsdieselsatz möglich (dabei Nenndrehzahl 1500 min^{-1}, ergibt Leistung 111 kW bei 180 V). Kühler für Motorkühlwasser und -öl in Seitenwand. Zeitabhängige Sicherheitsfahrschaltung. Induktive Zugbeeinflussung.

SVT 137 902

Tabelle 5, Seite A 60

Nach dem Krieg befand sich von der Baureihe SVT Berlin nur der Maschinenwagen SVT 137 902a im Bestand der Deutschen Reichsbahn. Für den Aufbau eines neuen Triebzuges mußte deshalb nach Wagen im Schadpark der Deutschen Reichsbahn gesucht werden, die hinsichtlich Abmessungen, Platzverhältnissen und äußerer Formgebung dem früheren Triebzug entsprachen. Mit drei Wagen abgestellter elektrischer Triebzüge einer ausländischen Bahnverwaltung wurde im Raw Wittenberge in Zusammenarbeit mit dem Technischen Zentralamt der Deutschen Reichsbahn ein neuer Triebzug SVT 137 902 aufgebaut, der im Jahre 1956 in Dienst gestellt wurde. Da die vorhandenen Fahrmotoren eine geringere Leistung hatten, mußten sechs Stück eingebaut werden. Somit war die elektrische Schaltung vollständig neu zu gestalten. Die Höchstgeschwindigkeit wurde auf 140 km/h festgelegt. Neben der 1. Klasse wurden auch Sitzplätze 2. Klasse eingebaut.
Der Triebzug verkehrte längere Zeit

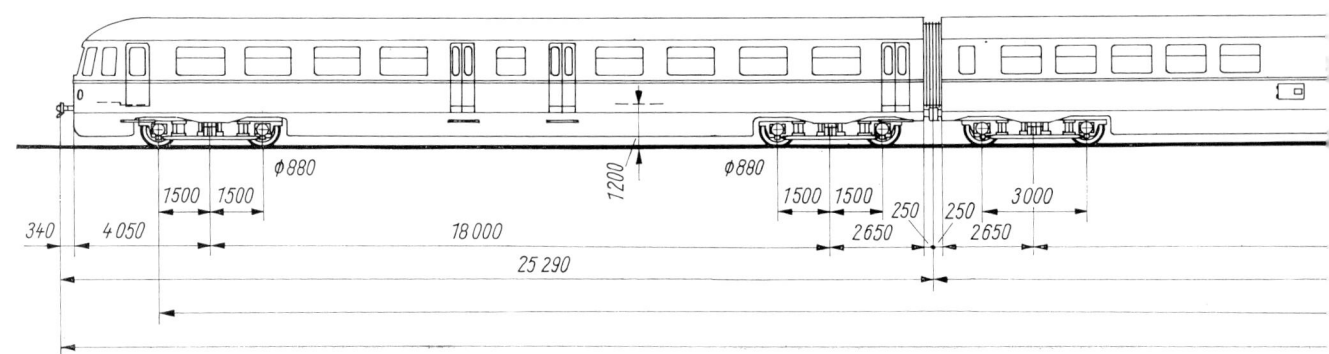

als FDt 143/144 auf der Strecke Berlin–Halle–Erfurt. Er war im Bw Berlin-Karlshorst beheimatet. Neben dem regulären Einsatz wurde er auch zu Sonderfahrten verwendet. Inzwischen wurde der Triebzug ausgemustert, da er als Einzelfahrzeug einen unvertretbaren Instandhaltungsaufwand erforderte.

Fahrzeugteil

L a u f w e r k : Maschinenwagendrehgestelle angepaßte Konstruktion der Bauart Görlitz. Wälzachslager. Achs- und Wiegenfederung Blatt- und Schraubenfedern. Drehgestelle Mittel- und Steuerwagen Schweißkonstruktion. Wälzachslager. Achs- und Wiegenfederung Schraubenfedern.

W a g e n k a s t e n : Schweißkonstruktion aus Profilen und Blechen. Stirnenden abgerundet. Durchgehende Schürze. Innerhalb des Triebzuges durch Faltenbalg geschützte Übergänge. An Stirnenden keine Übergangmöglichkeit. Maschinenwagen abweichender Aufbau. Wagenuntergestell gleichzeitig Tragrahmen für Hauptdieselmotor. Hohe Blechträger (Längs- und Querträger). Seitenwandbleche bis Fensterbrüstungshöhe als Längsträger ausgebildet. Querträger stark gekröpft. Wagenkasten aus Profilen und Blechen geschweißt.

Dach über Haupt- und Hilfsdieselaggregat abnehmbar.

Z u g - u n d S t o ß v o r r i c h t u n g : Selbsttätige Mittelpufferkupplung Bauart Scharfenberg. Pneumatische Leitungen werden mitgekuppelt. Innerhalb des Triebzuges Kurzkupplung.

D r u c k l u f t a n l a g e : Luftverdichter, Hauptluftbehälter, Hauptluftbehälterleitung. Elektropneumatische Sandstreueinrichtung.

B r e m s e : Mehrlösige Klotzbremse Bauart Hikss, elektrische Steuerung. Magnetschienenbremse. Spindelhandbremse.

Fahrgastraum

G e s t a l t u n g : Dem nationalen Fernschnellzugverkehr angepaßt.
Maschinenwagen: Führerstand; Maschinenraum; Gepäckraum; Postabteil.
Mittelwagen b: Einstiegraum; Großraum 2. Klasse mit fünf Abteilen; Einstiegraum; Großraum 2. Klasse mit fünf Abteilen; Einstiegraum.
Mittelwagen c: Einstiegraum; Großraum 2. Klasse mit drei Abteilen; Funkraum; Küche; Anrichte; Speiseraum.
Steuerwagen: Einstiegraum; Großraum 1. Klasse mit zwei Abteilen; Großraum 1. Klasse mit zwei Abteilen; Einstiegraum; Großraum 1. Klasse mit zwei Abteilen; Großraum 1. Klasse mit zwei Abteilen; Führerstand.
Einstieg: An Wagenenden und in Wagenmitte. Doppelflüglige Schiebetür. Zugang über Trittstufen.
1. Klasse: Großräume mit zwei Abteilen und Mittelgang. Sitzplatzanordnung 1 + 2. Abteiltiefe 2012 mm. Polstersitze.
2. Klasse: Großräume mit drei und fünf Abteilen und Mittelgang. Sitz-

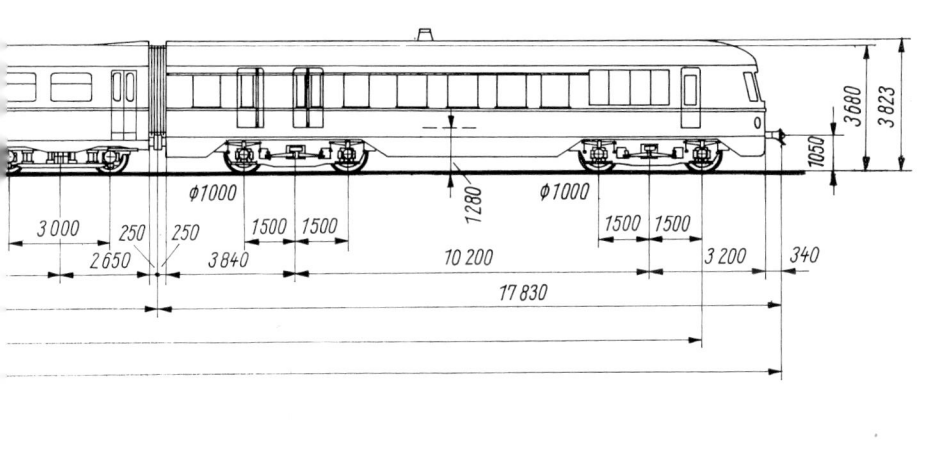

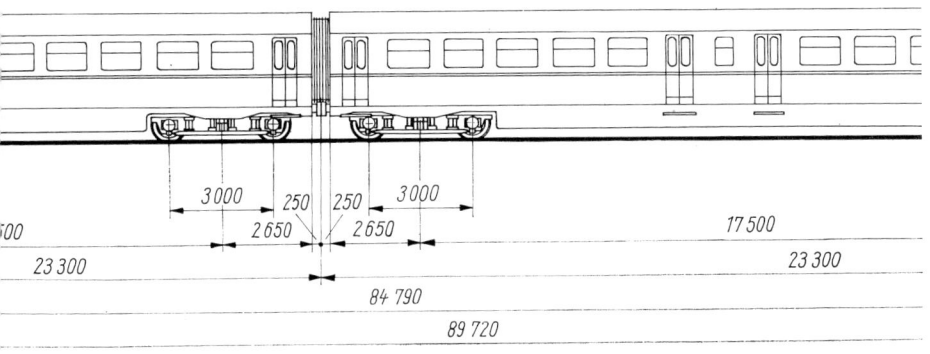

platzanordnung 2 + 2. Abteiltiefe 1600 mm. Polstersitzbänke.
Speiseraum: 30 Sitzplätze.
Gepäckraum: 3200 mm lang. Beidseitig doppelflüglige Drehtür.
Postabteil: 2800 mm lang. Beidseitig einflüglige Drehtür, durch Zusatzflügel zu verbreitern.

171.0

Maschinenanlage

A n o r d n u n g : Maschinenanlage in gesondertem Maschinenwagen. Je zwei Fahrmotoren in Maschinenwagen, Mittelwagen und Steuerwagen.
M o t o r : Dieselmotor Type W 8 V 30/38, 8 Zylinder, Reihe, 4 Takte. Aufladung. Wasserkühlung. Elektrischer Anlasser.
K r a f t ü b e r t r a g u n g : Hauptgenerator (Type GE 1100/8 mit eingebautem Hilfsgenerator); Gleichstromreihenschlußmotoren (Typ Heemaf, Stundenleistung 198 kW, Tatzlagerantrieb).
S t e u e r u n g : BBC-Servo-Feldreglersteuerung. Fünf Fahrstufen und eine Überlaststufe. Klingel- und Fernsprechanlage zur Verständigung zwischen Führerständen.
H i l f s e i n r i c h t u n g e n : Hilfsdieselsatz, bestehend aus Dieselmotor (Type W 6 V 15/18, 6 Zylinder, Reihe, 4 Takte. Nennleistung 89 kW, Nenndrehzahl 1200 min^{-1}, Hubraum 19,1 l) und Hilfsgenerator (Type GE 440/6, Nennleistung 71,5 kW bei 130 V und 1200 min^{-1}) für Beleuchtung, Lüftermotoren, Luftverdichter, Batterie, Anlaßstrom für Hauptdieselmotor, Erregerstrom für Hauptgenerator. Kühler für Motorkühlwasser und -öl in Seitenwand. Batterie. Sicherheitsfahrschaltung.

Triebwagen Tabelle 5, Seiten A 60, A 61
Beiwagen Tabelle 6, Seite A 64

Die Triebwagen der Baureihe 171.0 lösen bei der Deutschen Reichsbahn zum Teil die Dampflokomotiven auf den Nebenbahnstrecken ab. Außerdem fahren sie in verkehrsschwachen Zeiten auch auf Hauptstrecken.
Das Baumuster 1 entstand 1957. Der Triebwagen ist in Stahlleichtbau ausgeführt und enthält einen unterflur angeordneten Dieselmotor mit einer Leistung von 111 kW. Der Motor wurde von Büssing geliefert und entsprach der Ausführung, die die Deutsche Bundesbahn in ihren Schienenbussen verwendete.
Das Baumuster 2 erhielt dagegen einen 132-kW-Unterflurdieselmotor und die Getriebe aus einheimischer

Produktion. Dieser Triebwagen war in einer Stahl-Leichtmetall-Gemischtbauweise ausgeführt. Für eine wirtschaftliche Serienfertigung eignet sich jedoch nur der Stahlleichtbau, der aber eine größere Dienstmasse ergibt. Nach der Nullserie im Jahre 1962 (VT 2.09.003 bis VT 2.09.007) wurde in den Jahren 1963 und 1964 die Serie (VT 2.09.008 bis VT 2.09.070) ausgeliefert.
Eine verstärkte Kupplung erlaubt jetzt eine Zugbildung von einem Triebwagen mit zwei Beiwagen oder von zwei Einheiten (VT + VB). Nach anfänglichen Schwierigkeiten bei der Gestaltung einzelner Bauteile bewähren sich die Triebwagen im täglichen Einsatz gut.

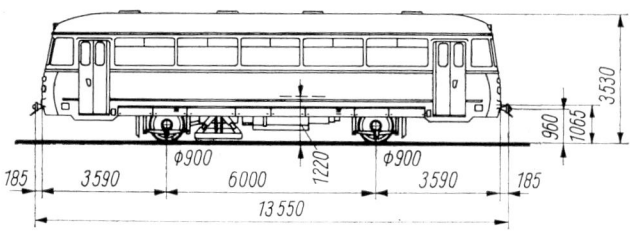

Fahrzeugteil

L a u f w e r k : Schweißkonstruktion aus Walzprofilen und Blechen. Enthält gesamte Maschinenanlage. Radsätze spielfreie Achsführung, exzentrische Buchse der Achsfeder dienen zur Einstellung der Achse. Wälzachslager. Achsfederung Blattfedern. Zwischen Fahrgestell und Wagenkasten Schraubenfedern mit parallelgeschalteten Stoßdämpfern. Durch verschleißfreie Lenker Stabilisierung in Längs- und Querrichtung.

W a g e n k a s t e n : Selbsttragende Schweißkonstruktion aus leichten Walz- und Abkantprofilen in Stahlleichtbau. Untergestell, Seitenwand und Dach verwindungssteif verbunden. Sickenblechfußboden. Stirnenden abgerundet. Schürzen klappbar. Keine Übergangsmöglichkeit.

Z u g - u n d S t o ß v o r r i c h t u n g : Selbsttätige Mittelpufferkupplung, Bauart Scharfenberg leicht. Pneumatische Leitungen werden mitgekuppelt. Notpuffer für Puffer der Regelfahrzeuge.

D r u c k l u f t a n l a g e : Luftverdichter, Hauptluftbehälter. Sandstreueinrichtung. Spurkranzschmierung.

B r e m s e : Einlösige Scheibenbremse Bauart Kp. Magnetschienenbremse. Spindelhandbremse als Feststellbremse.

Fahrgastraum

G e s t a l t u n g : Dem Nebenbahnverkehr angepaßt. Triebwagen besteht aus einem Raum, der Fahrgastraum, Einstiegräume und Führerstände tür- und wandlos vereinigt. Nachträglich bei einigen Triebwagen Führerstände durch Wand abgetrennt.

Einstieg: Je eine zweiflüglige Drehfalttür an Wagenenden. Lichte Weite ca. 770 mm. Zugang über Trittstufen. Türbetätigung örtlich elektropneumatisch; zentrale Türschließeinrichtung.

2. Klasse: Großraum mit fünf und zwei halben Abteilen und Mittelgang. Sitzplatzanordnung 2 + 3. Abteiltiefe 1580 mm, Sitzplatzbreite

ca. 480 mm, Gangbreite 580 mm. Polstersitzbänke.

H e i z u n g : Luftheizung, über Thermostate geregelt. Kühlwasser und Ölheizgerät. Im Sommer als Belüftungsanlage verwendbar.

B e l e u c h t u n g : Glühlampen = 24 V.

Maschinenanlage

A n o r d n u n g : Gesamte Maschinenanlage außerhalb Wagenkasten.

M o t o r : Unterflurdieselmotor Typ 6 KVD 18 S/HRW, 6 Zylinder, liegend, 4 Takte. Wasserkühlung. Elektrischer Anlasser. Mit drei Gummielementen am Fahrgestell befestigt.

K r a f t ü b e r t r a g u n g : Strömungskupplung; mechanisches Zahnradgetriebe (6 Gänge, Zahnräder ständig im Eingriff, über elektromagnetische Kupplungen Verbindungen des Ganges hergestellt); Gelenkwelle; Achswendegetriebe (elektropneumatische Schaltung).

S t e u e r u n g : Einfache Fahrsteuerung, Spannung = 24 V. Rufanlage für Zugverband.

Hilfseinrichtungen: Nebenaggregate vom Dieselmotor über Winkelgetriebe mit Magnetkupplungen angetrieben. Zwei Hilfsgeneratoren, je 1,2 kW, = 24 V, später auf je 3,0 kW umgebaut. Kühler für Dieselmotorkühlwasser. Batterie = 24 V (2 × 12 V), 180 Ah, nachträglich zentrale Stromversorgung für gesamten Zug eingebaut. Zeit- und wegabhängige Sicherheitsfahrschaltung. Fremdstromversorgung 50 Hz, 220 V für Reinigungsgeräte.

Beiwagen

Fahrzeugteil: Analog Triebwagen, abweichend jedoch zwei einachsige Laufwerke; Wagenkasten stützt sich auf Fahrgestell über Gummi-Metall-Federn ab.
Fahrgastraum: Großraum 2. Klasse mit viereinhalb Abteilen und Mittelgang; mit Einstiegraum vereinigt. Sitzplatzanordnung 2 + 3. Abteiltiefe 1580 mm, Sitzplatzbreite ca. 480 mm, Gangbreite 580 mm. Polstersitzbänke. Gepäckabteil (bzw. Traglastenraum) mit Einstiegraum vereinigt, Grundfläche 9 m², an Seitenwänden Klappsitze, an Stirnwand Sitzbank. Luftheizung, Ölheizgerät selbsttätige Regelung. Beleuchtung Glühlampen, Achsgenerator mit Riemenantrieb, später zentrale Stromversorgung vom VT aus.

172.0

172.1

Triebwagen Tabelle 5, Seite A 61
Steuerwagen Tabelle 6, Seite A 64

Die Baureihe 172.0 wurde ab 1965 geliefert und stellt eine Weiterentwicklung der Baureihe 171.0 dar. Sie hatte sich auf den Nebenbahnstrecken der Deutschen Reichsbahn gut bewährt, nachteilig war jedoch die fehlende Zugsteuerung, so daß bei einer Zugbildung aus mehreren Wagen ein größerer Personaleinsatz erforderlich war.
Die Triebwagen der Baureihe 172.0 haben eine Vielfachsteuerung, mit der sich zwei Maschinenanlagen steuern lassen. Ferner wurden für diese Baureihe Steuerwagen gebaut. Im übrigen entspricht diese Baureihe der BR 171.0.
Die Triebwagen bewährten sich sehr gut. Da der Fahrgestellrahmen jedoch verschiedentlich Risse an Getriebe- und Rahmenlängsträger zeigte, wurde er für die Baureihe

VT 2.09.2 (heute BR 172.1)

VS 2.08.2 (heute BR 172.6)

172.1, die ab 1968 ausgeliefert wurde, neu konstruiert. Auch wurde ein neuer Motor eingebaut, da die bisherige Type nicht mehr gefertigt wurde. Die größere Motormasse erforderte außerdem eine stärkere Ausführung des Rahmens.
Auch diese Baureihe bewährt sich gut im Betriebseinsatz.

Fahrzeugteil

L a u f w e r k : Schweißkonstruktion aus Walzprofilen und Blechen St 52 (BR 172.0) bzw. aus gekanteten und geschweißten Blechprofilen St 38-3 (BR 172.1). Sonst wie Baureihe 171.0.
W a g e n k a s t e n : Wie Baureihe 171.0.
Z u g - u n d S t o ß v o r r i c h t u n g : Wie Baureihe 171.0.
D r u c k l u f t a n l a g e : Luftverdichter, Hauptluftbehälter, Hauptluftbehälterleitung. Sandstreueinrichtung. Außerdem Spurkranzschmierung.
B r e m s e : Die gleiche wie bei Baureihe 171.0.

Fahrgastraum

G e s t a l t u n g : Wie Baureihe 171.0.
Einstieg: Wie Baureihe 171.0.
2. Klasse: Wie Baureihe 171.0.
H e i z u n g u n d B e l e u c h t u n g : Wie Baureihe 171.0.

Maschinenanlage

A n o r d n u n g : Gesamte Maschinenanlage unterhalb Wagenkasten.
M o t o r :
BR 172.0: Unterflurdieselmotor Typ 6 KVD 18 S/HRW, 6 Zylinder, liegend, 4 Takte. Wasserkühlung. Elektrischer Anlasser. Mit drei Gummielementen am Fahrgestell befestigt.
BR 172.1: Unterflurdieselmotor Typ 6 VD 18/15-1 HRW, 6 Zylinder, liegend, 4 Takte. Wasserkühlung. Elektrischer Anlasser. Besonderer Motortragrahmen.
K r a f t ü b e r t r a g u n g : Wie Baureihe 171.0.
S t e u e r u n g : Vielfachsteuerung, Spannung = 24 V. Steuerung von zwei Maschinenanlagen.
H i l f s e i n r i c h t u n g e n : Wie Baureihe 171.0.

Steuerwagen

F a h r z e u g t e i l : Analog Beiwagen zu Baureihe 171.0.
F a h r g a s t r a u m : Großraum 2. Klasse mit viereinhalb Abteilen und Mittelgang, mit Einstiegraum und Führerstand vereinigt. Nachträglich teilweise Führerstand durch Trennwand abgeteilt. Sonst analog Beiwagen zu Baureihe 171.0.

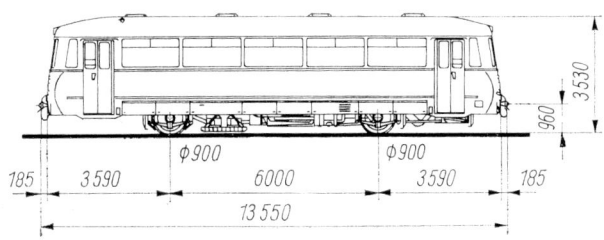

173.0

DR VT 4.12

bare Schürzen (bei 173 002). Stirnenden abgerundet. Keine Übergangsmöglichkeit.
Z u g - und S t o ß v o r r i c h t u n g : Selbsttätige Mittelpufferkupplung, Bauart Scharfenberg. Pneumatische Leitungen werden mitgekuppelt.
D r u c k l u f t a n l a g e : Luftverdichter, Hauptluftbehälter, Hauptluftbehälterleitung. Sandstreueinrichtung.
B r e m s e : Mehrlösige Scheibenbremse Bauart KE. Einbau von Magnetschienenbremse möglich. Spindelhandbremse.

Tabelle 5, Seite A 61

Wenn auch der zweiachsige Leichttriebwagen VT 2.09 auf der Leipziger Frühjahrsmesse 1963 Anklang fand, so schien für ausländische Bahnverwaltungen ein vierachsiger Triebwagen doch interessanter. Daher schuf die volkseigene Schienenfahrzeugindustrie in einer erstaunlich kurzen Zeit von nur einem Jahr das Probemuster VT 4.12.01 und stellte es auf der folgenden Frühjahrsmesse 1964 vor. Da die Maschinenanlage nahezu unverändert von der Baureihe VT 2.09 übernommen wurde, konnte von Anfang an mit einer hohen Betriebszuverlässigkeit gerechnet werden.
Der Triebwagen war für die Auflockerung des Bezirks- und Nahverkehrs auf Hauptbahnen sowie zur Befriedigung des Verkehrs auf Nebenbahnen konzipiert. Darüber hinaus sollte er sich für den Ausflugs- und Sonderverkehr eignen. Entsprechende Steuer- und Beiwagen erlaubten wohl eine Zugbildung; sie sind aber nicht gebaut worden.
Ein weiteres Jahr später erschien ein überarbeitetes Baumuster (VT 4.12.02), dessen äußere Form und

dessen Fahrgastraum verbessert waren.
Die Deutsche Reichsbahn hat die beiden Triebwagen in ihren Bestand aufgenommen. Sie sind derzeit abgestellt und sollen zu Bahndienstwagen (ohne Maschinenanlage) umgebaut werden.

Fahrzeugteil

L a u f w e r k : Drehgestelle Schweißkonstruktion. Rahmen ohne Kopfstücke. Dreiecklenker für Achsen lagern in Gummi-Metall-Federn. Wiege durch Lenker geführt. Wälzachslager. Achsfederung Schraubenfedern. Wiegenfederung Luftfederung, höhengeregelt.
W a g e n k a s t e n : Selbsttragende Schweißkonstruktion aus kalt gezogenen und abgekanteten Blechen. Untergestell Schweißkonstruktion aus Walzprofilen und gekanteten Trägern. Starke Langträgerumführungen im Bereich der Einstiege. Untergestell, Seitenwand und Dach verwindungssteif verbunden. Sickenblechfußboden. Klapp-

Fahrgastraum

G e s t a l t u n g : Dem Nah- und Mittelstreckenverkehr angepaßt.
173 001: Führerstand; Großraum 2. Klasse mit drei Abteilen; Einstiegraum; Großraum 2. Klasse mit viereinhalb Abteilen; Einstiegraum; Großraum 2. Klasse mit drei Abteilen; Führerstand.
173 002: Führerstand; Großraum 1. Klasse mit drei Sitzreihen; Einstiegraum; Großraum 2. Klasse mit drei und zwei halben Abteilen; Einstiegraum; Großraum 2. Klasse mit drei Abteilen; Führerstand.
Führerstände über Drehtüren vom Fahrgastraum aus (173 001) bzw. direkt von außen (173 002) zugänglich.
Einstieg: Zwei Einstiege mit je zwei Drehfalttüren. Zugang über Trittstufen. Elektropneumatische Türschließeinrichtung (173 002).
1. Klasse: Großraum mit drei Sitzreihen und Mittelgang. Sitzplatzanordnung 1 + 2. Sitzplatzabstand 1350 mm. Drehbare Polstersitze.
2. Klasse: Großräume mit viereinhalb, vier bzw. drei Abteilen und Mittelgang. Sitzplatzanordnung

173 001

2 + 2. Abteiltiefe 1600 mm. Polstersitzbänke.
H e i z u n g :   Luftheizung,   über
Thermostate geregelt. Zwei unabhängige Anlagen. Kühlwasser und
Ölheizgerät. Im Sommer als Belüftungsanlage verwendbar.
B e l e u c h t u n g : Leuchtstofflampen. Lichtband. Speisung 50 Hz,
180/200 V, Einankerumformer.

Maschinenanlage

A n o r d n u n g : Gesamte Maschinenanlage außerhalb des Wagenkastens. Über Gummi-Metall-Ele-
mente an Wagenkasten befestigt.
Zwei gleiche Antriebsanlagen.
M o t o r :
173 001: Unterflurdieselmotor Type
6 KVD – 18 S/HRW, 6 Zylinder, liegend, 4 Takte. Nennleistung 147 kW.
Wasserkühlung. Elektrischer Anlasser. Hilfstragrahmen.

173 002

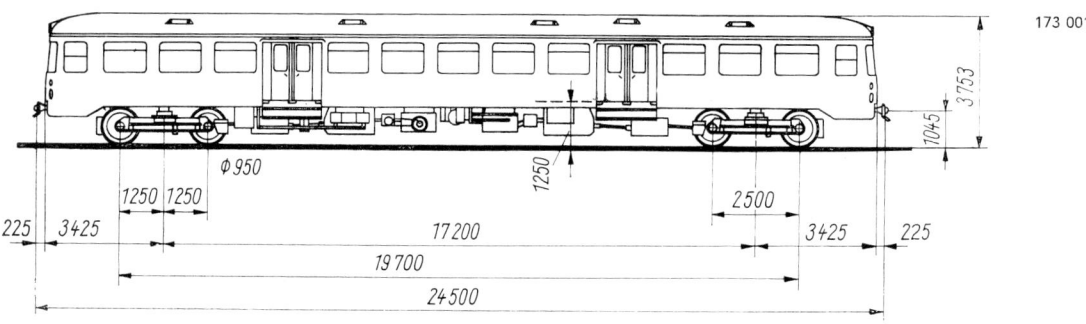

173 001

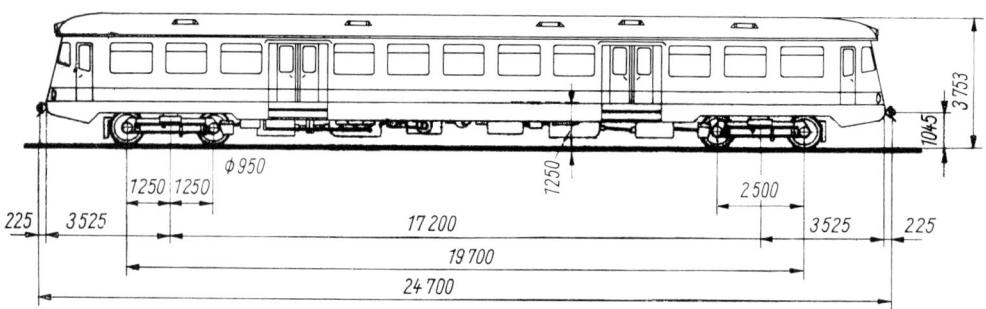

173 002

173 002: Unterflurdieselmotor Type 6 KVD – 18/1 S/HRW, 6 Zylinder, liegend, 4 Takte. Nennleistung 162 kW. Wasserkühlung. Elektrischer Anlasser.

Kraftübertragung: Strömungskupplung; mechanisches Zahnradgetriebe (6 Gänge, Zahnräder ständig in Eingriff, über elektromagnetische Kupplungen Verbindungen des Ganges hergestellt. Überholeinrichtung gestattet Schalten ohne Zugkraftunterbrechung); Gelenkwelle; Achswendegetriebe (elektropneumatische Schaltung).

Steuerung: Vielfachsteuerung = 24 V. Relais und Schützen. Elektropneumatische Motorregulierung in sieben Stufen.

Hilfseinrichtungen: Nebenaggregate vom Dieselmotor über elastische Kupplung bzw. Keilriemen angetrieben. Zwei Hilfsgeneratoren je 4,5 kW. Kühler für Dieselmotorkühlwasser. Batterie = 24 V, 300 Ah (173 001) bzw. 400 Ah (173 002). Zeit- und wegabhängige Sicherheitsfahrschaltung. Überwachungsanlagen.

175.0

Tabelle 5, Seiten A 61 bis A 63

Der ständig wachsende internationale Reiseverkehr fordert bessere, schnellere und komfortablere Verkehrsverbindungen. Für diesen Fernschnellverkehr bestellte die Deutsche Reichsbahn Mitte der sechziger Jahre einen vierteiligen Dieseltriebzug bei der einheimischen Schienenfahrzeugindustrie.

Der Triebzug besteht in der Regel aus vier Wagen: VTa + VMc + VMd + VTb. Falls notwendig, läßt sich mit weiteren Mittelwagen (VMe) auch eine fünf- bzw. sechsteilige Einheit bilden. Die maschinentechnische Ausrüstung ist für eine solche Erweiterung bemessen, allerdings vermindert sich dann die Höchstgeschwindigkeit auf 140 km/h.

Der Probetriebzug wurde 1963 vorgestellt. Die Versuchsfahrten zeigten, daß die grundsätzliche Gestaltung des Triebzugs gut ist. Auch bewiesen Schnellfahrversuche die hohe Laufruhe und die Einhaltung des erforderlichen Bremsweges. Daher änderte sich bei der Serienausführung, mit deren Auslieferung 1965 begonnen wurde, nichts an der Grundkonzeption.

Die Triebzüge verkehren bevorzugt auf den Strecken Berlin–Kopenhagen, Berlin–Prag–Wien (teilweise als fünfteilige Einheiten), Berlin–Leipzig–Karlovy Vary sowie im nationalen Schnellverkehr zwischen Berlin und Leipzig.

Für den Einsatz auf der Relation Berlin–Malmö (ab Sommerfahrplan 1968) mußte ein Teil der Triebzüge den zusätzlichen Bedingungen beim Trajektieren auf Fährschiffen der SJ angepaßt werden (Beheizung mit $16^2/_3$-Hz-Strom, Fremdstromversorgung 50 Hz 220 V und Bedienbarkeit der Bremse von Bremseinrichtung des Schiffes).

Die Triebzüge sind im Bw Berlin-Karlshorst beheimatet. Ein Teil der Fahrzeuge wurde nach Unfallschäden ausgemustert.

Fahrzeugteil

L a u f w e r k : Triebdrehgestelle Sonderkonstruktion, enthält gesamte Antriebsausrüstung (Motor und Getriebe). Kastenkonstruktion, vollständig geschweißt. Einstellbare Achslenker. Wälzachslager. Achsfedern Schraubenfedern. Wiegenfedern Schraubenfedern. Hydraulische Stoßdämpfer.

Laufdrehgestelle Kastenkonstruktion, vollständig geschweißt, achshalterlos. Achslenker aus Stahl, teilweise versuchsweise Blattlenker aus glasfaserverstärktem Polyester. Wälzachslager. Achsfedern Schraubenfedern. Wiegenfederung Schraubenfedern. Hydraulische Stoßdämpfer.

W a g e n k a s t e n : Selbsttragende Schweißkonstruktion aus Blechen und Leichtprofilen. Untergestell aus Walzprofilen und Blechen geschweißt. Sickenblechfußboden in Konstruktion einbezogen. Führerkabine auf Dach aufgesetzt und verschweißt. Tief herabgezogene Schürze und Bodenwanne. An Stirnenden keine Übergangsmöglichkeit. Innerhalb des Triebzuges Übergänge mit Gummiwülsten. An Wagenkastenaußenwand Faltenbalg. Bei 175 007 und 175 008 Vorbau der Triebwagen aus glasfaserverstärktem Polyester. Ab 175 009 Vorbauschürze der Triebwagen aus glasfaserverstärktem Polyester.

Z u g - u n d S t o ß v o r r i c h t u n g : Selbsttätige Mittelpufferkupplung Bauart Scharfenberg. Pneumatische und elektrische Leitungen werden mitgekuppelt. Innerhalb des Triebzuges Kurzkupplung Bauart Scharfenberg. Dämpfungspuffer.

D r u c k l u f t a n l a g e : Luftverdichter. Hauptluftbehälter. Hauptluftbehälterleitung. Sandstreueinrichtung.

B r e m s e : Mehrlösige Klotzbremse Bauart KEs (VT 18.16.01 Hikss). Doppelbremssohlen. Gleitschutzregler für alle Achsen. Magnetschienenbremse (in Laufdrehgestellen). Spindelhandbremse.

Besonderheit: Zugelassen für Fährverkehr nach UIC-Richtlinien.

Fahrgastraum

Gestaltung: Dem internationalen Expreßzugverkehr angepaßt. *Triebwagen VTa und VTb*: Maschinenvorbau; Führerstand; Maschinenraum; Gepäck- bzw. Postabteil; Dienst- bzw. Funkabteil; Einstiegraum; Großraum 2. Klasse mit sieben Sitzreihen; Toilette.
Mittelwagen VMc: Einstiegraum; Toilette; Küche; Anrichte; Speise-

Führerstände vom Maschinenraum betretbar; hochgelegen.
Einstieg: Einstiege an Wagenenden, z. T. nur über Nachbarwagen. Einflüglige Drehfalttüren (bei 175 001 Schiebetüren). Zugang über Trittstufen. Elektropneumatische Türschließeinrichtung.
1. Klasse: Geschlossene Abteile mit Seitengang. Sitzplatzanordnung 0 + 3. Abteiltiefe 2000 mm, Sitzplatzbreite 666 mm, Gangbreite 745 mm. Polstersitze. Im Wagen 175 401 (ex VMd 18.16.01) versuchsweise Großabteil, 3845 mm lang, als Konferenzraum nutzbar. Sonderein-

richtung (zwei Polsterbänke, vier Sessel, zwei Tische). Indirekte Beleuchtung.
2. Klasse: Geschlossene Abteile mit Seitengang. Sitzplatzanordnung 0 + 4. Abteiltiefe 1750 mm (VMc) bzw. 1985 mm (VMe), Sitzplatzbreite 500 mm, Gangbreite 750 mm. Polsterbänke.
Großräume mit sieben Sitzreihen und Mittelgang. Sitzplatzanordnung 2 + 2. Gepolsterte Doppelsitze, drehbar.
Speiseraum: Großraum mit vier Abteilen und Mittelgang. Sitzplatzanordnung 1 + 2. Abteiltiefe 1775 mm,

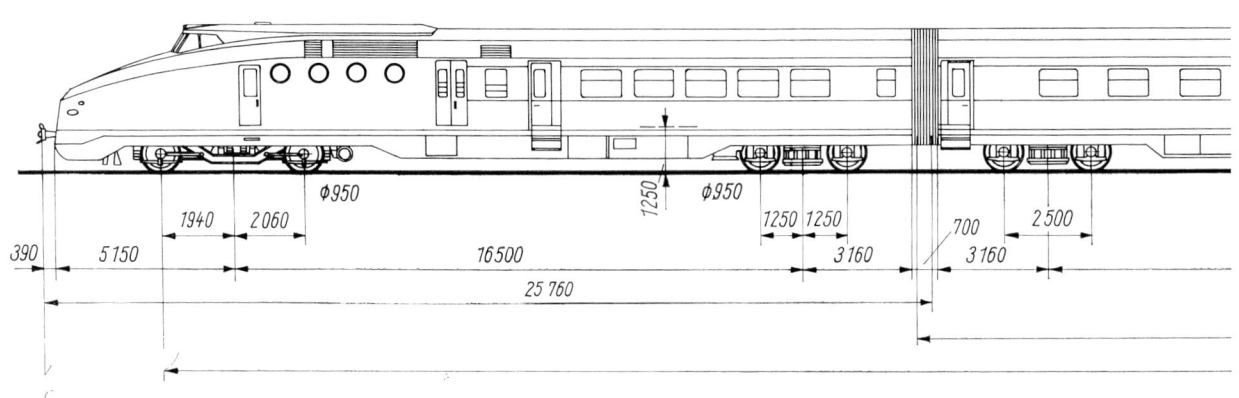

raum; drei Abteile 2. Klasse (durch große Stecktische auch als weitere Speiseabteile nutzbar); Vorraum.
Mittelwagen VMd: Einstiegraum; Toilette; sechs Abteile 1. Klasse; drei Abteile 2. Klasse; Toilette; Waschraum; Einstiegraum. (Bei 175 401 sieben Abteile 1. Klasse und ein Großabteil 1. Klasse.)
Mittelwagen VMe: Einstiegraum; Heizkesselraum; neun Abteile 2. Klasse; Toilette; Waschraum; Einstiegraum.

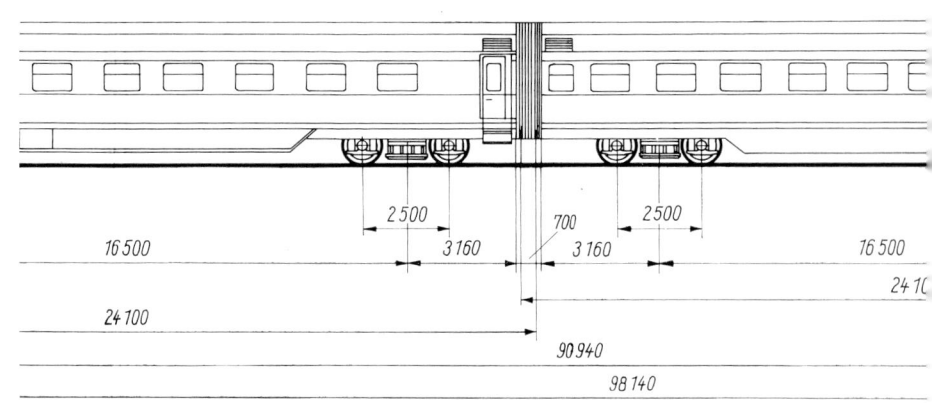

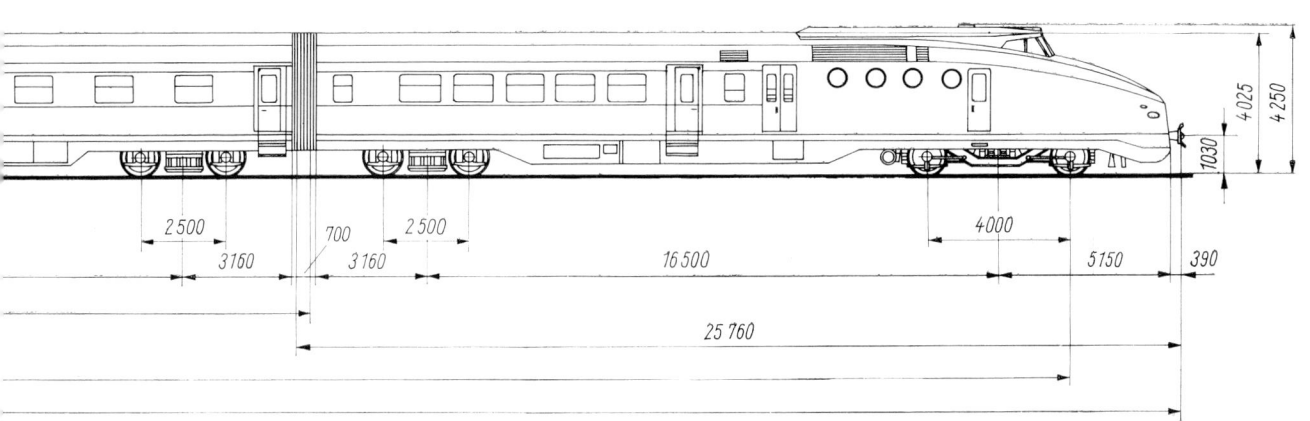

Sitzplatzbreite 685 mm bzw. 642 mm, Gangbreite 800 mm. Klappbare Polsterbänke, nach oben klappbare Speisetische.
Küche: 4155 mm lang.
Anrichte: 2900 mm lang.
Gepäck- bzw. Postraum: 1775 mm lang. Beidseitig doppelflüglige Drehtür.
H e i z u n g : Warmwasserheizung und vorgewärmte Frischluft, je ein VT und ein VM bilden eine Anlage. Ölheizkessel, Motorkühlwasser einbeziehbar. Druckbelüftung. VMe eigene Anlage. Fremdeinspeisung 16²/₃ Hz, 1000 V in Teil der Triebzüge.
B e l e u c h t u n g : Leuchtstofflampen, 50 Hz 220 V bzw. 50 bis 60 Hz 180 V. Umformer und Hilfsgeneratoren mit gepufferter Batterie. Glühlampen für Nebenräume.

Maschinenanlage

A n o r d n u n g : Maschinenanlage im Triebdrehgestell, Maschinenvorbau und unterhalb des Wagenkastens untergebracht. Großtauschteile entsprechen denen der Diesellokomotiven der BR 118 und 110 und teilweise der BR 106. Zwei Maschinenanlagen.

M o t o r :
Im Probetriebzug Dieselmotor Type 12 KVD 18/21 A, 12 Zylinder, V-förmig 60°, 4 Takte. Nennleistung 660 kW. Abgasturbolader. Wasserkühlung. Elektrischer Anlasser.

In Serienfahrzeugen (z. T. erst durch Umbau) Dieselmotor Type 12 KVD 18/21 A II, 12 Zylinder, V-förmig, 4 Takte. Nennleistung 736 kW, Abgasturbolader. Wasserkühlung. Elektrischer Anlasser.

K r a f t ü b e r t r a g u n g : Gelenkwellen; Strömungsgetriebe (Type LT 306 r, drei Drehmomentwandler, eine vor- und eine nachgeschaltete Zahnradübersetzung, Fahrtwendeschaltung. Wandler ohne Zugkraftunterbrechung umgeschaltet). Achsgetriebe (Type AÜK 20-1).

S t e u e r u n g : Vielfachsteuerung = 110 V, Steuerung von zwei Triebzügen. Elektrischer Drehzahlversteller für Dieselmotor, Getriebesteuerung selbsttätig in Abhängigkeit von Fahrgeschwindigkeit und Motordrehzahl.

H i l f s e i n r i c h t u n g e n : Kühler für Dieselmotorkühlwasser. Batterie = 110 V, 325 Ah. Fremdeinspeisung 50 Hz, 380/220 V, teilweise auch 50 Hz 220 V. Wegabhängige Sicherheitsfahrschaltung. Induktive Zugbeeinflussung. Selbsttätiges Überwachungssystem für Motor, Getriebe und Ölheizanlage. Bromid-Löschanlage für Maschinenräume, halbautomatisch.

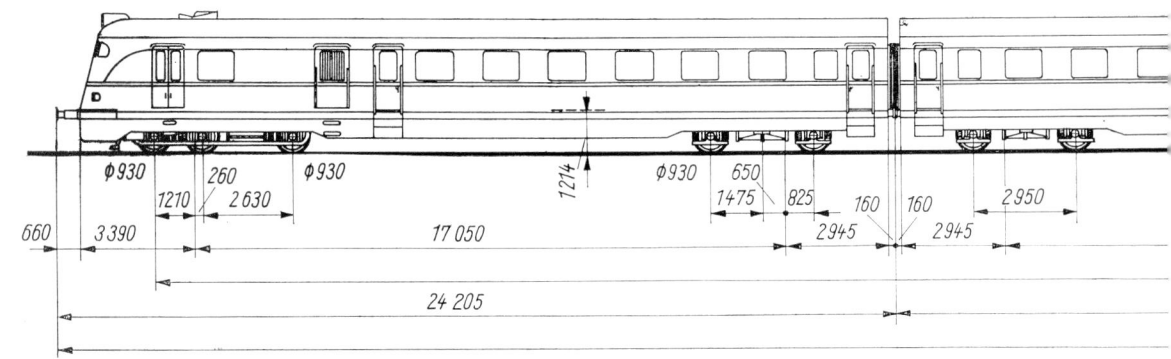

181.0

DR VT 12.14

Da in den ersten Nachkriegsjahren die volkseigene Industrie noch nicht lieferfähig war, sah sich die Deutsche Reichsbahn veranlaßt, Neubauten zunächst im Ausland zu beschaffen. Die ersten neuen Triebzüge kamen aus der Volksrepublik Ungarn und wurden 1954 in Dienst gestellt.

Der Triebzug besteht aus zwei Triebwagen und zwei dazwischengestellten Mittelwagen. Beachtenswert ist, daß ein mechanisches Getriebe zur Kraftübertragung verwendet wird.

Tabelle 5, Seite A 63

Die Triebzüge dienten längere Zeit im internationalen Verkehr: sie be-

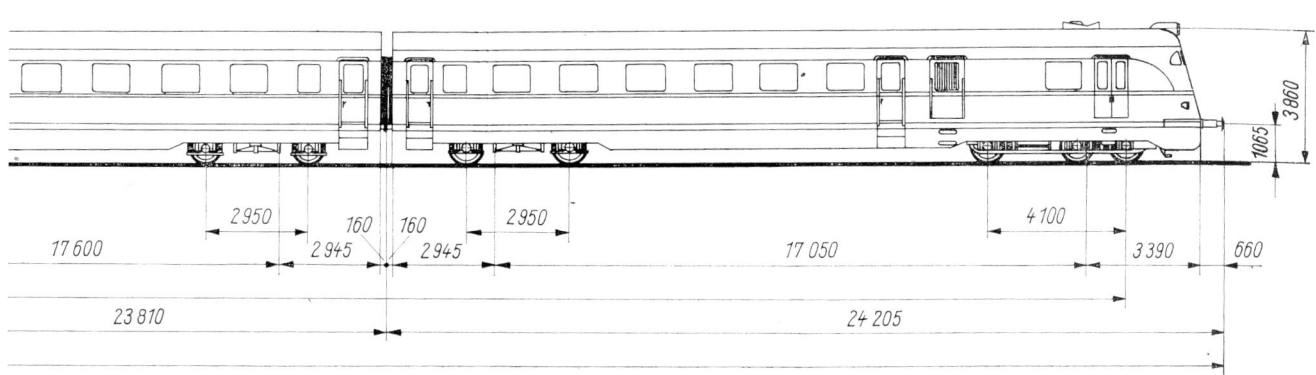

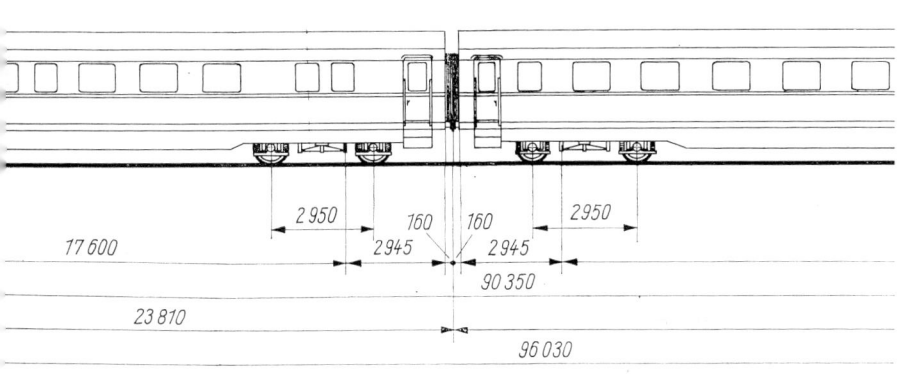

fuhren ab 1. März 1954 die Strecke Berlin–Prag und später auch Berlin–Hamburg sowie als „Berolina" die Strecke Berlin–Warschau–Brest. Die Triebzüge erfüllten hinsichtlich der Laufeigenschaften nicht die an sie gestellten Erwartungen. Sie waren im Bw Berlin-Karlshorst beheimatet. Ein Triebzug wurde als dreiteilige Einheit an die ČSD abgegeben. Die zwei anderen Triebzüge sind ausgemustert.

Fahrzeugteil

Laufwerk: Triebdrehgestell dreiachsig, vordere Achse Laufachse. Kastenkonstruktion, vollständig geschweißt, drehzapfenlos (Patent Ganz-Rónai). Drehbare Stahlgußgleitbacken zentrieren und führen Bewegung des Drehgestelles und übertragen Last. Wälzachslager. Achsfederung Schraubenfedern. Mittlere Achse geschwächter Spurkranz.
Laufdrehgestelle ebenfalls Kastenkonstruktion, vollständig geschweißt, drehzapfenlos (Patent Ganz-Rónai). Drehbare Stahlgußgleitbacken zentrieren und führen Bewegung des Drehgestelles und übertragen Last. Wälzachslager. Achsfederung Schraubenfedern.
Wagenkasten: Geschweißte Stahlkonstruktion aus Walzprofilen und gekanteten Blechen. Im Bereich der Einstiege Langträger des Untergestells durch geschweißte Tragwerke ersetzt. Wellblechfußboden.

Schürze. Bleche am Kupplungsende zur Verminderung des Luftwiderstandes. Stirnenden abgeschrägt. An Stirnenden keine Übergangsmöglichkeit. Innerhalb des Triebzuges Übergänge mit Faltenbalg.
Zug- und Stoßvorrichtung: Schraubenkupplung mit Hülsenpuffern, auch innerhalb Triebzug.
Druckluftanlage: Luftverdichter, Hauptluftbehälter, Hauptluftbehälterleitung. Sandstreueinrichtung.
Bremse: Mehrlösige Klotzbremse Bauart Hikss. Doppelbremsklötze. Spindelhandbremse.

Fahrgastraum

Gestaltung: Dem Schnellzugverkehr angepaßt.
VTa: Führerstand; Maschinenraum; Gepäckabteil; Einstiegraum; Funkkabine; fünf Abteile 2. Klasse; Einstiegraum.

VMc: Einstiegraum; Großraum 2. Klasse mit drei Abteilen; Großraum 2. Klasse mit drei Abteilen; Großraum 2. Klasse mit drei Abteilen; Einstiegraum.
VMd: Einstiegraum; neun Abteile 1. Klasse; Einstiegraum.
VTb: Einstiegraum; Kiosk; Speiseraum; Küche; Einstiegraum; Gepäckabteil; Maschinenraum; Führerstand.
Führerstand von Maschinenraum betretbar, hochgelegen.
Einstieg: An Wagenenden einflügelige Drehtüren, lichte Türweite 800 mm. Zugang über Trittstufen. Trittstufen bei geschlossener Tür abgedeckt.
1. Klasse: Geschlossene Abteile mit Seitengang. Sitzplatzanordnung 0 + 3. Polstersitze.
2. Klasse: Großräume mit drei Abteilen und Mittelgang. Sitzplatzordnung 2 + 2. Polsterwendesitze. Geschlossene Abteile mit Seitengang. Sitzplatzanordnung 0 + 4. Polstersitze.

Speiseraum: Großraum mit vier Abteilen und Mittelgang. Sitzplatzanordnung 2 + 2. Polsterstühle, nach oben klappbare Speisetische.
Gepäckraum: Beidseitig Einfachschiebetür.
Maschinenraum: Beidseitig doppelflüglige Drehtür.
H e i z u n g : Warmwasserheizung, für jeden Wagen getrennte Anlage. Kohlebeheizte Kessel, in Triebwagen Motorkühlwasser einbeziehbar. Belüftungsanlage.
B e l e u c h t u n g : Glühlampen = 110 V. Hilfsgenerator mit Batterie gepuffert. VT und benachbarter VM bilden je eine Anlage.

188.0

Tabelle 5, Seite A 63

Maschinenanlage

A n o r d n u n g : Maschinenanlage im Maschinenraum und unterhalb des Wagenkastens angeordnet. Dieselmotor über elastische Zwischenlagen direkt an Drehgestellrahmen befestigt. Zwei gleiche Antriebsanlagen.
M o t o r : Dieselmotor Type Ganz XII Jv 170/240, 12 Zylinder, V-förmig, 4 Takte. Wasserkühlung. Elektrischer Anlasser.
K r a f t ü b e r t r a g u n g : Trockenlamellenkupplung (elektropneumatisch geschaltet); Zahnradgetriebe zum Ausgleich der Achsmittenunterschiede; mechanisches Zahnradgetriebe (fünf Gänge, elektropneumatisch geschaltet, Verriegelungshebel verhindern gleichzeitiges Schalten mehrerer Gänge); Wendegetriebe (elektropneumatisch geschaltet); Gelenkwellen; Achsgetriebe.
S t e u e r u n g : Vielfachsteuerung, Steuerung von zwei Triebzügen; im gesteuerten Zug Maschinist zur Überwachung der Maschinenanlagen erforderlich.

Für die Instandhaltung der Fahrleitungen und für die Beseitigung von Störungen an Fahrleitungen beschaffte die Deutsche Reichsbahn neue zweiachsige Triebwagen aus einheimischer Produktion, die eine Weiterentwicklung bereits für die PKP gelieferter dieselmechanischer Triebwagen sind. Die Arbeitsgeschwindigkeit beträgt 7 km/h (1. Gang).
Die Triebwagen können mit einer Anhängemasse von 25 t eine Geschwindigkeit von 50 km/h in der Ebene erreichen. Meist verkehren sie jedoch nur als Einzelfahrzeuge. Sie bewährten sich gut im Betriebseinsatz.

Fahrzeugteil

L a u f w e r k : Wälzachslager. Achsfederung Blattfedern.
W a g e n k a s t e n : Geschweißte Stahlkonstruktion in Leichtbauweise aus Blechen und Walzprofilen, mit Stahlblech bekleidet. Untergestell Schweißkonstruktion aus Blechen und Profilen, besondere Konstruktion im Bereich der Einstiege. Im Fußboden Klappen für Wartung der Maschinenanlage. Stirnenden abgerundet. Keine Übergangsmöglichkeit.
Z u g - u n d S t o ß v o r r i c h t u n g : Schraubenkupplung, Hülsenpuffer.

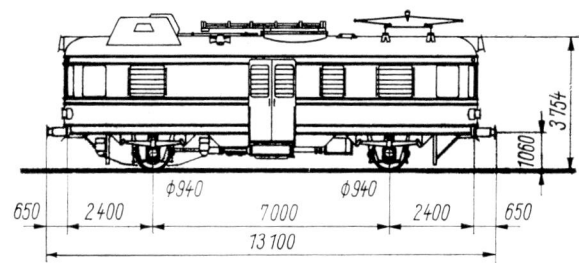

mechanisch seitlich schwenkbar um 2 × 90°, ergibt seitliche Ausladung von 2700 mm. Klappbare Seitengitter. Klappbare Leiter läßt sich auf 9000 mm über Schienenoberkante ausschieben.

H e i z u n g : Warmwasserheizung. Kohlebeheizter Ofen.

B e l e u c h t u n g : Glühlampen = 24 V.

Maschinenanlage

A n o r d n u n g : Maschinenanlage unterhalb Wagenkasten. Dieselmotor elastisch am Untergestell aufgehängt. Hilfsdiesel in besonderem Raum in Wagenkasten untergebracht.

M o t o r :
VT 135 701 und VT 135 702: Dieselmotor Type 6 KVD 14,5 SRW, 6 Zylinder, stehend, 4 Takte. Nennleistung 99 kW, Nenndrehzahl 1800 min⁻¹. Wasserkühlung. Elektrischer Anlasser.

VT 135 703, VT 135 705 und VT 135 706: Dieselmotor Type 6 KVD 14,5 SRW, 6 Zylinder, stehend, 4 Takte. Nennleistung 111 kW, Nenndrehzahl 2000 min⁻¹. Wasserkühlung. Elektrischer Anlasser.

K r a f t ü b e r t r a g u n g : Zweischeibenreibungskupplung; mechanisches Zahnradgetriebe (vier Gänge, mechanische Gangvorwahl und pneumatische Schaltung); Gelenkwelle; Kegelradwendegetriebe (pneumatische Schaltung).

S t e u e r u n g : Einfache Fahrsteuerung, mechanische und pneumatische Betätigung.

H i l f s e i n r i c h t u n g e n : Batterie = 24 V, 300 Ah. Hilfsdiesel mit Motor Type GD 1, 1 Zylinder, 4 Takte. Nennleistung 6,3 kW, Nenndrehzahl 2000 min⁻¹.

Sicherheitsfahrschaltung.

D r u c k l u f t a n l a g e : Luftverdichter, Hauptluftbehälter. Sandstreueinrichtung.

B r e m s e : Einlösige Klotzbremse Bauart Kp. Spindelhandbremse.

I n n e n r a u m g e s t a l t u n g : Führerstand; Arbeitsraum; Maschinenraum; Aufenthaltsraum; Führerstand.

Einstieg: In Wagenmitte doppelflügelige Schiebetür. Zugang über Trittstufen.

Arbeitsraum: 6775 mm lang; enthält Werkbank, Schränke für Werkzeug und Ersatzteile.

Maschinenraum: Unter Aufgang zum Beobachtungsdom. Dieselelektroaggregat und Kohlenbehälter.

Aufenthaltsraum: 2650 mm lang; enthält Tisch und sieben Stühle, Schränke.

B e o b a c h t u n g s d o m : Hinter Führerstand 1. Lehrstromabnehmer wird elektropneumatisch gehoben bzw. gesenkt, hat am Schleifstück eine Skala für Fahrdrahtseitenlage und Meßwerk für Fahrdrahthöhe. Fenster mit Scheibenwischer. Zwei Sitzplätze und klappbares Schreibpult. Fernsprech- und Klingelanlage zu Führerständen.

A r b e i t s b ü h n e : Betretbar von Beobachtungsdom. Ausstiegklappe nur zu öffnen, wenn Stromabnehmer anliegt und Fahrleitung geerdet ist. Arbeitsbühne 3740 mm × 1970 mm,

188.2

**DR VT 137 711 bis
VT 137 715**

Tabelle 5, Seite A 63

Wenn sich auch die zweiachsigen Fahrleitungsrevisionstriebwagen (VT 135 701 bis VT 135 706) gut bewährt haben, so brauchte die Deutsche Reichsbahn dennoch größere Fahrzeuge für die Fahrleitungsmeiste-reien. Ende 1968 stellte sie das erste derartige Fahrzeug in Dienst.
Die Triebwagen werden bei der planmäßigen Instandhaltung und bei der Beseitigung von Störungen der Fahrleitungsanlagen mit gutem Erfolg eingesetzt. Sie können mit einer Anhängemasse von 50 t eine Geschwindigkeit von 58 km/h in der Ebene erreichen. Meist verkehren sie jedoch als Einzelfahrzeuge. Die Arbeitsgeschwindigkeit beträgt 7,5 km/h.

Fahrzeugteil

L a u f w e r k : Drehgestelle Schweißkonstruktion. Wälzachslager. Achsfederung Blatt- und Schraubenfedern. Wiegenfederung Schraubenfedern.
W a g e n k a s t e n : Geschweißte Stahlkonstruktion in Spantenbauweise. Dachseitenteile verstärkt, werden zum Tragen mit herangezogen. Dach im Bereich der Hebebühne abgesenkt. Untergestell Schweißkonstruktion aus Profilen und Blechen. Stirnenden abgerundet. Keine Übergangsmöglichkeit.

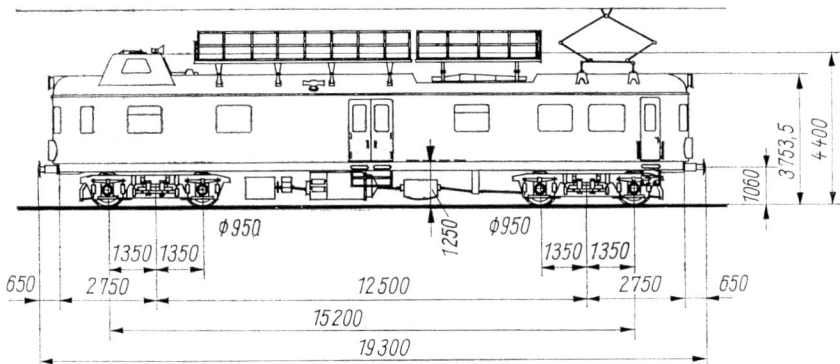

Zug- und Stoßvorrichtung: Schraubenkupplung, Hülsenpuffer.
Druckluftanlage: Luftverdichter, Hauptluftbehälter. Elektropneumatische Sandstreueinrichtung.
Bremse: Einlösige Klotzbremse Bauart Kp. Spindelhandbremse.
Innenraumgestaltung: Führerstand; Aufenthaltsraum; Toilette; Werkstattraum; Maschinenraum; Führerstand.
Einstieg: In Wagenmitte doppelflüglige Schiebetür, lichte Weite 1300 mm. Zugang über Trittstufen.
Aufenthaltsraum: Enthält Arbeitstisch, sechs Stühle, eine Sitzbank, Schränke. Raum 4290 mm lang.
Werkstattraum: Enthält Werkbank, Werkzeugschrank, Arbeitsmittel. Ferner Heizkessel. Raum 10 595 mm lang.
Maschinenraum: Unter Aufgang zum Beobachtungsdom Dieselelektroaggregat.
Beobachtungsdom: Hinter Führerstand 2. Zwei Klappsitze, ein Schreibpult und ein höhenverstellbarer Drehstuhl. Wechselsprechanlage mit Führerständen. Lehr-

stromabnehmer mit Druckluft betätigt. Skala am Schleifstück für seitliche Fahrdrahtlage und Meßwerk für Fahrdrahthöhe. Fenster mit Scheibenwischer.
Arbeitsbühne: Betretbar vom Beobachtungsdom. Ausstiegklappe nur zu öffnen, wenn Stromabnehmer anliegt und Fahrleitung geerdet ist. Feste Arbeitsbühne 6310 mm lang; heb- und schwenkbare Arbeitsbühne 3680 mm lang, beide 1960 mm breit. Bewegliche Arbeitsbühne kann bis auf 5720 mm über SO gehoben werden, ist um 2 × 90° seitlich schwenkbar, ergibt seitliche Ausladung von 2350 mm. Antrieb elektrohydraulisch.
Heizung: Warmwasserheizung, kohlegefeuerter Ofen und Wärmetauscher Motorkühlwasser.
Beleuchtung: Glühlampen = 24 V.

Maschinenanlage

Anordnung: Maschinenanlage unterflur. Motor auf Tragrahmen, der am Untergestell schwingungs-

gedämpft aufgehängt ist. Hilfsdiesel in Maschinenraum innerhalb des Wagenkastens.
Motor: Unterflurdieselmotor Type 6 VD 18/15-1, 6 Zylinder, liegend, 4 Takte. Wasserkühlung. Elektrischer Anlasser.
Kraftübertragung: Strömungskupplung; Gelenkwelle; Zahnradschaltgetriebe (Type ESA 86, elektromagnetische Überholkupplungen, 6 Gänge); Gelenkwellen; Achswendegetriebe (Type AWÜK 14, pneumatisch betätigt).
Steuerung: Elektrische Steuerung.
Hilfseinrichtungen: Unterflurkühler für Motorkühlwasser. Luftverdichter vom Dieselmotor angetrieben. Hilfsdieselmotor 2 VD 12,5/9 mit Hilfsgenerator = 24 V, 2 kW; mit Batterie gepuffert. Weiterer Hilfgenerator 50 Hz, 380/220 V Ds, 5 kVA. Batterie = 24 V, 260 Ah. Sicherheitsfahrschaltung.

608/908

DB VT 08.5

Nachdem bereits nach kurzer Betriebszeit fünf Steuerwagen zu Steuerwagen des Triebzuges VT 12.5 umgebaut worden waren, liefen bei der weiteren Ausdehnung des elektrifizierten Streckennetzes die Triebzüge später verstärkt im Bezirks- und Städteschnellverkehr. Schließlich gestaltete man alle Triebzüge (beginnend mit neun Triebzügen im Jahre 1963) in 1./2.-Klasse-Einheiten um und nummerte sie in die Baureihe VT 12.6 ein.

Tabelle 7, Seite A 65

Fahrzeugteil

L a u f w e r k : Triebdrehgestellrahmen geschweißte Blechträgerkonstruktion. Keine Wiege und ohne Drehzapfen, Führung durch Lenker und seitliche Gleitstücke. Wälzachslager. Achsfederung Blattfedern. Kastenfederung Schraubenfedern. Laufdrehgestell Bauart München-Kassel. Rahmen geschweißte Blechträgerkonstruktion. Achslenker. Radsätze gewellte Radscheiben. Wälzachslager, Innenlager. Achsfederung Schraubenfedern. Kastenfederung Schraubenfedern. Stoßdämpfer.

Im Jahre 1950 wurde auf den Strecken Frankfurt/M.–Hamburg, Frankfurt/M.–Basel und Köln–Hamburg der Schnellverkehr mit Triebzügen der Baureihen SVT „Hamburg" und „Köln" aufgenommen. Um die für die Verdichtung dieses Netzes benötigten weiteren Triebzüge zu erhalten, ergingen im gleichen Jahr die Aufträge zum Neubau von Schnelltriebzügen der Baureihe VT 08.5. Diese 1.-Klasse-Triebzüge für den nationalen Schnellverkehr waren bis zum Erscheinen des TEE-Triebzugs auch im grenzüberschreitenden Verkehr eingesetzt.

Bei dieser Baureihe bestehen die im Jahre 1952 beschafften Triebzüge aus einem Trieb-, einem Mittel- und einem Steuerwagen. Die erste Lieferung umfaßte 13 Triebzüge sowie einen VT und zwei VM als Ersatzwagen.

Die auf einigen Strecken erforderliche Verstärkung durch weitere Mittelwagen führte dazu, bei der nächsten Lieferung die Steuerwagen durch Triebwagen zu ersetzen (VT 08 515 bis VT 08 520). Die Nachbeschaffung enthielt auch sieben VM.

Die Triebzüge waren in vielen Verkehrsverbindungen eingesetzt und verhalfen der DB zu einem wirtschaftlichen Fernverkehr in verkehrsschwachen Zeiten. Dabei erzielten beispielsweise die Triebzüge des Bw Dortmund beim Einsatz als „Rheinblitz" (FT 27/28 München–Dortmund–München) eine tägliche Laufleistung von 1500 km. In ihrem technischen Niveau stellen sie eine Vorstufe für die TEE-Triebzüge dar. Ab 1960 waren die Triebzüge in den Bw Dortmund, Griesheim und Nippes beheimatet.

W a g e n k a s t e n : Verwindungssteife und selbsttragende Röhrenkonstruktion in Spanten- und Schalenbauweise. Schweißkonstruktion. Tief herabgezogene Schürze, in Triebwagen geschlossene Bodenwanne. Zwischen Wagenkästen Stabilisatoren. An Stirnenden keine Übergangsmöglichkeit. Innerhalb Triebzug durch Faltenbalg geschützte Übergänge.

Z u g - u n d S t o ß v o r r i c h t u n g : An Stirnenden und innerhalb Triebzug selbsttätige Mittelpufferkupplung, Bauart Scharfenberg. Elektrische und pneumatische Leitungen werden mitgekuppelt.

D r u c k l u f t a n l a g e : Luftver-

Es sind folgende Zusammenstellungen möglich:

VT + VM + VS	Grundeinheit
VT + VM + VM + VS	verstärkte Grundeinheit
VT + VM + VM + VT	Doppeleinheit
VT + VM + VM + VM + VT	verstärkte Doppeleinheit

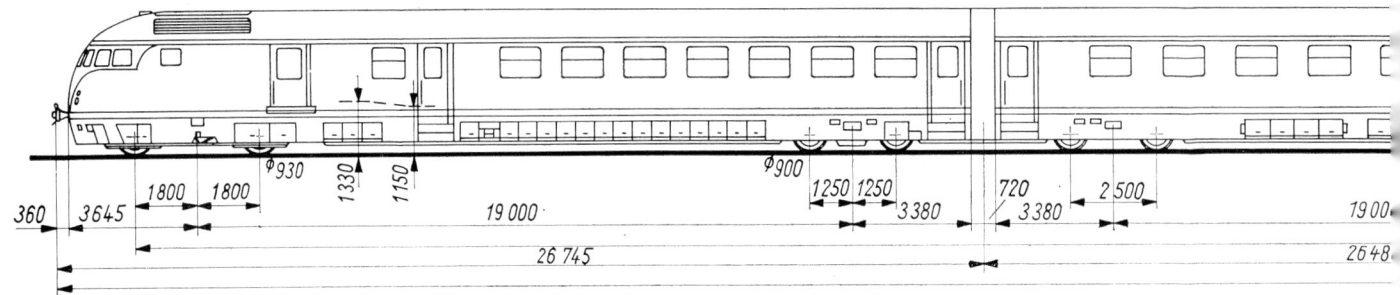

dichter, Hauptluftbehälter, Hauptluftbehälterleitung.
B r e m s e : Mehrlösige Scheibenbremse Bauart Kp, elektrisch steuerbar. Gleitschutzregler. Magnetschienenbremse. Spindelhandbremse.

Fahrgastraum

G e s t a l t u n g : Dem Fernschnell-
verkehr angepaßt.
VT 08 501 bis VT 08 514:
Führerstand; Maschinenraum; Ge-
päckraum; Postabteil bzw. Vorrats-
raum; Einstiegraum; Küche; An-
richte; Speiseraum mit vier Abtei-
len; Einstiegraum.
VT 08 515 bis VT 08 520:
Führerstand;   Maschinenraum;
Dienstabteil; Einstiegraum; sieben
Abteile 1. Klasse; Einstiegraum.
VM 08 501 bis VM 08 522:
Einstiegraum; zehn Abteile 1. Klasse;
Einstiegraum.
VS 08 501 bis VS 08 513:
Einstiegraum; acht Abteile 1. Klasse;
Konferenzraum (später in Abteil
1. Klasse umgebaut); Einstiegraum;
Dienstabteil (anfangs Schreibraum);
Führerstand.
Einstieg: An Wagenenden einflüg-
lige Schwenkschiebetür, lichte Tür-
weite 750 mm. Zugang über Tritt-
stufen. Von Führerstand elektro-
pneumatisch schließbar.

1. Klasse: Geschlossene Abteile mit
Seitengang.   Sitzplatzanordnung
0 + 3. Abteiltiefe 2076 mm, Sitz-
platzbreite 660 mm, Gangbreite
694 mm. Polstersitze.
Speiseraum: Großraum mit vier Ab-
teilen und Mittelgang. Sitzplatzan-
ordnung 1 + 2. Abteiltiefe 1700 mm.
Küche und Anrichte: Zusammen
3720 mm lang.
Gepäckraum: 3648 mm lang, beid-
seitig einflügige Schwenkschiebe-
tür.
Postabteil: Nur von Einstiegraum
betretbar. Auch als Vorratsraum für
Bewirtschaftung verwendet.
H e i z u n g : Warmwasserheizung,
Ölfeuerung und Wärmetauscher
Kühlwasser (in VT). Selbsttätige
Steuerung.
B e l e u c h t u n g : Glühlampen
= 110 V.
S o n d e r e i n r i c h t u n g : Laut-
sprecheranlage.

Maschinenanlage

A n o r d n u n g : Maschinenanlage
in   Triebdrehgestell   angeordnet,
ragt in Wagenkasten.
M o t o r : Wahlweise mehrere Bauarten, jedoch alle V-förmige Zwölf-
zylinderviertaktdiesel mit 736 kW
Nennleistung bei einer Nenndrehzahl von 1500 min^{-1}:

Maybach   MD   650   (Hubvolumen
64,5 l),
Daimler-Benz MB 820 Bb (Hubvolu-
men 59,2 l) und
MAN L 12 V 18/21 (Hubvolumen
64,5 l),
alle mit Aufladung, Wasserkühlung
und elektrischem Anlasser.
K r a f t ü b e r t r a g u n g :   Gelenkwelle mit Schwingmetallkupplung; wahlweise Strömungsgetriebe
(Typ Voith T 36 oder LT 306 r, drei
Wandler) oder hydromechanisches
Getriebe (Typ Maybach K 104 oder
K 104 SU, ein Wandler, vier mechanische Gänge); Gelenkwellen;
Achstriebe.
S t e u e r u n g : Vielfachsteuerung,
Steuerspannung = 110 V. Getriebe
selbsttätig in Abhängigkeit von
Fahrgeschwindigkeit und Motordrehzahl geschaltet.
H i l f s e i n r i c h t u n g e n : Kühlanlage unter Dach, elektromotorischer Antrieb. Batterie = 110 V,
300 Ah je VT. Sicherheitsfahrschaltung. Induktive Zugbeeinflussung.
 Flamon-Zugsicherheitseinrichtung
der SNCF. Fernsprecheinrichtung
zwischen Führerständen. Feuerlösch-
anlagen.

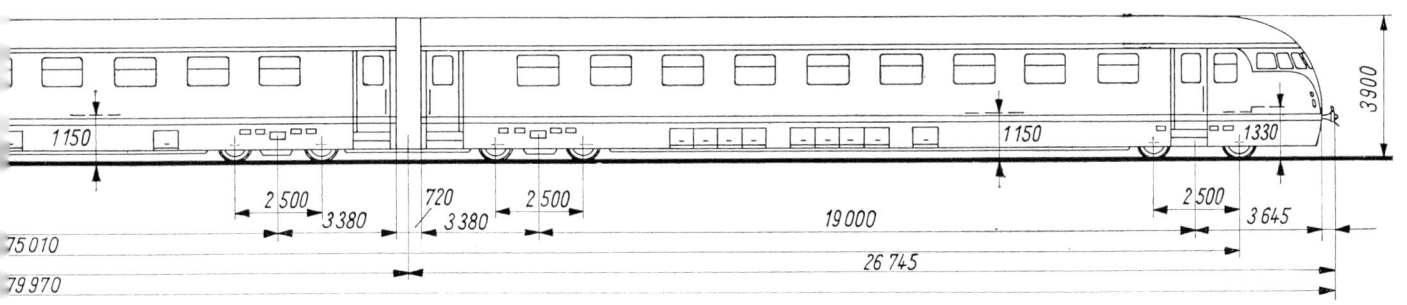

oben:
Zugbildung
VT Speise + VM + VS
unten:
Zugbildung
VT Speise + VM + VT Sitz
Klammerwert für Zugbildung
VT Speise + VM + VM + VT Sitz

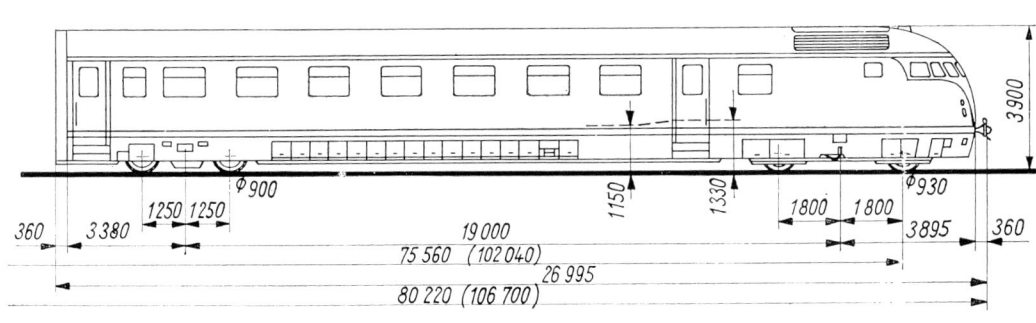

124

VT 10.5

Tabelle 7, Seite A 66

Im Streben um höhere Geschwindigkeiten ist die Verringerung der toten Fahrzeugmasse von eminenter Bedeutung, um nicht zu hohe Antriebsleistungen installieren zu müssen. Dabei war der Übergang vom Einzelwagen zum Triebzug ein wesentlicher Schritt. Im Ausland waren bereits früher Gliedertriebzüge gebaut worden, die durch ihre niedrige Sitzplatzmasse bestachen, z. B. der Talgo-Zug in Spanien. Obwohl Gliedertriebzüge betriebliche Nachteile besitzen, war die Erprobung

derartiger Fahrzeuge wesentlich für die weitere Entwicklung.
Ein Konstruktionsbüro unter Leitung von Kruckenberg erhielt Aufträge für Entwürfe von Gliedertriebzügen durch die Deutsche Bundesbahn, die Deutsche Bundespost und die Deutsche Schlafwagen- und Speisewagen-Gesellschaft (DSG). Da die Bundespost später von der Entwicklung spezieller Posttriebzüge wieder Abstand nahm, wurden zwei Triebzüge gebaut:
Tagesreisezug der DB VT 10 501, Hersteller Linke–Hofmann–Busch
Schlafwagenzug der DSG VT 10 551, Hersteller Wegmann.
Der VT 10 501 war ein Gliedertriebzug, dessen Glieder durch einachsige Laufwerke verbunden waren. Der VT 10 551 war ein Gliedertriebzug, bei dem die einzelnen Wagenglieder durch Jakobsdrehgestelle verbunden waren. Beide Triebzüge bestanden aus zwei Maschinen- und fünf Mittelwagen. Der Schlafwagenzug wurde nach den ersten Probe-

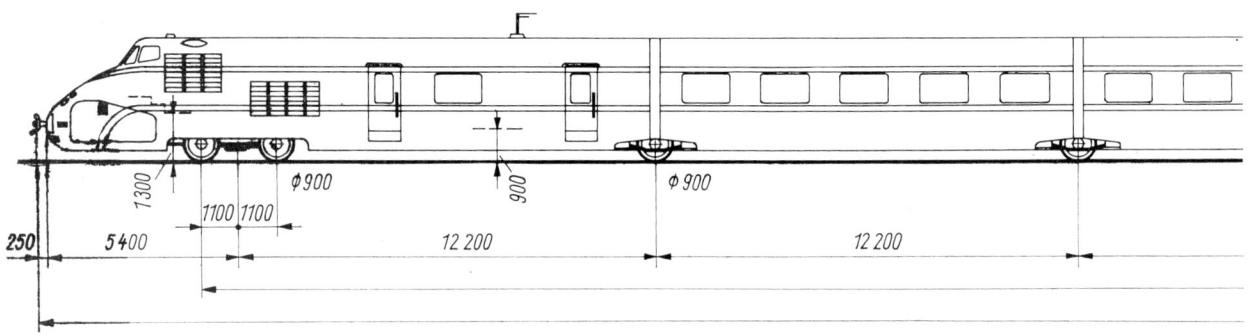

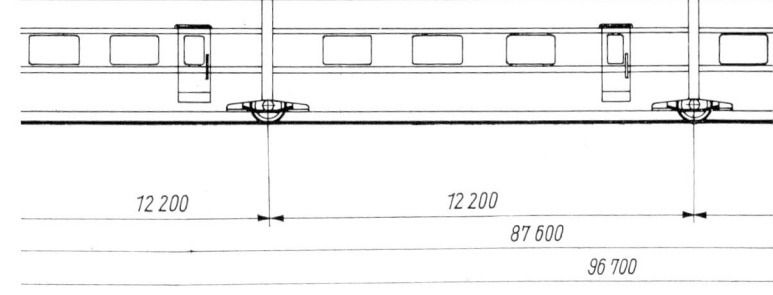

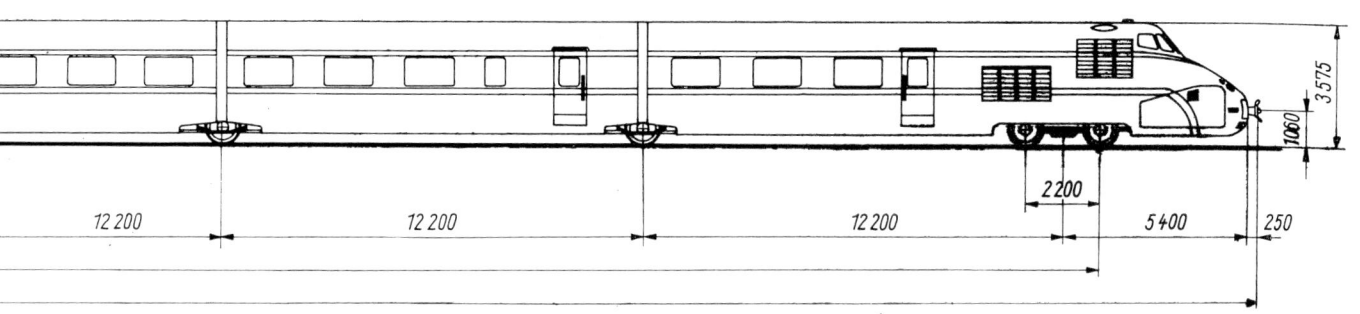

fahrten um einen weiteren Mittelwagen verstärkt.
Die Triebzüge hatten eine Höchstgeschwindigkeit von 120 km/h, waren aber lauftechnisch für 160 km/h
ausgelegt.
Die Triebzüge wurden auf der Ver-
kehrsausstellung 1953 in München
ausgestellt und ab Mai 1954 eingesetzt.
Die Triebzüge blieben Einzelstücke;
das wirkte sich auf den Betriebseinsatz recht nachteilig aus (Ersatzzug
bei Reparaturen und Instandhal-

VT 10 501

VT 10 501

tung). Der Tagesreisezug lief als „Senator" auf der Strecke Frankfurt/Main–Hamburg, der Schlafwagenzug befuhr als „Komet" die Strecke Hamburg–Zürich. Meist reichte das Platzangebot nicht aus. Ab 1. Januar 1955 ging der Schlafwagenzug in den Besitz der DB über, die Bewirtschaftung erfolgte aber weiterhin durch die DSG. Während der VT 10 501 bereits 1959 ausgemustert wurde, blieb der VT 10 551 noch für Sonderfahrten vorgesehen, wurde jedoch am 20. Dezember 1960 ebenfalls ausgemustert. Beide Triebzüge sind dann 1963 verschrottet worden.

Insgesamt bewährten sich die Triebzüge, jedoch waren sie als Einzelfahrzeuge in der Instandhaltung

zu teuer. Außerdem zeigten sich bei hohen Fahrgeschwindigkeiten schlechte Laufeigenschaften und eine zu große Geräuschbelästigung. Beim VT 10 551 ließen sich diese Mängel leicht beheben, beim VT 10 501 hingegen ergaben sich Schwierigkeiten. Insbesondere konnte das Schlingern nicht beseitigt werden. Die Triebzüge stellten einen Großversuch dar.

Fahrzeugteil

L a u f w e r k : Triebdrehgestellrahmen geschweißte Blechträgerkonstruktion aus Stahl. Achslenker. Wälzachslager. Achsfederung Blatt- und Schraubenfedern. Wiegenfede-

rung Gummi- und Schraubenfedern. Stoßdämpfer.
Laufdrehgestell VT 10 501 Einachslaufwerk System Kruckenberg, Kastenabstützung über Lenker. Längslenker Einstellung bei Kurvenlauf. Senkrechte und waagerechte Stöße und Schwingungen durch Stabilisatoren aufgenommen.
Laufdrehgestell VT 10 551 Jakobsdrehgestell. Achslenker. Achsfederung Torsionsfedern, Wiegenfederung Torsionsfedern. Stoßdämpfer.
W a g e n k a s t e n : Biege- und verwindungssteife Röhrenkonstruktion in Schalenbauweise (VT 10 501) bzw. Spanten- und Schalenbauweise (VT 10 551). Schweißkonstruktion (VT 10 501) bzw. Nietkonstruktion (VT 10 551). Untergestell, Ka-

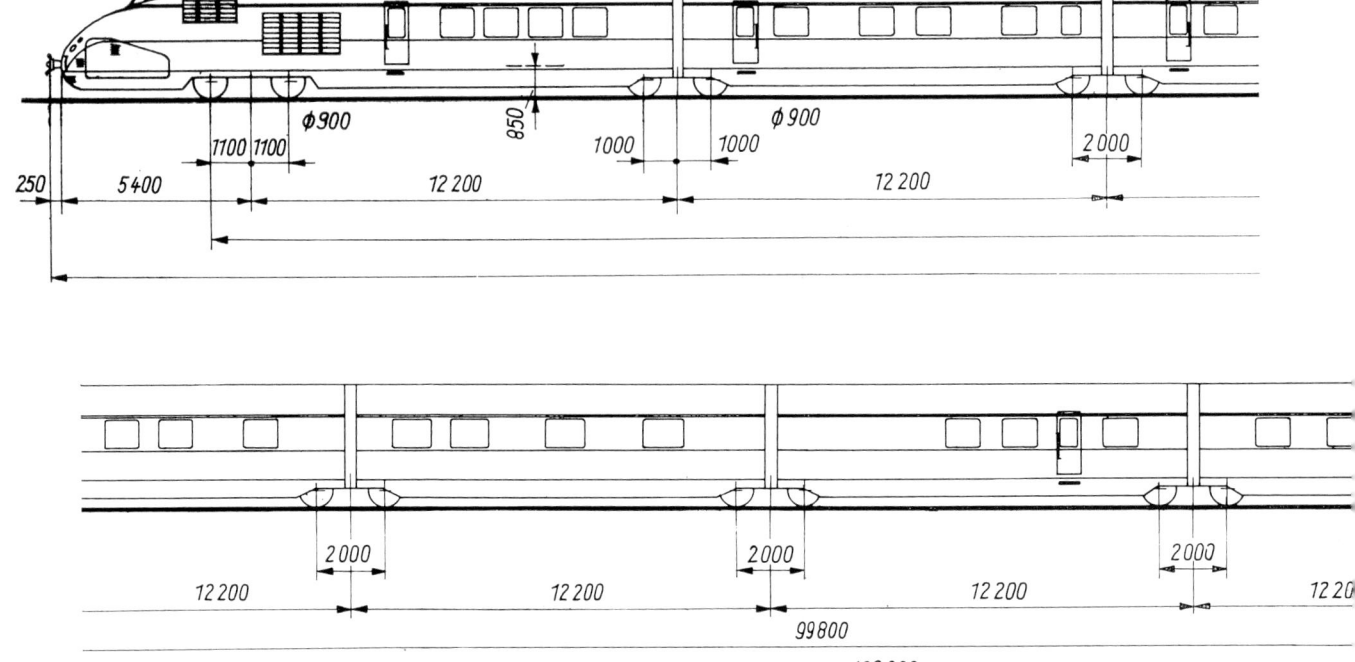

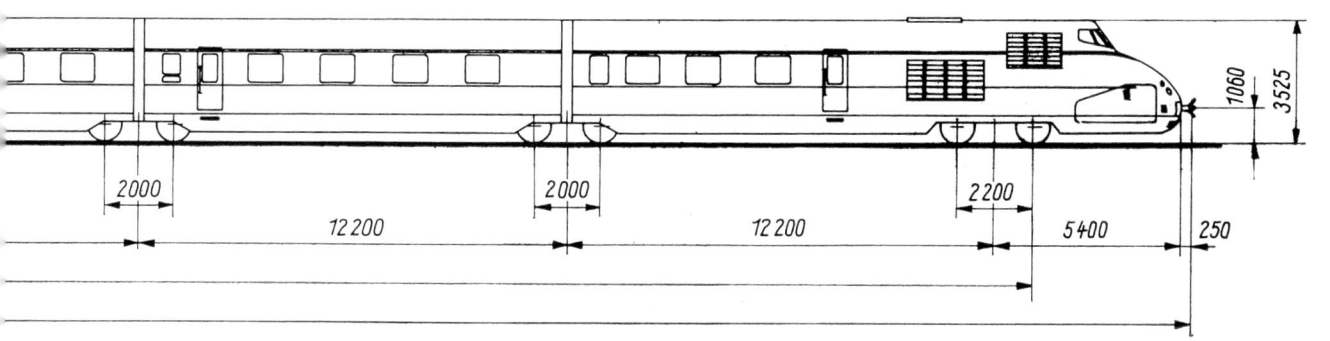

stengerippe, Gurte, Spanten und Bleche aus hochfesten Leichtmetalllegierungen. Zwischen Wagengliedern Stabilisatoren (VT 10 551). Tief herabgezogene Schürze und Bodenwanne. Stirnenden aerodynamisch ausgebildet. An Stirnenden keine Übergangsmöglichkeit. Innerhalb Triebzug durch Faltenbalg geschützte Übergänge, an Wagenaußenhaut zusätzlich bündige Gummihaut.

VT 10 551

VT 10 551

Z u g - u n d S t o ß v o r r i c h -
t u n g : An Stirnenden selbsttätige
Mittelpufferkupplung Bauart Scharfenberg. Elektrische und pneumatische Leitungen werden mitgekuppelt. Innerhalb Triebzug Bolzen-Mittelkupplung.
D r u c k l u f t a n l a g e : Luftverdichter, Hauptluftbehälter, Hauptluftbehälterleitung.
B r e m s e : Einlösige Scheibenbremse Bauart Kp, elektrisch steuerbar. Magnetschienenbremse in Triebdrehgestellen. Spindelhandbremse.

Fahrgastraum VT 10 501

G e s t a l t u n g : Dem Luxus-Fernschnellverkehr angepaßt.
Sehr großzügige Ausstattung, da verkehrswerbende Aufgabe.
Kopfglied A: Führerstand; Maschinenraum; Gepäckraum; Abteil
1. Klasse; Besprechungs- oder Schreibabteil; Funksprechkabinen; Einstiegraum.
Mittelglied 1: Großraum mit fünf Abteilen 1. Klasse.
Mittelglied 2: Großraum mit vier Abteilen 1. Klasse; Einstiegraum.
Mittelglied 3: Küche; Einstiegraum.
Mittelglied 4: Großraum mit fünf Abteilen 1. Klasse.
Mittelglied 5: Großraum mit vier Abteilen 1. Klasse; Einstiegraum.
Kopfglied B: Großraum mit sechs Sitzreihen 1. Klasse; Einstiegraum; Maschinenraum; Führerstand.
Einstieg: Nicht in jedem Wagen, Zugang teilweise über Nachbarwagen. Einflügelige Schwenkschiebetür. Zugang über Trittstufen.
1. Klasse: Geschlossenes Abteil mit Seitengang, Sitzplatzanordnung 0 + 3. Abteiltiefe 2300 mm. Polstersitze.
Großräume mit vier bzw. fünf Ab-

teilen und Mittelgang. Sitzplatzanordnung 1 + 2. Abteiltiefe 2300 mm, Sitzplatzbreite 680 mm. Polstersitze. Großraum mit sechs Sitzreihen und Mittelgang. Sitzplatzanordnung 2 + 2. Sitzreihenabstand 1100 mm. Gepolsterte Liegesitze.
Küche und Anrichte: 8000 mm lang, elektrische Einrichtung.
Gepäckraum: 2820 mm lang. Beidseitig einflügelige Schwenkschiebetür.
H e i z u n g : Klimaanlage, vollautomatisch, System Lahmeyer—Teves.
B e l e u c h t u n g : Leuchtstofflampen, Brennspannung 6000 V, indirekte Beleuchtung. Notbeleuchtung Glühlampen = 24 V.
S o n d e r e i n r i c h t u n g : Lautsprecheranlage.

Fahrgastraum VT 10 551

G e s t a l t u n g : Als Schlafwagenzug für den Luxus-Fernschnellverkehr.
Kopfglied A: Führerstand; Maschinenraum; Einstiegraum; Großraum 1. Klasse mit vier Sitzreihen.
Mittelglied 1: Einstiegraum; vier Abteile 1./2. Klasse; Dienstraum.
Mittelglied 2: Einstiegraum; vier Abteile 1./2. Klasse; Dienstraum.
Mittelglied 3: Speiseraum mit 22 Sitzplätzen.
Mittelglied 4: Bar; Büfett; Küche; Einstiegraum; zwei Schlafabteile 2. Klasse.
Mittelglied 5: Neun Schlafabteile 2. Klasse.
Mittelglied 6: Dienstraum; Einstiegraum; acht Schlafabteile 2. Klasse.
Kopfglied B: Fünf Schlafabteile 2. Klasse; Gepäckraum; Maschinenraum; Führerstand.
Einstieg: Nicht in jedem Wagen, Zugang teilweise über Nachbarwagen. Einflügelige Drehtür, nach

innen öffnend. Zugang über Trittstufen.
1. Klasse: Großraum mit vier Sitzreihen und Mittelgang. Sitzplatzanordnung 1 + 2. Sitzreihenabstand 1350 mm. Sitzplatzbreite 650 mm. Gepolsterte Liegesitze.
Schlafabteile 1./2. Klasse: Einzelabteile mit Seitengang. Abteiltiefe 1400 mm, Abteilbreite 2035 mm, Gangbreite 824 mm. Waschraum 1090 mm tief (halbe Abteilbreite). Verwendet für einen Reisenden 1. Klasse oder zwei Reisende 2. Klasse.
Schlafabteile 2. Klasse: Einzelabteile in Längsrichtung mit Mittelgang. Abteillänge 1950 mm, Abteilbreite 1225 mm (am Waschtischende) bzw. 925 mm (am Fußende).
Speiseraum: 11 600 mm lang. Großraum mit Tischen und vier sowie zwei Sitzplätzen oder mit einem Sitzplatz.
Bar: L-förmige Theke mit Hockern und Sitzecken.
Küche: 3725 mm lang.
Gepäckraum: 2750 mm lang, beidseitig einflügelige Drehtür, nach innen öffnend.
H e i z u n g : Klimaanlage, vollautomatisch, System Stone.
B e l e u c h t u n g : Leuchtstofflampen 220 V, Notbeleuchtung Glühlampen = 24 V.
U m b a u : Beide Doppelabteile des letzten Wagens später in Wohnabteil mit zwei Betten und Schreibtisch umgestaltet.

Maschinenanlage

A n o r d n u n g : Maschinenanlage in Wagenkasten angeordnet. Fahrdieselmotor und Getriebe auf ausfahrbarem Maschinenrahmen. Je vier Dieselmotoren parallel für Antrieb und zwei einzeln für Hilfseinrichtungen.

Motor: Dieselmotor Typ MAN D 1548 G, 8 Zylinder, V-förmig, 4 Takte. Aufladung. Elektrischer Anlasser.

Kraftübertragung: Hydromechanisches Getriebe AEG-EMG (ein Wandler, vier Gänge); Gelenkwelle; Achstriebe.

Steuerung: Vielfachsteuerung.

Hilfseinrichtungen: Dieselelektroaggregat (Dieselmotor 92 kW, 1500 min⁻¹, Generator 90 kVA, 380/220 V 50 Hz). Batterie = 110 V und = 24 V. Kühler für Fahr- und Hilfsdieselmotoren. Fremdeinspeisung für Lichtnetz und Nutzstromversorgung. Sicherheitsfahrschaltung. Induktive Zugbeeinflussung.

601/901

602

DB VT 11.5

Tabelle 7, Seiten A 66, A 67

Für die in den fünfziger Jahren gegründete Organisation für den Eisenbahnfernschnellverkehr (Trans Europ Express – TEE) stellte die Deutsche Bundesbahn eine Triebzugbaureihe in Dienst, die in der Grundeinheit aus sieben Wagen (zwei Trieb- und fünf Mittelwagen) besteht.

Da nur sehr wenig Zeit für Konstruktion und Fertigung verblieb, denn die ersten Züge sollten schon im Sommer 1957 verkehren, waren keine umfangreichen Neuentwicklungen möglich. Man verwendete vielmehr bewährte Bauteile, so daß zeitaufwendige Erprobungen nicht nötig waren.

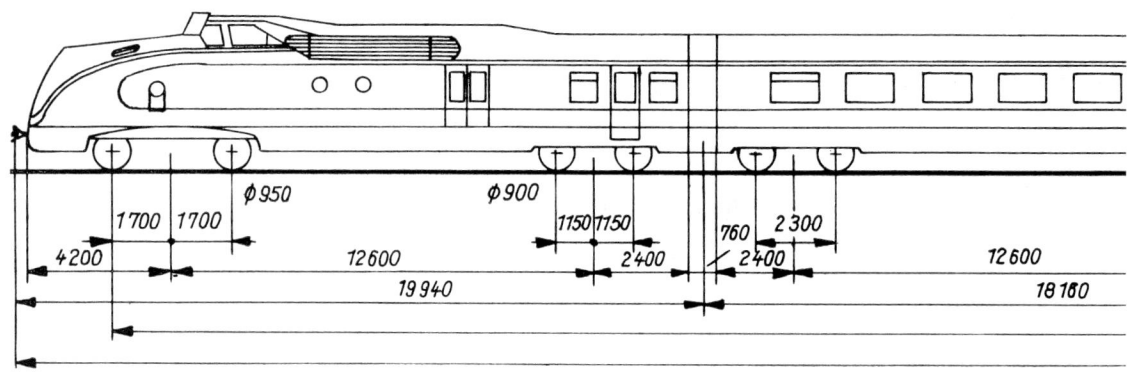

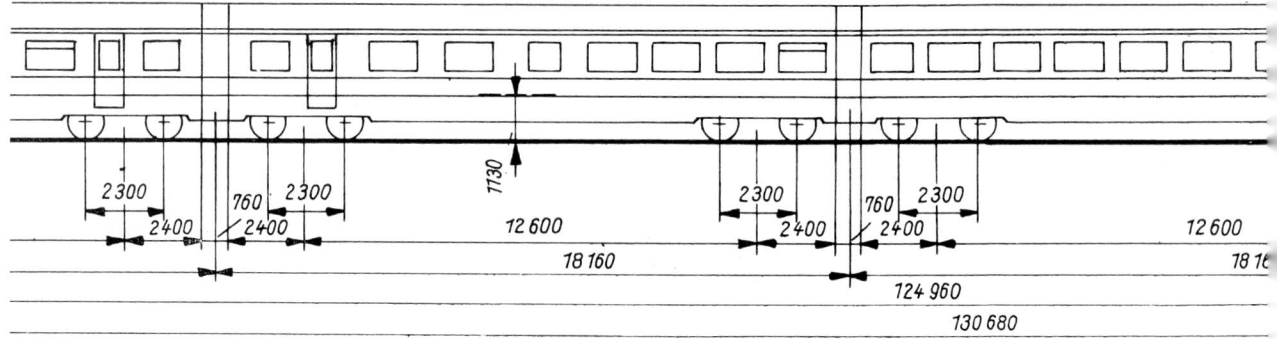

Der Triebzug besteht aus folgenden Einzelwagen:
Triebwagen (VTa, VTb) 11 5001 bis 11 5019 (601 001 bis 601 019);
Reisewagen mit Abteilen (VMc, VMg) 11 5101 bis 11 5123 (901 101 bis 901 123);
Reisewagen mit Fahrgastgroßraum (VMd) 11 5201 bis 52 08 (901 201 bis 901 208);
Speisewagen mit Bar und Fahrgastraum (VMe) 11 5301 bis 11 5308 (901 301 bis 901 308);
Küchenwagen mit Speiseraum (VMf) 11 5401 bis 11 5409 (901 401 bis 901 409).
Der windschnittige Kopf und die aufgesetzte Kanzel verleihen dem

Triebzug seine charakteristische Form. Zur Verbesserung des Reisekomforts sollten die Wagenkästen möglichst breit sein. Daher legte man in Anlehnung an die Gliedertriebzüge der DB eine Kastenbreite von 3012 mm fest, wodurch sich eine Wagenlänge von nur 17 400 mm ergab. Die beiden Triebwagen konnten wegen des Überhanges (Kopfform) 19 200 mm lang sein.
Der Triebzug kann mit weiteren Mittelwagen zu einer neun- bzw. zehnteiligen Einheit erweitert werden. Er eignet sich auch für das Trajektieren nach Dänemark und Schweden. Die Triebzüge waren ab Juni 1957 im TEE-Netz eingesetzt: „Helvetia"

(Hamburg–Zürich), „Rhein – Main" (Frankfurt ⟨M.⟩–Amsterdam), „Saphir" (Dortmund–Bruxelles–Ostende) und „Paris – Ruhr" (Dortmund–Paris). Sie bewährten sich sehr gut und waren in den Bw Frankfurt (M.), Dortmund und Hamburg-Altona (ab 1960 nur noch Altona und Griesheim) beheimatet. Da die TEE-Läufe häufig überbesetzt waren, die Triebzüge aber nicht beliebig verstärkt werden konnten, ging die DB, begünstigt auch durch die fortschreitende Elektrifizierung, im TEE-Netz auf lokomotivbespannte Züge mit einem Spezialwagenpark über. Seit Herbst 1968 laufen die Triebzüge im neuen Schnellbahnverkehrsnetz der „Intercity-Züge". Daneben werden sie auch im Charterverkehr von Touristikunternehmen eingesetzt.

Im Jahre 1972 wurden vier Triebwagen auf Gasturbinenantrieb umgebaut und als Baureihe 602 bezeichnet. Ohne Gewichtserhöhung konnte die Traktionsleistung wesentlich gesteigert werden, so daß der Triebzug (bestehend aus einem Triebwagen 601 und einem der

verkehren könnte. Bei Versuchsfahrten wurde mit einem Triebzug, der aus zwei Triebwagen 602 und zwei Mittelwagen 901 bestand, die Geschwindigkeit von 200 km/h überschritten.

Seit dem Sommerfahrplan 1975 sind diese Triebzüge als Intercity-Züge auf der Strecke Hamburg—Ludwigsburg (VT 601 + VT 602, achtteilig) eingesetzt. Aber auch Triebzüge mit reinem Gasturbinenantrieb

Fahrzeugteil

L a u f w e r k : Triebdrehgestelle Sonderkonstruktion, Rahmen geschweißte Blechträgerbauweise. Ohne Wiege und ohne Drehzapfen, Führung durch Lenker und seitliche Gleitstücke. Achslenker. Wälzachslager. Achsfederung Schraubenfedern. Kastenfederung ebenfalls Schraubenfedern, außerdem Stoßdämpfer.

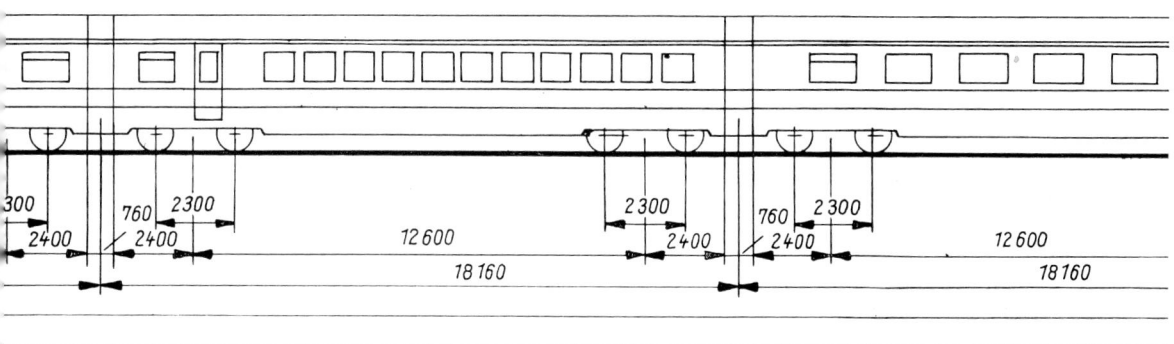

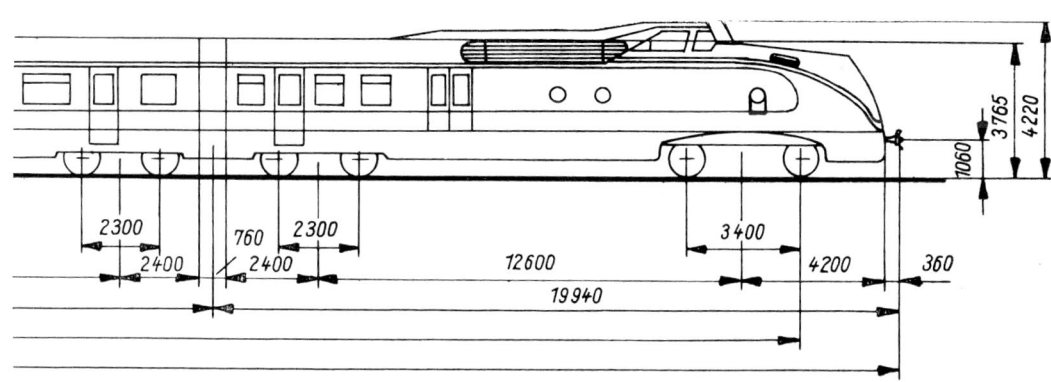

BR 602) auf 10teilig vergrößert mit gleichen Fahrzeiten bei einer Höchstgeschwindigkeit von 160 km/h

verkehren bei der Deutschen Bundesbahn: Hamburg—Köln (2 × VT 602, neunteilig).

Laufdrehgestelle Bauart München-Kassel. Rahmen geschweißt. Achslenker. Wälzachslager. Achsfederung

601/901

Schraubenfedern. Wiegenfederung Schraubenfedern. Stoßdämpfer.
W a g e n k a s t e n : Triebwagen kombinierte Spanten- und Schalenbauweise. Untergestell geschweißte Stahlkonstruktion. Seiten- und Stirnwände, Dach, Bodenwanne, Kastengerippe und Vorbauhaube aus Aluminiumlegierungen. Vorzugsweise Schweißkonstruktion, kombiniert mit Nietkonstruktionen. Führerstand als getrenntes Bauteil in Seitenwände des Wagenkastens elastisch aufgehängt. Kopfende aerodynamisch ausgebildet.
Mittelwagen Wagenkasten selbsttragende Konstruktion aus Leichtmetall, nur Hauptquerträger für Drehgestelle und Kupplungen aus Stahl. Schweiß- und Nietkonstruktion. Tief herabgezogene Schürze und geschlossene Bodenwanne.
An Stirnenden keine Übergangs-

möglichkeit. Innerhalb Triebzug breite Übergänge mit doppelten Gummibälgen.
Z u g - u n d S t o ß v o r r i c h t u n g : Selbsttätige Mittelpufferkupplung Bauart Scharfenberg. Elektrische und pneumatische Leitungen werden mitgekuppelt. Innerhalb Triebzug Kupplungen so niedrig angeordnet, daß trittstufenloser Übergang ermöglicht wurde; deshalb auch elektrische Kontakte seitlich vom Kupplungskopf angeordnet.
D r u c k l u f t a n l a g e : Luftverdichter, Hauptluftbehälter, Hauptluftbehälterleitung. Spurkranzschmierung.
B r e m s e : Mehrlösige Scheibenbremse Bauart KE, elektrisch steuerbar. Schnellwirkende Gleitschutzregler. Magnetschienenbremse. Spindelhandbremse als Feststellbremse.

Fahrgastraum

G e s t a l t u n g : Dem Luxus-Fernschnellverkehr angepaßt.
VTa und VTb: Maschinenraum; Führerstand; Maschinenraum; Gepäckabteil; Dienstabteil; Schreibabteil bzw. DSG-Personalraum; Funkkabine.
VMc und VMg: Sechs Abteile 1. Klasse; Einstiegraum.
VMd: Einstiegraum, Großraum 1. Klasse mit elf Sitzreihen.
VMe: Speiseraum mit vier Abteilen; Bar; Speiseraum mit drei Abteilen (auch als Großraum 1. Klasse nutzbar).
VMf: Einstiegraum; Küche; Anrichte; Speiseraum mit vier Abteilen.
Einstieg: Über Triebzug gleichmäßig verteilt, Zugang teilweise über Nachbarwagen. Einflügelige Drehtüren, nach innen öffnend, lichte Türweite

750 mm. Zugang über Trittstufen.
1. Klasse: Geschlossene Abteile mit Seitengang. Sitzplatzanordnung 0 + 3. Abteiltiefe 2200 mm, Sitzplatzbreite 700 mm, Gangbreite 767 mm. Polstersitze. Großraum mit Mittelgang. Sitzplatzanordnung 1 + 2. Sitzabstand 1150 mm, Sitzplatzbreite 700 mm, Gangbreite 642 mm. Drehbare Liegesitze.
Speiseraum: Großräume mit drei bzw. vier Abteilen und Mittelgang. Sitzplatzanordnung 1 + 2. Abteiltiefe 1800 mm, Sitzplatzbreite 690 mm, Gangbreite 822 mm. Übergang zwischen Küchenwagen und Barwagen 1048 mm breit, stets geöffnet.
Gepäckraum: 3540 mm lang.
Küche: 4555 mm lang. Vollelektrische Ausrüstung.
Anrichte: 2445 mm lang.
Bar: 3740 mm lang. Beidseitig doppelflüglige Drehtür, nach innen öffnend, lichte Türweite 1200 mm. Drei Barhocker; gegenüber Sitzplätze in Abteilanordnung.
H e i z u n g : Klimaanlage in Fahrgastabteilen. Triebwagen Warmwasserheizung, Nebenräume Elektroheizkörper.
B e l e u c h t u n g : Leuchtstofflampen, Speiseräume indirekte Beleuchtung. Nebenräume Glühlampen.
S o n d e r e i n r i c h t u n g : Lautsprecheranlage.
U m b a u 1976: Vorhandene Mittelwagen reichten für Verstärkung der Triebzüge nicht aus, deshalb acht Barwagen (VMe) in Großraumwagen 1. Klasse umgebaut, dabei ergab Speiseraum und Bar Großraum 1. Klasse mit 26 Sitzplätzen. Vier Wagen davon haben im umgebauten Raum schnell ausbaubare Sitze, dadurch leichte Umgestaltung zu Tanzfläche möglich.

Maschinenanlage 601

A n o r d n u n g : Jeder Triebwagen abgeschlossene Maschinenanlage. Maschinenanlage im Wagenkasten angeordnet. Dieselmotoren und Getriebe durch Dachöffnungen tauschbar.
M o t o r : Wahlweise mehrere Bauarten, jedoch alle Zwölfzylinderviertaktmotoren mit 810 kW bei 1500 min^{-1} mit Aufladung und Wasserkühlung:
Maybach MD 650,
MAN L 12 V 18/21 und
Daimler-Benz MB 820 Bb.
K r a f t ü b e r t r a g u n g : Gelenkwelle mit Schwingmetallkupplung; wahlweise Strömungsgetriebe (Voith LT 306 r, drei Wandler) oder hydromechanisches Getriebe (Maybach K 104 US/W, ein Wandler, mechanische Gänge); Gelenkwellen; Achstriebe.
S t e u e r u n g : Vielfachsteuerung, Steuerspannung = 110 V. Zusammenarbeit mit Baureihen 602 und 608 möglich.
H i l f s e i n r i c h t u n g e n : Dieselelektrisches Aggregat für 50-Hz-Bordnetz 380 V/220 V (Dieselmotor Type MWM TRHS 519 A, 8 Zylinder, Nennleistung 218 kW, Nenndrehzahl 1500 min^{-1}, Aufladung; Generator 210 kW). Kühlanlagen in Seitenwand von Triebwagen, hydrostatischer Antrieb. Zeit- und wegabhängige Sicherheitsfahrschaltung. Induktive Zugbeeinflussung. Zugsicherungseinrichtung der Französischen Eisenbahnen.

Maschinenanlage 602

A n o r d n u n g : Turbine in Vorbau auf Tragrahmen eingebaut, an vier Punkten auf Untergestell elastisch abgestützt. Einbau von Zusatzkraftstoffbehältern im Gepäckraum.
T u r b i n e : Gasturbine Typ Avco Lycoming TF 35, Lizenz KHD, Zweiwellenturbine, Nennleistung 1620 kW, Nenndrehzahl 13 700 min^{-1}.
K r a f t ü b e r t r a g u n g : Untersetzungsgetriebe; Kupplung; Strömungsgetriebe (Voith L 611 rU 2, ein Wandler, eine Kupplung); Gelenkwellen; Achstriebe.
S t e u e r u n g : Vielfachsteuerung. Fahrschalter 63 Fahrstufen, Anfahrt mit größter Zugkraft. Elektronischer Schleuderschutz. Durch Angleichsteuerung Zusammenarbeit mit Baureihe 601 ohne Einschränkungen möglich.
H i l f s e i n r i c h t u n g e n : Dieselelektrisches Aggregat für 50-Hz-Bordnetz 380 V/220 V (Dieselmotor Typ MWM TRHS 518 A, 8 Zylinder, Nennleistung 218 kW, Nenndrehzahl 1500 min^{-1}, Aufladung; Generator 210 kW. Kühler für Getriebeöl im Dach. Zeit- und wegabhängige Sicherheitsfahrschaltung. Induktive Zugbeeinflussung.

612/912
613/913

DB VT 12.5
DB VT 12.6

Bedingt durch die Ausdehnung des elektrifizierten Streckennetzes wurden zunächst die Triebzüge der Baureihe VT 08.5 verstärkt im Bezirks- und Städteschnellverkehr eingesetzt und schließlich zu Triebzügen mit 1. und 2. Klasse umgebaut. Deshalb reihte man diese Triebzüge auch in die Baureihe VT 12.6 ein. Der Umbau begann im Jahre 1963 mit neun Triebzügen; inzwischen sind 20 Triebzüge umgestaltet worden.

Tabelle 7, Seite A 67

Fahrzeugteil

L a u f w e r k : Triebdrehgestellrahmen geschweißte Blechträgerkonstruktion. Keine Wiege und ohne Drehzapfen, Führung durch Lenker und seitliche Gleitstücke. Wälzachslager. Achsfederung Blattfedern. Kastenfederung Schraubenfedern. Laufdrehgestelle Bauart München-Kassel. Rahmen geschweißte Blechträgerkonstruktion. Achslenker. Rad-

Neben dem Triebzug für den Fernverkehr VT 08.5 schuf die DB Anfang der fünfziger Jahre auch eine Baureihe für den Nahverkehr. An Konstruktion und Lieferung der dreiteiligen Triebzüge (VT + VM + VS) waren zahlreiche Firmen beteiligt. Nach der ersten Lieferung (VT 12 501 bis VT 12 504) folgte 1957 die zweite Serie mit acht VT und neun VM. Die bei der Baureihe VT 08.5 frei gewordenen Steuerwagen wurden umgestaltet und als VS 12 505 bis VS 12 509 mitverwendet. Die Triebzüge sind für die Trajektierung geeignet.

sätze gewellte Radscheiben. Wälzachslager, Innenlager. Achsfederung Schraubenfedern. Kastenfederung Schraubenfedern. Stoßdämpfer. Wagenkasten: Verwindungssteife und selbsttragende Röhrenkonstruktion in Spanten- und Schalenbauweise. Schweißkonstruktion. Tief herabgezogene Schürze, in Triebwagen geschlossene Bodenwanne. Zwischen Wagenkästen Stabilisatoren. An Stirnenden keine Übergangsmöglichkeit. Innerhalb Triebzug durch Faltenbalg geschützte Übergänge. Zug- und Stoßvorrichtung: An Stirnenden und innerhalb Triebzug selbsttätige Mittelpufferkupplung, Bauart Scharfenberg. Elektrische und pneumatische Leitungen sowie Heizleitung der Warmwasserheizung werden mitgekuppelt. Druckluftanlage: Luftverdichter, Hauptluftbehälter, Hauptluftbehälterleitung. Bremse: Mehrlösige Scheiben-

bremse Bauart Kp, elektrisch steuerbar. Gleitschutzregler. Magnetschienenbremse. Spindelhandbremse.

Fahrgastraum VT 12.5

Gestaltung: Dem Nahverkehr angepaßt.
VT: Führerstand; Maschinenraum; Heizungsraum; Postabteil; Einstiegraum; Großraum 2. Klasse mit fünfeinhalb Abteilen; Einstiegraum.
VM: Einstiegraum; Großraum 2. Klasse mit fünfeinhalb Abteilen; Einstiegraum; Großraum 2. Klasse mit dreieinhalb Abteilen; Großraum 1. Klasse mit drei Abteilen; Einstiegraum.
VS 12 501 bis 12 504: Einstiegraum; Großraum 1. Klasse mit drei Abteilen; Großraum 2. Klasse mit zwei Abteilen; Einstiegraum; Großraum 2. Klasse mit zweieinhalb Abteilen; Einstiegraum; Großraum 2. Klasse mit drei Abteilen; Führerstand.
VS 12 505 bis 12 509: Einstiegraum; drei Abteile 1. Klasse; Großraum 2. Klasse mit sechs Abteilen; Einstiegraum; Dienstabteil; Führerstand.
Einstieg: An Wagenende einflüglige Schwenkschiebetür, in Wagenmitte zwei einflüglige Schwenkschiebetüren (entfällt bei VS 12 505 bis VS 12 509), lichte Türweite 750 mm. Zugang über Trittstufen. Vom Führerstand elektropneumatisch schließbar.
1. Klasse: Großräume mit drei Abteilen und Mittelgang. Sitzplatzanordnung 2 + 2. Abteiltiefe 2000 mm, Sitzplatzbreite 550 mm, Gangbreite 494 mm. Polstersitzbänke. Geschlossene Abteile mit Seitengang. Sitzplatzanordnung 0 + 3. Abteiltiefe 2076 mm, Sitzplatzbreite 660 mm, Gangbreite 694 mm. Polstersitze.

2. Klasse: Großräume mit zwei, zweieinhalb, drei, dreieinhalb und fünfeinhalb Abteilen und Mittelgang. Sitzplatzanordnung 2 + 2. Abteiltiefe 1600 mm, Sitzplatzbreite 525 mm, Gangbreite 594 mm. Polstersitzbänke.
Gepäckraum: 4465 mm lang. Beidseitig doppelflüglige Drehtür, nach außen öffnend.
Postabteil: 2000 mm lang. Einflüglige Drehtür zum Einstiegraum.
Heizung: Warmwasserheizung, Ölheizkessel und Wärmetauscher in Triebwagen. Selbsttätige Steuerung.
Beleuchtung: Glühlampen = 110 V.

Fahrgastraum VT 12.6

Gestaltung: Dem Nahverkehr angepaßt.
VT mit Großraum: Führerstand; Maschinenraum; Gepäckraum; Einstiegraum; Großraum 2. Klasse mit 44 Sitzplätzen; Einstiegraum.
VT mit Abteilen: Führerstand; Maschinenraum; Gepäckraum; Einstiegraum; sieben Abteile 1. Klasse; Einstiegraum.
VM: Einstiegraum; acht Abteile 2. Klasse; zwei Abteile 1. Klasse; Einstiegraum.
VS: Einstiegraum; drei Abteile 1. Klasse; sechs Abteile 2. Klasse; Einstiegraum; Dienstabteil; Führerstand.
Einstieg: An Wagenenden einflüglige Schwenkschiebetür, lichte Türweite 750 mm. Zugang über Trittstufen. Vom Führerstand elektropneumatisch schließbar.
1. Klasse: Geschlossene Abteile mit Seitengang. Sitzplatzanordnung 0 + 3. Abteiltiefe 2076 mm, Sitzplatzbreite 660 mm, Gangbreite 694 mm. Polstersitze.
2. Klasse: Geschlossene Abteile mit

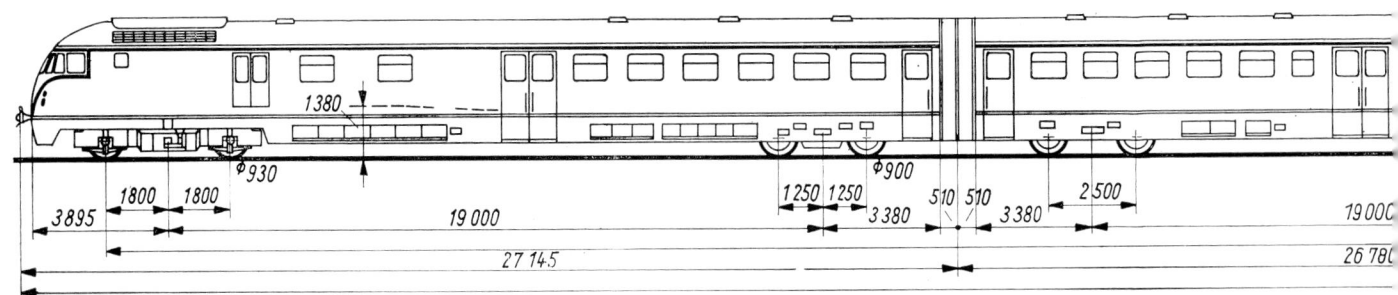

Seitengang. Sitzplatzanordnung 0 + 3 bzw. 0 + 4. Abteiltiefe 2060 mm, Sitzplatzbreite 633 mm bzw. 495 mm, Gangbreite 694 mm. Großraum mit 44 Sitzplätzen und Mittelgang.

Gepäckraum: 3648 mm lang, beidseitig einflüglige Schwenkschiebetür.

Postabteil: Nur von Einstiegraum betretbar.

Heizung: Warmwasserheizung, Ölfeuerung und Wärmetauscher Kühlwasser (in VT). Selbsttätige Steuerung.

Beleuchtung: Glühlampen = 110 V.

Sondereinrichtung: Lautsprecheranlage.

Maschinenanlage

Anordnung: Maschinenanlage in Triebdrehgestell angeordnet, ragt in Maschinenraum. Heizkesselraum in Triebwagen.

Motor: Wahlweise mehrere Bauarten, jedoch alle Zwölfzylinderviertaktmotoren mit 736 kW bei 1500 min⁻¹, aufgeladen und mit Wasserkühlung:

Maybach MD 650 (Hubvolumen 64,5 l),

Daimler-Benz MB 820 Bb (Hubvolumen 59,2 l),

MAN L 12 V 18/21 (Hubvolumen 64,5 l).

Kraftübertragung: Ge

lenkwelle mit Schwingmetallkupplung; wahlweise Strömungsgetriebe (Voith T 36 oder LT 306 r, drei Wandler) oder hydromechanisches Getriebe (Maybach K 104 oder K 104 SU, ein Wandler, vier mechanische Gänge); Gelenkwellen; Achstriebe.

Steuerung: Vielfachsteuerung, Steuerspannung = 110 V. Getriebe selbsttätig in Abhängigkeit von Fahrgeschwindigkeit und Motordrehzahl geschaltet.

Hilfseinrichtungen: Kühlanlage unter Dach, elektromotorischer Antrieb. Batterie = 110 V, 300 Ah je VT. Sicherheitsfahrschaltung. Induktive Zugbeeinflussung.

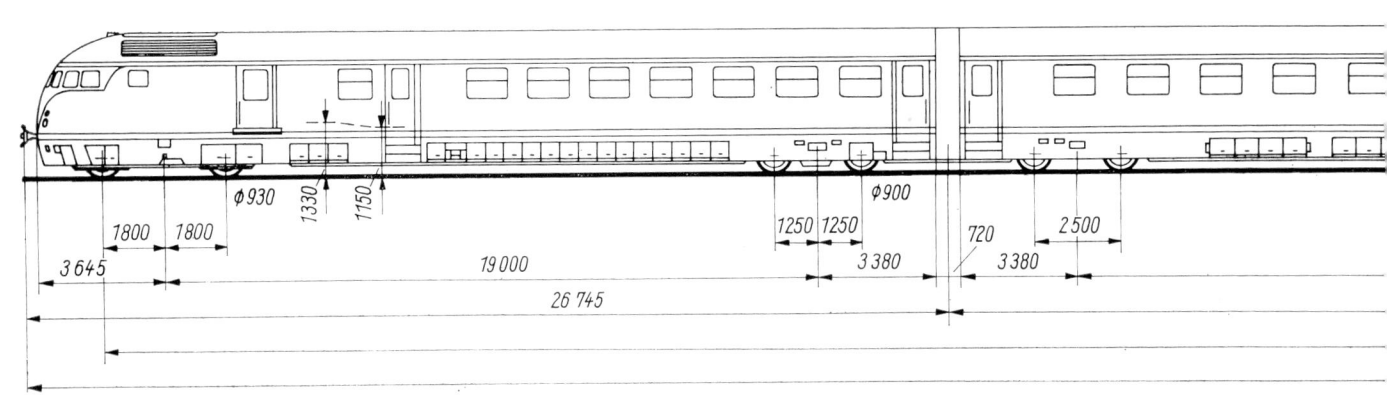

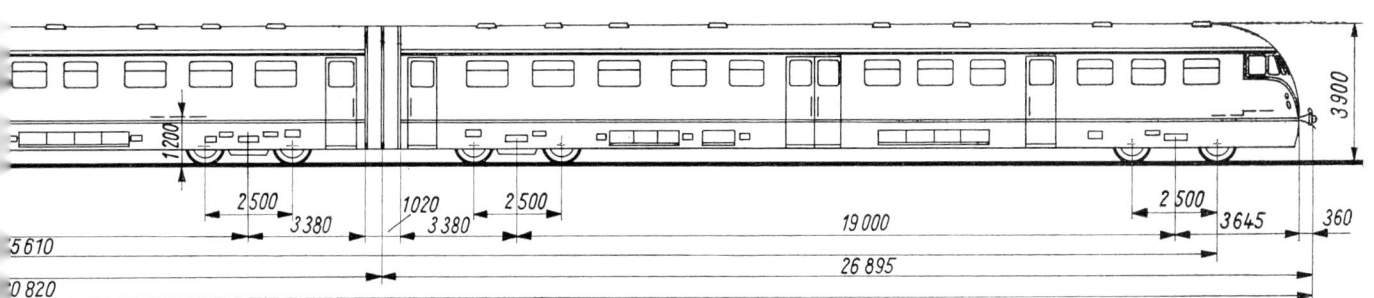

3900

1200

2 500
3 380
1020
3 380
2 500
2 500
3645
360

19 000

5 610

26 895

0 820

Flamon-Zugsicherungseinrichtung
der SNCF. Fernsprecheinrichtung
zwischen Führerständen. Feuerlösch-
anlagen.

612/912

613/913

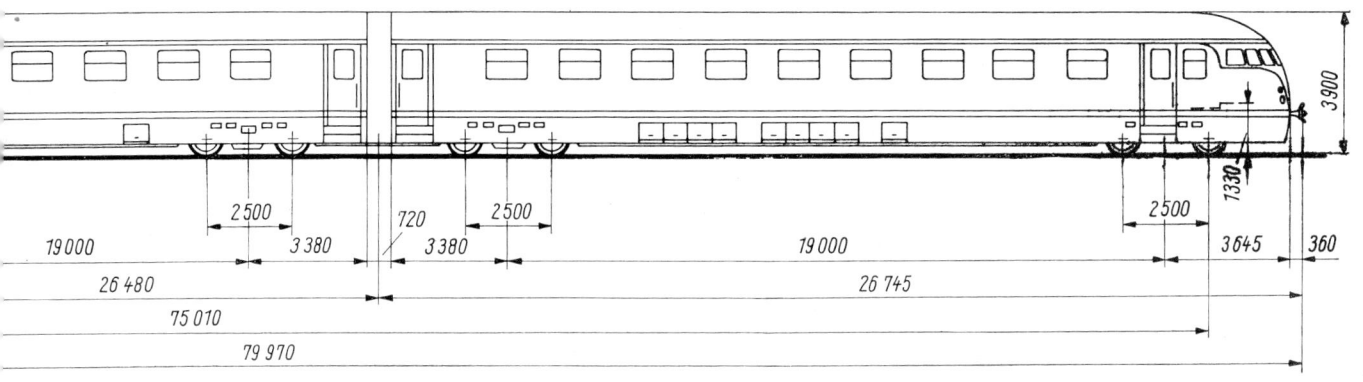

3900

7330

2 500
3 380
720
3 380
2 500
2 500
3645
360

19 000

19 000

19 000

26 480

26 745

75 010

79 970

614/914

Tabelle 7, Seite A 68

Als Weiterentwicklung der Baureihe VT 24.6 entstand 1971 ein neuer Triebzug, der sich nur in unwesentlichen Punkten von seinem Vorgänger unterscheidet. Insbesondere durch eine neue Kopfform und durch eine attraktivere Farbgebung sollte der Triebzug noch verkehrswerbender wirken. Neu ist auch die erstmalig in einer ganzen Baureihe eingebaute gleisbogenabhängige Wagenkastensteuerung, die ein schnelleres Befahren von Gleisbögen ge-stattet, ohne Fahrsicherheit und Fahrkomfort irgendwie zu beeinträchtigen.

Der Triebzug besteht aus zwei Trieb- und einem Mittelwagen.
Die ersten zwei Probetriebzüge wurden 1972 geliefert und auf der Moselstrecke eingesetzt. Sie waren im Bw Trier beheimatet. Die Serienfertigung der Baureihe ist inzwischen angelaufen. Die Triebzüge sind überwiegend im Raum Nürnberg eingesetzt.

Fahrzeugteil

L a u f w e r k : Triebdrehgestellrahmen H-förmiger Kastenhohlträger in verwindungssteifer Leichtbau-Schweißkonstruktion. Wiegenlos. Achslenker. Wälzachslager. Achsfederung Gummischeiben. Kastenfederung Luftfedern, gleisbogenabhängig gesteuert.
Laufdrehgestell Schweißkonstruktion. Wiegenlos. Achslenker. Wälzachslager. Achsfederung Gummischeiben. Kastenfederung Luftfedern, gleisbogenabhängig gesteuert.
W a g e n k a s t e n : Geschweißte Stahl-Leichtbaukonstruktion in Schalenbauweise. Beblechung Stahlblech. Stirnenden abgeschrägt. An Stirnende keine Übergangsmöglichkeit. Innerhalb Triebzug durch Gummiwülste geschützte Übergänge.
Z u g - u n d S t o ß v o r r i c h t u n g : Schraubenkupplung, Hülsenpuffer. Innerhalb Triebzug selbsttätige Mittelpufferkupplung Bauart Scharfenberg. Elektrische und pneumatische Leitungen werden mitgekuppelt.
D r u c k l u f t a n l a g e : Luftver-

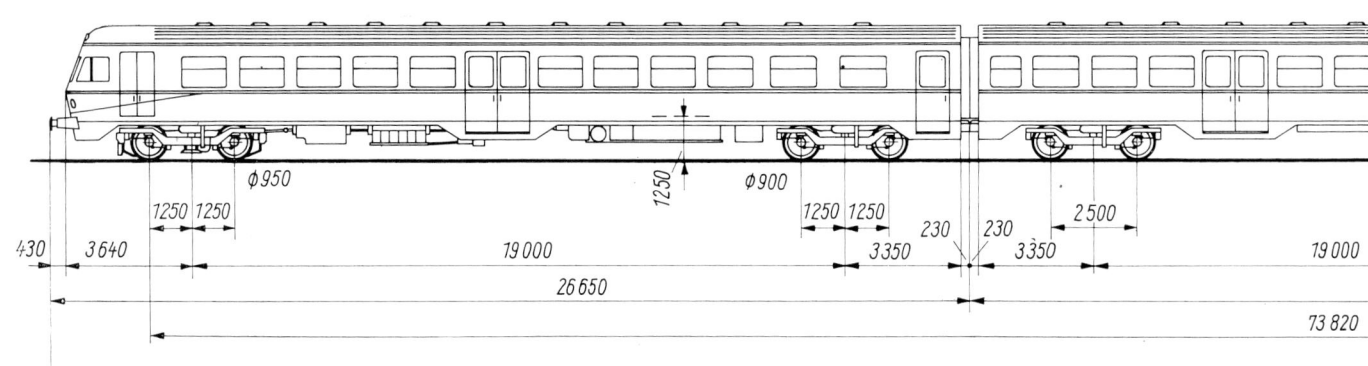

dichter, Hauptluftbehälter, Hauptluftbehälterleitung. Magnetschienenbremse (vorbereitet). Sandstreueinrichtung.
B r e m s e : Mehrlösige Scheibenbremse Bauart KE, elektronische
Gleitschutzeinrichtung, automatische
Lastabbremsung. Spindelhandbremse.

Fahrgastraum

G e s t a l t u n g : Dem Bezirks- und
Nahverkehr angepaßt.
Triebwagen: Führerstand; Gepäckraum; Großraum 2. Klasse mit fünf
Abteilen; Einstiegraum; Großraum
2. Klasse mit vier Abteilen; zwei Abteile 1. Klasse; Einstiegraum.
Mittelwagen: Großraum 2. Klasse
mit drei Abteilen; Einstiegraum;
Großraum 2. Klasse mit fünf Abteilen; Einstiegraum; Großraum
2. Klasse mit drei Abteilen.
Triebwagen: Einstiegraum; zwei Abteile 1. Klasse; Großraum 2. Klasse
mit vier Abteilen; Einstiegraum;
Großraum 2. Klasse mit fünf Abteilen; Gepäckraum; Führerstand.
Einstieg: In Wagenmitte im Triebwagen eine und im Mittelwagen

zwei zweiflüglige Schwenkschiebetüren, im Triebwagen außerdem am
Kurzkuppelende eine einflüglige
Schwenkschiebetür. Elektropneumatisch und von Hand bedienbar. Zugang über Trittstufen.

1. Klasse: Geschlossene Abteile mit
Seitengang. Sitzplatzanordnung
0 + 3.
2. Klasse: Großräume mit drei, vier
bzw. fünf Abteilen und Mittelgang.
Sitzplatzanordnung 2 + 2.

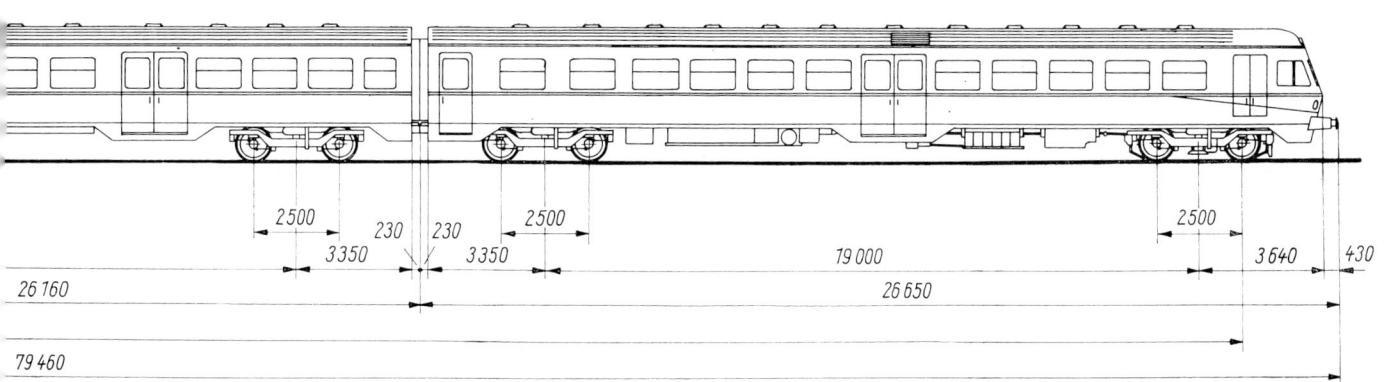

Gepäckraum: Beidseitig doppelflüglige Drehtür.
Heizung: Warmwasserheizung, automatisch geregelt, Ölheizkessel.
Beleuchtung: Glühlampen = 110 V.
Sondereinrichtung: Lautsprecheranlage.

Maschinenanlage

Anordnung: Maschinenanlage unterflur. Dieselmotor über Pendel und Gummischeiben schwingungsdämpfend am Untergestell aufgehängt.
Motor: Unterflurdieselmotor Type MAN D 3650 HM 12 U, 12 Zylinder, liegend, vier Takte. Wasserkühlung. Elektrischer Anlasser.
Kraftübertragung: Gelenkwelle mit drehelastischer Kupplung; Strömungsgetriebe (Voith

T 420 r, zwei Wandler, Wendegetriebe eingebaut); Gelenkwelle; Achstrieb innere Achse; Gelenkwelle; Achstrieb äußere Achse.
Steuerung: Vielfachsteuerung = 24 V, maximal drei vierteilige Triebzüge von einem Führerstand aus steuerbar.
Hilfseinrichtungen: Hilfsstromnetz 24 V und 110 V, jeweils von Drehstromgenerator erzeugt, von Dieselmotor angetrieben. 24-V-Anlage für Steuerung, Überwachungseinrichtungen und Türsteuerung. 110-V-Anlage für Beleuchtung, Heizung, Gleitschutzeinrichtung und Luftfedersteuerung. Sicherheitsfahrschaltung. Induktive Zugbeeinflussung. Zugbahnfunk.

Schienenprüfzug der Baureihe 719/720 (mechanischer Teil wie Baureihe 614/914)

624/924
634/934

DB VT 23.5
DB VT 24.5
DB VT 24.6

Tabelle 7, Seiten A 68, A 69, A 71

nen aber auch auf Nebenstrecken eingesetzt werden. Sie lösten entsprechende Vorkriegsbauarten ab. Die Probetriebzüge wurden in zwei Baureihen (VT 23.5 und VT 24.5) ab 1961 in Betrieb genommen; sie bewährten sich bis auf kleinere Anfangsmängel gut. Beide Baureihen waren zunächst zwar als zweiteilige Triebzüge konzipiert, konnten jedoch wegen leistungsfähiger Dieselmotoren bereits dreiteilig ausgeliefert werden. Die Gestaltung der Fahrgasträume ist auf den zweiteiligen Triebzug abgestimmt; der Mittelwagen sollte nur zeitweilig eingefügt werden. Obwohl die starke

Die Triebzüge der Baureihe 624 sind insbesondere für den schnellen Vorortverkehr mittlerer Leistungsgröße auf Hauptstrecken bestimmt, kön-

VT 24.6 (später 624 601 bis 624 680)

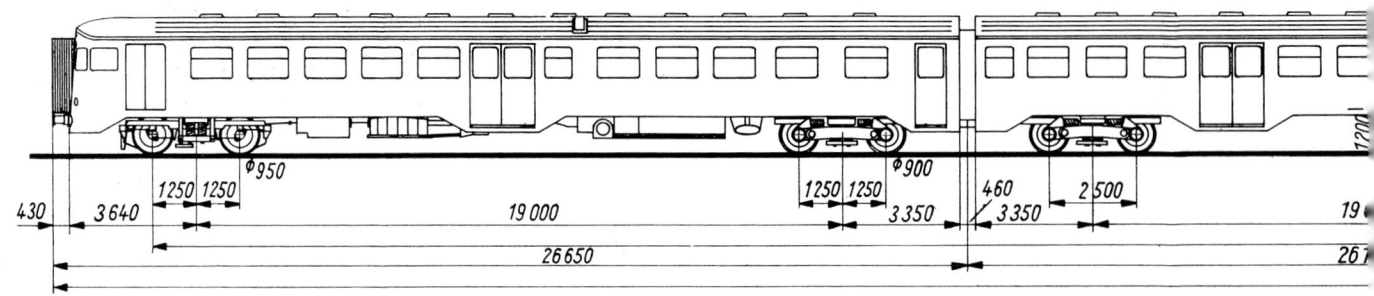

VT 24.6 (später 624 601 bis 624 680)

13 Mittelwagen umgerüstet wurden. Diese Triebzüge bilden die Baureihe 634/934.

Antriebsanlage das Fahren als ständige Drei-Wagen-Einheit erlaubte, wurde an der Grundrißgestaltung jedoch nichts mehr geändert, so daß sich die 1.-Klasse-Abteile in den Triebwagen befinden.
Die Serie wurde ab 1964 ausgeliefert. Die Grundeinheit ist dreiteilig und besteht aus zwei Trieb- und einem Mittelwagen; jedoch ist auch eine Zugbildung mit zwei oder vier Wagen möglich.
Die Kraftübertragung erfolgt bei einem Teil der Triebwagen hydraulisch und bei einem Teil hydromechanisch.
Der erste Triebzug der Baureihe 624 fuhr im Mai 1965 im Berufs- und Nahverkehr von Trier. Die Versuchsfahrten ergaben, daß die im Mittelwagen eingebaute gleisbogenabhängige Steuerung der Luftfederung eine spürbare Fahrzeitverkürzung bewirken kann. Daraufhin erhielt der Triebzug 624 651/924 422 624 652 als Versuchszug vollständig luftgefederte Drehgestelle, die gleisbogenabhängig gesteuert werden. Der Versuch verlief positiv, so daß schließlich 21 Trieb- und

Fahrzeugteil

L a u f w e r k : Triebdrehgestellrahmen H-förmiger Kastenhohlträger in verwindungssteifer Leichtbau-Schweißkonstruktion. Achslenker. Wälzachslager. Achsfederung Gummischeiben. Wiegenfederung Schraubenfedern und Gummihohlfedern, Stoßdämpfer. Bei Baureihe 634 Kastenfederung Luftfedern mit gleisbogenabhängiger Steuerung.
Laufdrehgestelle in Triebwagen 624 Bauart München-Kassel. Rahmen H-förmige Schweißkonstruktion in Leichtbauweise. Doppeltgewellte Radscheiben. Wälzachslager. Achsfederung Schraubenfedern. Wiegenfederung Schraubenfedern und Gummizusatzfedern, Stoßdämpfer.
Laufdrehgestelle in Triebwagen 634 und in Mittelwagen Sonderkonstruktion. Achslenker. Doppeltgewellte Radscheiben. Wälzachslager. Achsfederung Gummischeiben. Kastenfederung Luftfedern, gleisbogenabhängige Steuerung. Stoßdämpfer.
W a g e n k a s t e n : Schweißkonstruktion in Schalenbauweise. Sei-

tenwände aus Leichtwalzprofilen und Stahlblech. Untergestell aus U-Profilträgern. Besondere Untergestellkonstruktion im Bereich der Einstiege. Fußbodenwellblech zum Tragen mit herangezogen. Stirnwand abgeschrägt. An Stirnenden verdeckte Übergangsbühnen (Drehtür mit Umkehrrahmen), in Grundstellung innerhalb Fahrzeugaußenhaut angeordnet. Innerhalb Triebzug durch Faltenbälge geschützte Übergänge.
Z u g - u n d S t o ß v o r r i c h t u n g : Schraubenkupplung und Hülsenpuffer. Innerhalb Triebzug selbsttätige Mittelpufferkupplung Bauart Scharfenberg.
D r u c k l u f t a n l a g e : Luftverdichter, Hauptluftbehälter, Hauptluftbehälterleitung. Sandstreueinrichtung. Spurkranzschmierung.
B r e m s e : Mehrlösige Scheibenbremse Bauart KE, automatische Lastabbremsung. Gleitschutzregler. Spindelhandbremse.

Fahrgastraum

G e s t a l t u n g : Dem Vorortverkehr angepaßt.
Triebwagen: Führerstand; Gepäckraum; Großraum 2. Klasse mit vier Abteilen; Einstiegraum; Großraum

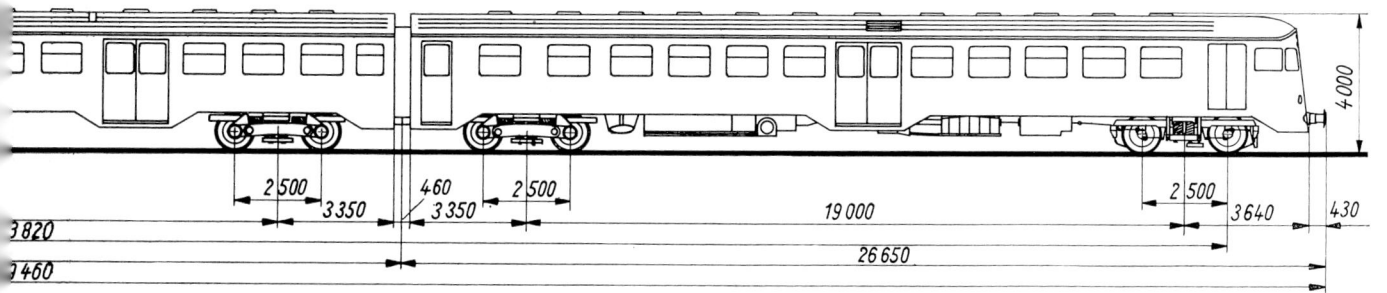

2. Klasse mit dreieinhalb Abteilen; zwei Abteile 1. Klasse; Einstiegraum.

Mittelwagen: Großraum 2. Klasse mit drei Abteilen; Einstiegraum; Großraum 2. Klasse mit fünf Abteilen; Einstiegraum; Großraum 2. Klasse mit drei Abteilen. Nachlieferungen auch als 1./2.-Klasse-Wagen.

Triebwagen: Einstiegraum; zwei Abteile 1. Klasse; Großraum 2. Klasse mit dreieinhalb Abteilen; Einstiegraum; Großraum 2. Klasse mit vier Abteilen; Gepäckraum; Führerstand.

Einstieg: Ein- und zweiflüglige Schwenkschiebetüren, elektropneumatisch fernbetätigt schließbar, Öffnen mit Drucklufthilfe. Zugang über Trittstufen.

1. Klasse: Geschlossene Abteile mit Seitengang. Sitzplatzanordnung 0 + 3. Abteiltiefe 2000 mm, Sitzplatzbreite 633 mm, Gangbreite 786 mm. Polstersitze.

2. Klasse: Großräume mit drei, dreieinhalb, vier und fünf Abteilen und Mittelgang. Sitzplatzanordnung 2 + 2. Abteiltiefe 1670 mm, Sitzplatzbreite 550 mm, Gangbreite 506 mm. Polstersitzbänke.

Gepäckraum: 6 m² Grundfläche. Beidseitig doppelflüglige Drehtür, nach innen öffnend, fensterlos, lichte Türweite 1000 mm.

Heizung: Warmwasserheizung. Ölfeuerung, in VT mit Kühlwasserkreislauf verbunden. Thermostate.
Beleuchtung: Leuchtstofflampen, 100 Hz 220 V, von Turbowechselrichter gespeist. Notbeleuchtung Glühlampen = 110 V, aus Batterie gespeist.

Maschinenanlage

Anordnung: Maschinenanlage einschließlich Nebeneinrichtungen unterflur. Dieselmotor über Pendel und Gummischeiben schwingungsdämpfend am Untergestell aufgehängt.
Motor: Unterflurdieselmotor, Type MAN D 3650 HM 1 U, 12 Zylinder, Boxer, vier Takte. Wasserkühlung. Elektrischer Anlasser.
Kraftübertragung: Gelenkwelle mit drehelastischer Kupplung; Getriebe EMG S 350, Strömungswandler mit nachgeschalteter mechanischer Gangstufe (drei Wandlergänge und ein mechanischer Direktgang), Gänge selbsttätig geschaltet über Lamellenkupplungen mit Öldruck. Wendegetriebe eingebaut; Gelenkwelle; Achstrieb innere Achse; Gelenkwelle; Achstrieb äußere Achse.
Oder: Gelenkwelle mit drehelasti-

scher Kupplung; Getriebe Voith T 420 r (zwei Wandler). Wendegetriebe eingebaut; Gelenkwelle; Achstrieb innere Achse; Gelenkwelle; Achstrieb äußere Achse.
Steuerung: Vielfachsteuerung = 24 V, 3 Triebzüge von einem Führerstand fernbedienbar, alle Maschinenanlagen selbsttätig überwacht. Dieselmotor mit elektrischem Füllungsversteller in acht Stufen.
Hilfsbetriebe: Drehstromgenerator mit Gleichrichtern für Hilfsbetriebsnetz = 110 V. Generator für = 24 V. Batterie. Unterflurkühler für Motorkühlwasser, hydrostatisch angetrieben. Weg- und zeitabhängige Sicherheitsfahrschaltung. Induktive Zugbeeinflussung.

627

Tabelle 7, Seite A 69

Zur Ablösung der Schienenbusse der Baureihen 795 und 798 auf den Nebenbahnen ließ die Deutsche Bundesbahn zwei Baureihen entwickeln: den Einzelwagen Baureihe 627 und den zweiteiligen Triebzug Baureihe 628. Der Ersatz der Schienenbusse war notwendig geworden, weil einerseits der vieljährige Einsatz stark am Erhaltungszustand der Triebwagen gezehrt hatte und andererseits die Lauf- ruhe den steigenden Ansprüchen nicht mehr genügte. Hier sollten insbesondere luftgefederte Drehgestelle Abhilfe schaffen.

Die geforderte Leistung konnte durch Seriendieselmotoren von Straßenfahrzeugen erfüllt werden, so daß eine Neuentwicklung nicht erforderlich war. Es werden zwei Typen erprobt.

Der Triebwagen hat eine Höchstgeschwindigkeit von 120 km/h, so daß auch ein Einsatz auf Hauptstrecken möglich ist. Auf einer Steigung von 5 ⁰/₀₀ kann noch eine Geschwindigkeit von 100 km/h gehalten werden. Der Triebwagen ist für Einmannbedienung eingerichtet, d. h. der Triebfahrzeugführer kontrolliert und verkauft auch die Fahrausweise. Deshalb wurden die Einstiege an die Wagenenden gelegt. Durch aufleuchtende Hinweisschilder wird zum Einsteigen durch die vordere Tür und zum Aussteigen

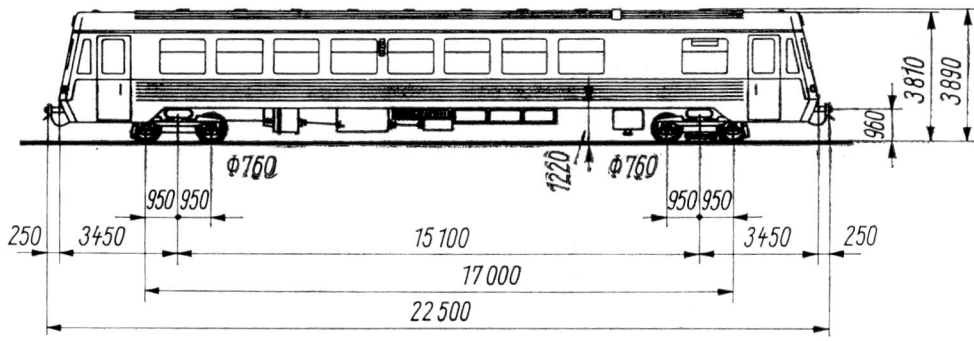

durch die hintere Tür aufgefordert. Der Triebwagen bietet neben 64 Sitz- auch 87 Stehplätze, so daß Verkehrsspitzen abgefangen werden können. Außerdem lassen sich bis zu sechs Triebwagen in Mehrfachtraktion kuppeln.

Vorerst sind acht Triebwagen bestellt, von denen die ersten im Jahre 1974 ausgeliefert und erprobt wurden. Die Erprobung erfolgt zusammen mit der Baureihe 628 in den Bw Kempten (Allgäu) und Bw Braunschweig.

Fahrzeugteil

Laufwerk: Drehgestelle Schweißkonstruktion in Leichtbauweise, verwindungsweicher Rahmen. Drehzapfenlos. Achslenker. Wälzachslager. Achsfederung Gummiblockfedern. Kastenfederung Luftfedern, lastabhängig gesteuert.
Wagenkasten: Stahlleichtbau, vollständig geschweißt. Seitenwandbleche unterhalb Fenster gesickt. Dach gesickt. An Einstiegen besondere Konstruktion für weit ins

Wageninnere reichende Trittstufen. Stirnenden abgeschrägt. Keine Übergangsmöglichkeit.
Zug- und Stoßvorrichtung: Selbsttätige Mittelpufferkupplung Bauart Scharfenberg. Elektrische und pneumatische Leitungen werden mitgekuppelt.
Druckluftanlage: Luftverdichter, Hauptluftbehälter, Hauptluftbehälterleitung. Sandstreueinrichtung.
Bremse: Mehrlösige Scheibenbremse Bauart KE, selbstregelndes Führerbremsventil. Automatische Lastabbremsung. Elektronischer Gleitschutz. Magnetschienenbremse. Spindelhandbremse.

Fahrgastraum

Gestaltung: Dem Nebenbahnverkehr angepaßt.
Führerstand und Einstiegraum mit Traglastenraum; Gepäckraum; Großraum 2. Klasse mit acht Abteilen; Einstiegraum und Führerstand. *Einstieg:* An Wagenende einflüglige Schwenkschiebetür, lichte Tür-

weite 768 mm. Zugang über innenliegende Trittstufen. Nach Entriegelung von Hand mit Druckluft zu öffnen, elektropneumatisch schließbar.
2. Klasse: Großraum mit acht Abteilen und Mittelgang. Sitzplatzanordnung 2 + 2. Abteiltiefe 1670 mm, Sitzplatzbreite 543 mm, Gangbreite 560 mm. Polstersitze.
Traglastenraum: Mit Einstiegraum und Führerstand 1 vereinigt.
Gepäckraum: 2897 mm lang, rd. 1/3 der Wagenbreite breit. Einflüglige Schiebetür zum Traglastenraum.
Heizung: Warmwasserheizung, Ölheizgerät. Führerstand Warmluftheizung, Wärmetauscher. Bei Triebwagen mit Motor mit Wasserkühlung Heizkreislauf mit Motorkühlwasserkreis verbunden.
Beleuchtung: Leuchtstofflampen, Mittelband.
Sondereinrichtung: Lautsprecheranlage.

Maschinenanlage

Anordnung: Antriebsanlage

unterflur, elastisch am Untergestell aufgehängt.

M o t o r : Zwölfzylinderviertaktmotor, V-förmig 90°, Nenndrehzahl 2400 min^{-1}, wahlweise:
KHD BF 12 L 413 (Nennleistung 287 kW, Hubvolumen 19,14 l, Aufladung, Luftkühlung),
Daimler OM 404 (Nennleistung 294 kW, Hubvolumen 20,9 l, Wasserkühlung).

K r a f t ü b e r t r a g u n g : Gelenkwelle; Strömungsgetriebe (Voith 320 r, zwei Wandler, bzw. Voith 320 br, mit hydrodynamischer Bremse); Gelenkwelle; Achstrieb innere Achse; Gelenkwelle; Achstrieb äußere Achse.

S t e u e r u n g : Vielfachsteuerung = 110 V, sechs Triebwagen von einem Führerstand steuerbar. Zusammenarbeit mit Baureihe 628 möglich.

H i l f s e i n r i c h t u n g e n : Unterflurkühlanlage mit hydrostatischem Antrieb (bei Motoren mit Wasserkühlung für Motorkühlwasser und Schmier- und Getriebeöl, bei Motoren mit Luftkühlung nur für Getriebeöl). Batterie = 110 V, 2 × 204 Ah, gepuffert mit Lichtanlaßmaschine. Sicherheitsfahrschaltung. Induktive Zugbeeinflussung. Zugbahnfunk (vorbereitet).

628

Tabelle 7, Seite A 69

Trotz der Schrumpfung des Nebenbahnnetzes wird die Deutsche Bundesbahn auch künftig noch einen umfangreichen Personenverkehr auf den Nebenbahnstrecken zu erwarten haben. Die Schienenbusse der Baureihen 795 und 798 aus den Jahren 1952 bis 1955 hatten wesentlich dazu beigetragen, die Zugförderung auf Nebenbahnen wirtschaftlich zu gestalten.

Als Ersatz für diese Baureihen wurde von der Waggonfabrik Uerdingen in Zusammenarbeit mit der DB ein zweiteiliger Triebzug entwickelt. Zur Verbesserung der Laufgüte erhielten die Fahrzeuge zweiachsige Drehgestelle.

Der Triebzug hat eine Höchstgeschwindigkeit von 120 km/h, so daß auch ein Einsatz auf Hauptstrecken möglich ist. Auf einer Steigung von 5 ‰ kann noch eine Geschwindigkeit von 100 km/h gehalten werden. Die geforderte installierte Leistung konnte durch seriengefertigte Dieselmotoren für Straßenfahrzeuge realisiert werden. Es werden drei Typen erprobt.

Vorerst sind zwölf Triebzüge bestellt, von denen die ersten im Jahre 1974 ausgeliefert waren. Die Erprobung erfolgt mit der Baureihe 627 in den Bw Kempten (Allgäu) und Braunschweig.

1974 ausgeliefert waren. Die Erprobung erfolgt mit der Baureihe 627 in den Bw Kempten (Allgäu) und Braunschweig.

Fahrzeugteil

L a u f w e r k : Drehgestelle Schweißkonstruktion in Leichtbau-

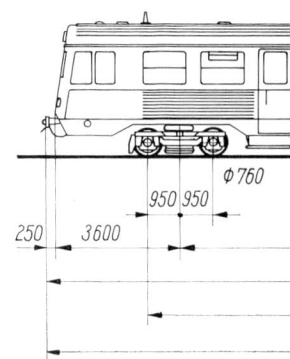

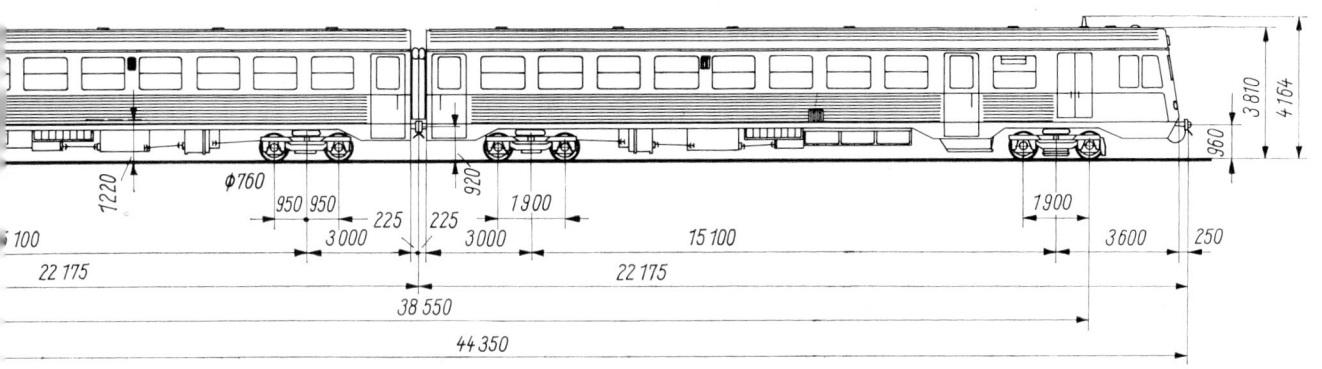

weise, verwindungsweicher H-förmiger Rahmen. Drehzapfenlos. Achslenker. Wälzachslager. Achsfederung Gummiblockfedern. Kastenfederung Luftfedern, lastabhängig gesteuert. Querfederung Gummipuffer mit hydraulischen Dämpfern. W a g e n k a s t e n : Stahlleicht-

bauweise unter Verwendung leichter Walzprofile und gekanteter Bleche. Seitenwandblech unterhalb Fenster gesickt. Dach gesickt. An Einstiegen besondere Konstruktion für weit in Wageninneres reichende Trittstufen. Stirnenden abgeschrägt. An Stirnenden keine Übergangs-

möglichkeit. Innerhalb Triebzug durch Gummiwülste geschützter Übergang.
Z u g - u n d S t o ß v o r r i c h t u n g : Am Triebzugende und innerhalb Triebzug selbsttätige Mittelpufferkupplung Bauart Scharfenberg. Elektrische und pneumatische

Leitungen werden mitgekuppelt. Kupplung kann elektropneumatisch entkuppelt werden.

D r u c k l u f t a n l a g e : Luftverdichter, Hauptluftbehälter, Hauptluftbehälterleitung. Elektropneumatische Sandstreueinrichtung.

B r e m s e : Mehrlösige Scheibenbremse Bauart KE, selbstregelndes Führerbremsventil. Automatische Lastabbremsung. Elektronischer Gleitschutz. Magnetschienenbremse. Spindelhandbremse.

Fahrgastraum

G e s t a l t u n g : Dem Nebenbahnverkehr angepaßt.

Triebwagen 1: Führerstand; Gepäckraum; Einstiegraum; Großraum 2. Klasse mit siebeneinhalb Abteilen; Einstiegraum.

Triebwagen 2: Einstiegraum; Großraum 2. Klasse mit siebeneinhalb Abteilen; Einstiegraum; Großraum 2. Klasse mit zwei Abteilen; Führerstand.

Einstiege: An Wagenenden, einflüglige Schwenkschiebetür, lichte Türweite 768 mm. Zugang über innenliegende Trittstufen. Tür nach Entriegelung von Hand mit Druckluft zu öffnen, elektropneumatisch schließbar (vom Führerstand oder jedem Einstieg).

2. Klasse: Großräume mit zwei bzw. siebeneinhalb Abteilen und Mittelgang. Sitzplatzanordnung 2 + 2. Abteiltiefe 1670 mm, Sitzplatzbreite 543 mm, Gangbreite 650 mm. Polstersitze.

Gepäckraum: 3340 mm lang. Beidseitig doppelflüglige Drehtür, nach innen öffnend, lichte Türweite 1004 mm.

H e i z u n g : Warmwasserheizung, Ölheizgerät. Bei Triebwagen mit Motor mit Wasserkühlung Heizkreislauf mit Motorkühlwasserkreis über Wärmetauscher verbunden.

Belüftung durch elektromotorisch angetriebene Dachlüfter.

B e l e u c h t u n g : Leuchtstofflampen, Mittelband. Transistorvorschaltgerät erzeugt 220 V 20 kHz für Lampe, gespeist mit = 110 V. Notbeleuchtung Glühlampen = 110 V.

S o n d e r e i n r i c h t u n g : Lautsprecheranlage.

Maschinenanlage

A n o r d n u n g : Jeder Triebwagen in sich geschlossene Maschinenanlage. Antriebsanlage unterflur, elastisch am Untergestell aufgehängt.

M o t o r : Dieselmotor, 4 Takte, Nenndrehzahl 2100 min^{-1}, wahlweise:

Daimler OM 404 (zwölf Zylinder, V-förmig 90°, Nennleistung 202 kW, Hubvolumen 20,9 l, Wasserkühlung), KHD F 12 L 413 (zwölf Zylinder, V-förmig 90°, Nennleistung 206 kW, Hubvolumen 19,14 l, Luftkühlung) oder MAN D 3256 BTXUE (6 Zylinder, in Reihe liegend, Nennleistung 210 kW, Hubvolumen 12,316 l, Aufladung, Wasserkühlung).

K r a f t ü b e r t r a g u n g : Gelenkwelle; Strömungsgetriebe (Voith T 320 r, zwei Wandler bzw. Voith T 320 br. mit hydrodynamischer Bremse); Gelenkwelle; Achstrieb innere Achse; Gelenkwelle; Achstrieb äußere Achse.

S t e u e r u n g : Dieselmotor über elektrischen Drehzahlversteller in sieben Stufen regelbar. Vielfachsteuerung = 110 V, drei Triebzüge von einem Führerstand steuerbar. Zusammenarbeit mit Baureihe 627 möglich.

H i l f s e i n r i c h t u n g e n : Unterflurkühlanlage mit hydrostatischem Antrieb (bei Motoren mit Wasserkühlung für Motorkühlwasser und Schmier- und Getriebeöl, bei Motoren mit Luftkühlung nur für Getriebeöl). Batterie = 110 V, 204 Ah, gepuffert mit Lichtanlaßmaschine.

Fremdeinspeisung 220 V 50 Hz über Gleichrichtergerät 110 V 10 A. Sicherheitsfahrschaltung. Induktive Zugbeeinflussung. Zugbahnfunk (vorbereitet).

701

702

DB VT 55.9

(702 042, 702 049, 702 050, 702 056, 702 115, 702 123 bis 702 125, 702 129, 702 131 bis 702 138, 702 148 bis 702 150, 702 163 und 702 164).
Die Triebwagen sind im gesamten elektrifizierten Streckennetz der DB eingesetzt.

Tabelle 7, Seite A 71

Fahrzeugteil

Laufwerk: Schweißkonstruktion aus U-Profilen und Blechen, besonders diagonalsteif. Wälzachslager. Achsfederung Blattfedern. Kastenfederung schrägliegende Schraubenfedern, Stoßdämpfer.
Wagenkasten: Selbsttragende verwindungssteife Leichtbaukonstruktion aus abgekanteten Stahlblechprofilen. Kombinierte Schweiß- und Nietkonstruktion. Keine Übergangsmöglichkeit.
Zug- und Stoßvorrichtung: Schraubenkupplung leichter Bauart, Hülsenpuffer.

Zur Instandhaltung und zur Störungsbeseitigung an Fahrleitungsanlagen werden Spezialfahrzeuge benötigt. Die Deutsche Bundesbahn beschaffte ab 1954 derartige Fahrzeuge, die von den Schienenbussen abgeleitet wurden,˙ um eine wirtschaftliche Fertigung und Instandhaltung gewährleisten zu können. Als Vorbild dienten die Triebwagen VT 98 901 bis VT 98 903, d. h. die Prototriebwagen der Baureihe VT 98.9, die durch Einbau einer zweiten Maschinenanlage aus der Baureihe VT 95.9 hervorgegangen sind. Deshalb enthalten diese Triebwagen konstruktive Einzelheiten sowohl vom VT 95.9 als auch vom VT 98.9.
Die Triebwagen sind bei der Waggonfabrik Donauwörth in Zusammenarbeit mit dem Bundesbahn-Zentralamt München entwickelt. Am Bau der Serienfahrzeuge war auch die Firma Rathgeber beteiligt.
Die zuerst beschafften Triebwagen haben zwei Maschinenanlagen. Diese Triebwagen bilden seit 1967 die Baureihe 701 (701 001 bis 701 041, 701 043 bis 701 048, 701 051 bis 701 055, 701 057 bis 701 114, 701 116 bis 701 122, 701 126 bis 701 128, 701 130, 701 139 bis 701 147 und 701 151 bis 701 162). Später kamen auch Triebwagen hinzu mit nur einem Motor. Diese Triebwagen bilden seit 1967 die Baureihe 702

Druckluftanlage: Luftverdichter, Hauptluftbehälter. Sandstreueinrichtung.

Bremse: Westinghouse-Autobremse. Übergangseinrichtung zur Druckluftbremse der Regelfahrzeuge. Magnetschienenbremse (teilweise). Spindelhandbremse. Zusatzbremse, von Arbeitsbühne bedienbar. Motorbremse für Triebwagen, die auf Steilstrecken eingesetzt werden.

Innenraumgestaltung: Dem Dienstverkehr angepaßt. Führerstand; Werkstattraum; Führerstand.

Einstieg: Vierflüglige Falttür, Zugang über Trittstufen.

Werkstattraum: Rd. 20 m² Grundfläche. Enthält auch Beobachtungsdom; über gesicherten Dachausstieg hier Zugang zur Arbeitsbühne.

Arbeitsbühne: Fast 6 m² Grundfläche, hydraulisch bzw. pneumatisch heb- und schwenkbar. Umklappbare Brüstung, umgeben von Gitterrosten, ausziehbare Leiter. Dachstromabnehmer zum Erden sowie Messen der Höhen- und Seitenlage der Fahrleitung.

Heizung: Warmluftheizung, Motorkühlwasser und Ölheizgerät.

Beleuchtung: Glühlampen = 12 V.

Sondereinrichtung: Lautsprecheranlage.

Maschinenanlage

Anordnung 701: Zwei getrennte Maschinenanlagen, unterflur im Fahrgestell befestigt. Kühlanlage und Kraftstoffbehälter ebenfalls in Fahrgestell. Bauteile nach unten ausbaubar.

Anordnung 702: Eine Maschinenanlage, unterflur im Fahrgestell befestigt. Kühlanlage und Kraft-

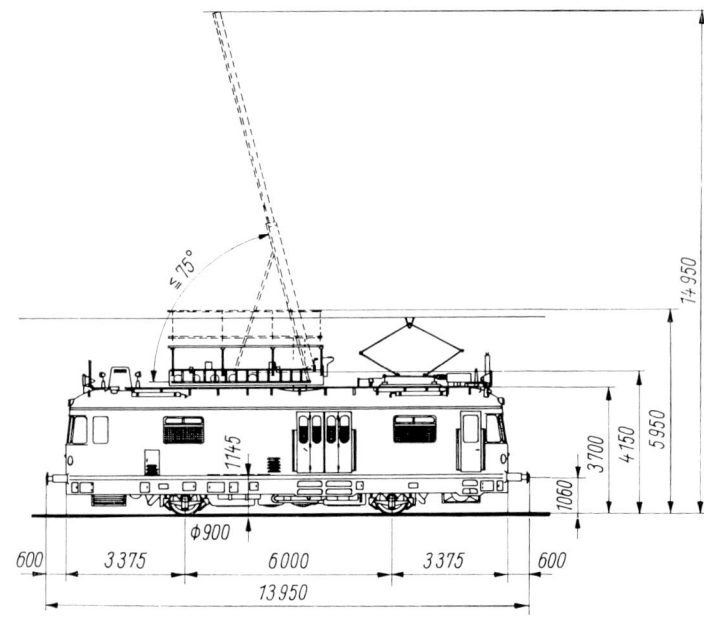

stoffbehälter im Fahrgestell. Bauteile nach unten ausbaubar.

Motor: Unterflurdieselmotor, 6 Zylinder, liegend, 4 Takte, Wasserkühlung, elektrischer Anlasser; wahlweise:

Büssing U 9 A (Nennleistung 111 kW, Nenndrehzahl 1800 min^{-1}, Hubvolumen 8,725 l, Aufladung);

Büssing U 10 (Nennleistung 111 kW, Hubvolumen 9,846 l).

Kraftübertragung: Strömungskupplung; Gelenkwelle; Zahnradgetriebe 6 E 75 S (sechs Gänge, über elektromagnetische Kupplungen geschaltet); Gelenkwelle; Achswendegetriebe.

Steuerung: Elektropneumatische Füllungsregelung des Dieselmotors. Besonderer Drehzahlfüllungsregler ermöglicht kleinste Dauerfahrtgeschwindigkeit von 5 km/h.

Hilfseinrichtungen: Kühler für Motorkühlwasser unterflur.

Zwei Luftverdichter (dienen auch zum Antrieb der Werkzeuge). Batterie. Fremdeinspeisung 220 V 50 Hz für Ladung der Batterie. Sicherheitsfahrschaltung.

795

DB VT 95.9

Schienenbus von dem Kraftomnibus unterscheiden.

Im Regelfall darf der Schienenbus nur einen Beiwagen führen. Außerdem darf aus bremstechnischen und sicherheitstechnischen Gründen der Triebwagenzug vier Wagen nicht überschreiten.

Die Triebwagen bewähren sich sehr gut; sie verkehren im gesamten Netz der DB und fanden auch bei anderen Bahnverwaltungen Eingang.

Ende 1974 waren noch 415 Triebwagen und 416 Beiwagen im Einsatzbestand der DB. Diese Baureihe wird durch die neuen Triebzüge der Baureihen 627 und 628 ersetzt.

Triebwagen Tabelle 7, Seiten A 72 bis A 75
Beiwagen Tabelle 9, Seiten A 79, A 80

Da der Personenverkehr mit leichten Dieseltriebwagen, den Schienenbussen, auf Nebenbahnen wirtschaftlich erschien, entstand zu Beginn der fünfziger Jahre nach den im Jahre 1949 bestellten elf Triebwagen der Vorausbauart die Serienausführung der Baureihe VT 95.9 (spätere Bezeichnung 795). Gegenüber der Vorausbauart wurde bei der Serie unter anderem das Fassungsvermögen vergrößert.

Trotz der Bezeichnung „Schienenomnibus" weicht die Gestaltung des Fahrzeugteils erheblich von dem der Straßenomnibusse ab. Einmal ist es die größere Wagenbreite, zum anderen der Einbau von zwei Führerständen und anderer eisenbahntypischer Bauelemente, die den

Fahrzeugteil

L a u f w e r k : Schweißkonstruktion aus U-Profilen und Blechen, besonders diagonalsteif. Wälzachslager. Achsfederung Blattfedern (dienen zugleich als Achslenker). Kastenfederung Schraubenfedern, Stoßdämpfer.

Wagenkasten: Selbsttragende Schweißkonstruktion in Leichtbauweise aus abgekanteten Stahlblechprofilen. Außenbleche aus Leichtmetall (AlMg5), auf Kastenkonstruktion aufgenietet (Nieten durch Zierprofil und Regenrinne verdeckt). Dach und Wellblechfußboden zum Tragen herangezogen. Stirnenden abgerundet. Keine Übergangsmöglichkeit.
Zug- und Stoßvorrichtung: Selbsttätige Mittelpufferkupplung Bauart Scharfenberg leicht. Schutzstoßbügel für Puffer.
Druckluftanlage: Luftverdichter, Hauptluftbehälter. Läutewerk. Sandstreueinrichtung. Spurkranzschmierung.
Bremse: Mehrlösige Scheibenbremse Bauart Westinghouse-Autobremse, bei einigen Triebwagen einlösige Scheibenbremse Bauart Knorr-Autobremse. In beiden Bremsbauarten Autoanhänger-Steuerventil. Magnetschienenbremse (ab 795 270, später in allen VT).
Abweichungen der Vorausbauart: Kürzerer Wagenkasten, fester Achsstand von 4500 mm, Wagenkasten über Gummipuffer pendelnd am Fahrgestell aufgehängt, leichte Anhängerkupplung mit Kuppeleisen, Scheibenbremse Bauart Knorr-Autobremse.

Fahrgastraum

Gestaltung: Dem Nebenbahnverkehr angepaßt. Wagenkasten durchgehender Fahrgastraum, Einstiegräume und Führerstände nicht abgeteilt.
Einstieg: Dreiflüglige Falttüren, handbetätigt, lichte Türweite 780 mm. Zugang über Trittstufen. Bei einigen Triebwagen für Einmannbetrieb versuchsweise pneumatische Türbetätigung.
2. Klasse: Großraum mit zwölf Sitzreihen und Mittelgang. Sitzplatzanordnung 2 + 3. Sitzabstand 760 mm, Sitzplatzbreite 430 mm bzw. 473 mm, Gangbreite 506 mm. Wendesitze, gepolsterte Sitzbänke.
Heizung: Warmluftheizung, Motorkühlwasser und Ölheizgerät.
Beleuchtung: Glühlampen.
Abweichungen der Vorausbauart: Je Wagenseite nur eine Einstiegtür, zweiflüglige Drehtür, Einrichtungssitze, Sitzabstand 720 mm.

Maschinenanlage

Anordnung: Maschinenanlage sowie Kühlanlage und Kraftstoffbehälter unterflur im Fahrgestell befestigt.
Motor: Unterflurdieselmotor Büssing U 9, sechs Zylinder, liegend, 4 Takt, Hubraum 8,725 l, Wasserkühlung. Elektrischer Anlasser. Nennleistung 96 kW.
Nachlieferungen erhielten Typen U 9 A (Nennleistung 111 kW, Hubraum 8,725 l, Wasserkühlung) und U 10 (Nennleistung 111 kW, Hubraum 9,846 l, Wasserkühlung).

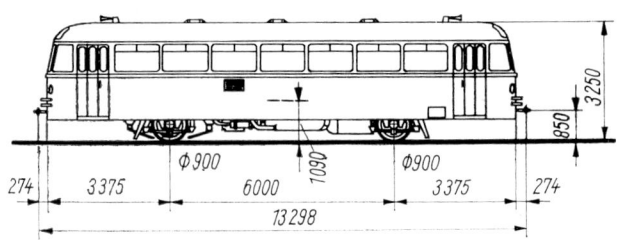

Serienausführung (ab VT 95 9113, später 795 113)

Kraftübertragung: Strömungskupplung; Zahnradgetriebe ZF 6 E 75 S (sechs Gänge. Gänge über elektromagnetische Kupplungen geschaltet); Gelenkwelle; Achswendegetriebe, pneumatisch geschaltet.
Steuerung: Einfachsteuerung. Kleinsteuerung (29polige Steckdose) in Teil der Triebwagen (z. B. 795 273 und 795 274, 795 370 bis 795 384, 795 660 bis 795 669), anderer Teil wurde darauf vorbereitet (z. B. 795 385 bis 795 469, 795 570 bis 795 659). Von besetztem Führerstand Füllungsverstellung der Dieselmotoren, Schalten der Getriebegänge, Abstellen der Motoren, Magnetschienenbremse, Anzeige Motordrehzahl und Lage der Achswendegetriebe. Anlassen der Motoren und Schalten des Achswendegetriebes nur in betreffendem Führerstand möglich. Die Steuerspannung beträgt = 24 V.
Hilfseinrichtungen: Kühler für Dieselmotorwasser unterflur. Batterie = 12 V, 122 Ah. Sicherheitsfahrschaltung.
Abweichungen der Vorausbauart: Dieselmotor Type Büssing U 9, Trockeneinscheibenlamellenkupplung, Kühlanlage am Wagenkasten befestigt.

Beiwagen 995

797

F a h r z e u g t e i l : Analog Triebwagen, jedoch Achsstand 4500 mm.
F a h r g a s t r a u m : Analog Triebwagen, enthalten 40 Sitzplätze 2. Klasse und Gepäckraum 6,5 m², Luftheizung mit Ölheizgerät (bei Vorausbauart Warmwasserheizung mit Koksofen).

Beiwagen 941

Einachsanhänger für Gepäckbeförderung (Fahrräder und Skier), Eigenmasse 2 t.

Triebwagen Tabelle 7, Seite A 75
Steuerwagen Tabelle 8, Seite A 78
Beiwagen Tabelle 9, Seite A 81

Die DB nahm 1962 neue Zahnrad-Dieseltriebwagen in Betrieb, die die überalterten Zahnrad-Dampflokomotiven der Baureihe 97⁵ aus dem Jahr 1928 ersetzen sollten. Die Triebwagen sind für die eingleisige Zahnstangenstrecke Honau–Lichtenstein (2,2 km, Neigung 100 ‰, Zahnstangenbauart Riggenbach-Klose) und die anschließenden Nebenbahnstrecken nach Reutlingen und Schelklingen bestimmt, auf denen ein starker Berufsverkehr, aber ein noch stärkerer Ausflugsverkehr in den Sommer- und in den Wintermonaten herrschen.

Die Höchstgeschwindigkeit der Triebwagen beträgt auf Reibungsstrecken 90 km/h, auf Zahnstangenstrecken bei der Bergfahrt 14,4 km/h, bei der Talfahrt 19,3 km/h. Auf der Zahnstangenstrecke muß der Führerstand 1 stets auf der Talseite sein, da die Klinken-Band-Klotz-Bremse nur in einer Richtung wirken kann. Entwicklung und Bau der Triebwagen erfolgte durch die Waggonfabrik Uerdingen, während die Entwicklung und Konstruktion der veränderten Ausrüstungsteile (Kraftübertragung, Zahnradantrieb, Klinken-Band-Klotz-Bremse) die Schweizer Lokomotiv- und Maschinenfabrik Winterthur (SLM) übernahm. Der Triebwagen ist gegenüber dem zweimotorigen Schienenbus der DB (Baureihe 798) nur wenig verändert. Der Achsstand mußte auf 5950 mm verändert werden, da ein Gleichtakt von Zahnstangenlänge, Zahnteilung und Achsstand vermieden werden sollte.
Die Steuerwagen waren bereits 1960 eingesetzt worden (mit Triebwagen der Baureihe VT 98.9).
Im Jahre 1965 kamen weitere Triebwagen für die Strecke Passau—Wegscheid hinzu. Für den Güterverkehr als Vorstellwagen für die Bergfahrt wurde auch ein Beiwagen der Baureihe 995 umgebaut. Vom Stirnfenster aus beobachtet der Zugbegleiter die Strecke und gibt bei Bedarf Signale. Durch Öffnen des Notventils kann der Zug angehalten werden.
Die Trieb- und Steuerwagen haben sich gut bewährt. Nach einem Halt im Zahnstangenabschnitt muß mit dem 2. Gang angefahren und die restliche Steigung mit 6,5 km/h durchfahren werden. Ein Schalten der Gänge ist hierbei unzulässig.
Nach Einstellung des Betriebes auf den Zahnstangenstrecken ist der

Zahnradantrieb ausgebaut worden. Die Triebwagen sind nunmehr als Baureihe 797.5 auf anderen Strecken eingesetzt.

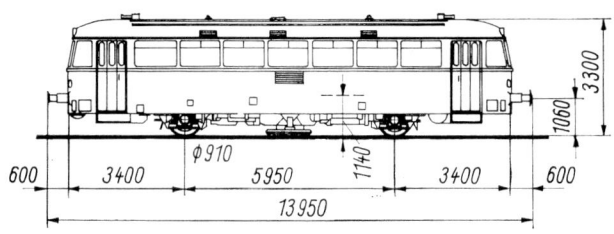

Fahrzeugteil

L a u f w e r k : Schweißkonstruktion aus U-Profilen und Blechen, besonders diagonalsteif. Achswellen der Treibradsätze verstärkt und aus besserer Stahlsorte (25 Cr Mo 4), doppeltgewellte Leichtradscheiben. Wälzachslager. Achsfederung Gummimetallfedern. Kastenfederung Luftfedern, lastabhängig gesteuert. Längs- und Querlenker und Stoßdämpfer parallelgeschaltet. Notführung.
W a g e n k a s t e n : Selbsttragende Schweißkonstruktion in Leichtbauweise aus abgekanteten Stahlblechprofilen. Stirnenden abgerundet. Keine Übergangsmöglichkeit.
Z u g - u n d S t o ß v o r r i c h t u n g : Schraubenkupplung leichter Bauart, Hülsenpuffer.
D r u c k l u f t a n l a g e : Luftverdichter, Hauptluftbehälter, Hauptluftbehälterleitung. Läutewerk. Sandstreueinrichtung. Spurkranzschmierung. Zahnrad- und Zahnstangenschmierung.
B r e m s e : Mehrlösige Scheibenbremse Bauart KE (Betriebsbremse).

Zweistufig, da für Reibungs- und Zahnstangenstrecke unterschiedliche Bremskraft. Klinken-Band-Klotz-Bremse (Anhaltebremse), wird ausgelöst, wenn Höchstgeschwindigkeit bei Talfahrt auf der Zahnstangenstrecke um 30 % überschritten wird. Motorbremse für beide Dieselmotoren (Betriebsbremse). Spindelhandbremse. Magnetschienenbremse.

Fahrgastraum

G e s t a l t u n g : Dem Nebenbahnverkehr angepaßt. Wagenkasten durchgehender Fahrgastraum, Einstiegräume und Führerstände nicht abgeteilt.
Einstieg: Dreiflüglige Falttüren, lichte Türweite 780 mm. Zugang über Trittstufen.
2. Klasse: Großraum mit zwölf Sitzreihen und Mittelgang. Sitzplatzanordnung 2 + 3. Sitzabstand 760 mm, Sitzplatzbreite 430 mm bzw. 473 mm, Gangbreite 506 mm. Wendesitze, gepolsterte Sitzbänke.
H e i z u n g : Warmluftheizung, gespeist von Motorkühlwasser und Ölheizgerät.
B e l e u c h t u n g : Glühlampen = 12 V.

Maschinenanlage

798

Anordnung: Zwei getrennte Maschinenanlagen, unterflur im Fahrgestell befestigt. Kühlanlage und Kraftstoffbehälter ebenfalls im Fahrgestell.

Motor: Unterflurdieselmotor Typ Büssing U 10, sechs Zylinder, liegend, 4 Takte. Wasserkühlung. Elektrischer Anlasser.

Kraftübertragung: Strömungskupplung; Gelenkwelle; Zahnradgetriebe (sechs Gänge, Gänge über elektromagnetische Kupplungen geschaltet, 1. Gang gesperrt); elastische Kupplung; Nachschaltgetriebe (dient Wendeschaltung und Umschaltung Adhäsions-/Zahnstangenbetrieb); elastische Gelenkwelle; Achstrieb; Treibachsen (Zahnräder sind auf Treibachsen befestigt, laufen auf Reibungsstrecke leer mit).

Steuerung: Einfachsteuerung von VT und VS.

Hilfseinrichtungen: Kühler für Dieselmotorwasser unterflur. Batterie. Sicherheitsfahrschaltung.

Steuerwagen

Fahrzeugteil: Analog Triebwagen.

Fahrgastraum: Analog Triebwagen, enthält 40 Sitzplätze 2. Klasse und Gepäckraum mit elf Klappsitzen. Luftheizung mit Ölheizgerät.

Beiwagen

Fahrzeugteil: Analog Beiwagen 995, jedoch Schraubenkupplung leichter Bauart, Hülsenpuffer, KE-Bremse.

Fahrgastraum: Sitzbänke entfernt, nur für Güterverkehr nutzbar.

Triebwagen Tabelle 7, Seite A 75
Steuerwagen Tabelle 8, Seite A 78
Beiwagen Tabelle 9, Seite A 81

Die Schienenbusse der Baureihe VT 95.9, seit 1952 auf den Nebenbahnen der DB eingesetzt, zeigten gute Betriebsergebnisse. Bei den stark wechselnden Betriebs- und Verkehrsaufgaben auf Nebenbahnen ergab es sich jedoch, daß ein leistungsstärkerer Triebwagen vorteilhafter wäre, der auch die Mitnahme einzelner Güterwagen ermöglichte. Letzteres ist mit den Schienenbussen VT 95.9 wegen der leichten Scharfenberg-Kupplung und wegen der Sonderbremsbauart nicht möglich.

Die Baureihe VT 98.9 hat deshalb folgende wesentliche Änderungen gegenüber der Baureihe VT 95.9: Regelschraubenkupplung, Regelbremsbauart, verdoppelte Leistung, Vielfachsteuerung mit einem weiteren Triebwagen, Betrieb vom Steuerwagen möglich, vergrößerter Beiwagen.

Die Vielfachsteuerung, als Kleinsteuerung bezeichnet, ermöglicht die Versorgung von zwei Anhängern (VS, VB) und die Steuerung eines weiteren Triebwagens. Die Zugbildung ist auf sechs Wagen begrenzt, ferner wird bei Neigungen über 15 ‰ die Höchstgeschwindigkeit auf 70 km/h und über 25 ‰ auf 40 km/h beschränkt. Zwischen zwei Triebwagen müssen sich jedoch mindestens zwei Bei- oder Steuerwagen befinden. Die größte Anhängelast für einen Triebwagen beträgt 100 t in Neigungen bis zu 5 ‰.

Die Konstruktion des Triebwagens erfolgte durch die Waggonfabrik Uerdingen. An der Lieferung waren später dann auch andere Firmen beteiligt.

Nach dem Bau von drei Probetriebwagen (VT 98 901 bis VT 98 903, mit zwei Maschinenanlagen versehene VT 95.9) im Jahre 1953 folgte ab 1955 die Serienausführung in mehreren Lieferungen. Insgesamt wurden 329 Trieb-, 321 Steuer- und 320 Beiwagen geliefert. Ende 1974 waren noch 325 Trieb- und 625 Steuer- und Beiwagen im Bestand der DB.

Die Triebwagen waren neben ihrem Dienst auf Nebenbahnen auch auf Hauptbahnen zur Auflockerung des Verkehrs und zu Sonderfahrten zu finden.

Baureihe 798

Schienenprüfzug der Baureihe
721/722
(umgebaut aus Baureihe 798/998)

Der VT 98 9552 und der VS 98 022 wurden zu Schienenprüfwagen des Versuchsamtes für mechanische Stoffprüfung Minden umgestaltet und als Han 5087 und Han 5088 (heute Baureihe 721 und Baureihe 722) eingenummert. In einem zwölfrädrigen Gestell unter dem VS ruhen die auf den Schienen schleifenden Ultraschallsender und -empfänger, während der Triebwagen als Wohn- und Stromversorgungswagen verwendet wird

Außerdem wurden fünf Gleismeßzüge der Baureihe 725 (Triebwagen) und 726 (Steuerwagen) im Jahre 1975 aus ausgemusterten Fahrzeugen dieser Baureihe entwickelt.

Die Trieb-, Steuer- und Beiwagen der Baureihe 798/998 werden fortlaufend ausgemustert und sollen durch die Baureihen 627 und 628 ersetzt werden.

Fahrzeugteil

L a u f w e r k : Schweißkonstruktion aus U-Profilen und Blechen, besonders diagonalsteif. Wälzachslager. Achsfederung Blattfedern. Kastenfederung schrägliegende Schraubenfedern, Stoßdämpfer. Ab VT 98 9651 zwischen Wagenkasten und Fahrgestell vier Luftfedern, lastabhängig gesteuert, zu Dreipunktlagerung zusammengefaßt. Längs- und Querlenker, Stoßdämpfer. Vier elastische Notführungen für entlüftete Federn.

W a g e n k a s t e n : Selbsttragende verwindungssteife Konstruktion in Leichtbauweise aus abgekanteten Stahlblechprofilen. Kombinierte Schweiß- und Nietkonstruktion. Außenbeblechung Aluminiumblech. Keine Übergangsmöglichkeit. Stirnenden abgerundet.

Z u g - u n d S t o ß v o r r i c h t u n g : Schraubenkupplung leichter Bauart, Hülsenpuffer.

D r u c k l u f t a n l a g e : Luftverdichter, Hauptluftbehälter, Hauptluftbehälterleitung. Sandstreueinrichtung. Spurkranzschmierung. Läutewerk.

B r e m s e : Mehrlösige Scheibenbremse Bauart KE. Magnetschienenbremse. Ratschenhandbremse. Bei Triebwagen für Steilstrecken Motorbremse.

Fahrgastraum

G e s t a l t u n g : Dem Nebenbahnverkehr angepaßt. Wagenkasten

durchgehender Fahrgastraum, Einstiegräume und Führerstände nicht abgeteilt.

Einstiege: An Wagenende, dreiflüglige Falttür, lichte Türweite 885 mm. Zugang über Trittstufen.

2. Klasse: Großraum mit zwölf Sitzbänken und Mittelgang, Wendesitze. Sitzplatzanordnung 2 + 3. Sitzbankabstand 760 mm, Sitzplatzbreite 430 mm bzw. 475 mm, Gangbreite 506 mm. Gepolsterte Sitzbänke.

H e i z u n g : Warmluftheizung, Motorkühlwasser und Ölheizgerät,

B e l e u c h t u n g : Glühlampen = 12 V.

Maschinenanlage

A n o r d n u n g : Zwei getrennte Maschinenanlagen, unterflur im Fahrgestell befestigt. Kühlanlage und Kraftstoffbehälter im Fahrgestell. Bauteile nach unten ausbaubar.

M o t o r : Unterflurdieselmotor, 6 Zylinder, liegend, 4 Takte, Wasserkühlung, elektrischer Anlasser; wahlweise:
Büssing U 9 A (Nennleistung 111 kW, Hubvolumen 8,725 l, Aufladung);

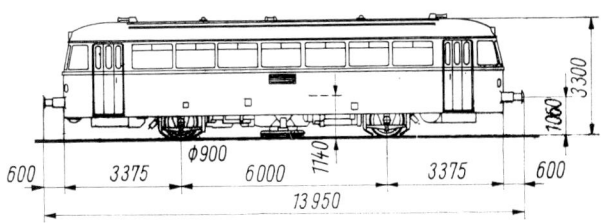

Büssing U 10 (Nennleistung 111 kW, Hubvolumen 9,846 l).

K r a f t ü b e r t r a g u n g : Strömungskupplung; Gelenkwelle; Zahnradgetriebe 6 E 75 S (sechs Gänge, über elektromagnetische Kupplungen geschaltet); Gelenkwelle; Achswendegetriebe GM 160 (bzw. GM 160 St für Steilstreckenbetrieb).

S t e u e r u n g : Vielfachsteuerung = 24 V, zwei Triebwagen von einem Führerstand steuerbar. Elektropneumatische Füllungsregelung der Dieselmotoren, Anlassen der Diesel-

motoren nur in jeweiligem Triebwagen möglich.
H i l f s e i n r i c h t u n g e n : Kühler für Motorkühlwasser unterflur.
Batterie. Sicherheitsfahrschaltung.

Steuerwagen

F a h r z e u g t e i l : Analog Triebwagen.
F a h r g a s t r a u m : Analog Triebwagen, enthält 40 Sitzplätze
2. Klasse und Gepäckraum mit elf
Klappsitzen. Im Gepäckraum vierflüglige Falttüren. Luftheizung mit
Ölheizgerät.

Beiwagen

F a h r z e u g t e i l : Analog Triebwagen.
F a h r g a s t r a u m : Analog Triebwagen, enthält 40 Sitzplätze
2. Klasse und Gepäckraum mit zwölf
Klappsitzen oder Großraum 2. Klasse
mit 63 Sitzplätzen. Luftheizung mit
Ölheizgerät.

Tabellen

Baureihennummer DR ab 1970		—	—	—	—
Baureihennummer DB ab 1968		—	—	—	—
Betriebsnummer ab 1940		—	—	—	—
Betriebsnummer bis 1940		—	DT 1 bis 14		DT 15
Achsfolge		—	A1	B'2'	A1
Gattungszeichen		—	BD	BD4	B
		—	BDaaio	BDio	Baao
Hersteller mechanischer Teil		—	ME	MAN	Weg
Hersteller Dampfkessel		—	Maf	Maf	
Höchstgeschwindigkeit	km/h		50; 60; 70	75	65
Spurweite	mm		1435	1435	1435
größte Anfahrzugkraft	kN		17,4		
indizierte Leistung	kW		59		74
Dienstmasse	t		24,3	53,0	14,5
größte Achslast	t		13,9		9,8
Länge über Puffer/Kupplung	mm		11440	19720	12260
Drehzapfenabstand	mm		—	13000	—
Triebdrehgestellachsstand	mm		—	2750	—
Laufdrehgestellachsstand	mm		—	2500	—
Treibraddurchmesser	mm		1000	900	900
Laufraddurchmesser	mm		1000	900	900
Kesselüberdruck	kp/cm²		16	16	
Kesselrostfläche	m²		0,712	0,87	
Kesselheizfläche	m²		25,5	41,17	
Zylinderzahl	—		2		
Kolbendurchmesser	mm		220		
Kolbenhub	mm		300		
Brennstoffvorrat	t		0,45		
Wasservorrat	m³		1,5		
Sitzplätze 1. Klasse		—	—	—	—
Sitzplätze 2. Klasse		—	40	75	42
spez. Metereigenmasse	t/m		2,12	2,68	1,18
spez. Antriebsleistung	kW/t		2,43		5,11
spez. Sitzplatzmasse	kg		552	706	345
Indienststellung		—	1905	1906	1932
Ausmusterung bzw. Umbau		—	A	A, U	U

	DT 16	DT 51 bis 53	DT 54 bis 56	DT 57 und 58	DT 59	DT 63
	—	—	—	—	—	—
	—	—	—	—	—	—
	—	—	—	—	—	—
A1	DT 16	DT 51 bis 53	DT 54 bis 56	DT 57 und 58	DT 59	DT 63
	A1	Bo'2'	Bo'2'	Bo'2'	2'Bo'	Bo'2'
	B	AB4i	ABD4i	ABD4i	ABD4itr	ABD4i
	Baao	ABio	ABDio	ABDio	ABDiotr	ABDio
	Weg	Weg	Weg	Weg	Wis	
	Bor	Hen, Bor	Hen	Hen	Bor	Hen
	65	90	90	90	110	110
	1435	1435	1435	1435	1435	1435
	74	222	222	222	222	222
	14,5	36,0	43,0	43,0	56,5	55,1
	9,8				18,3	
	12260	22530	22530	22530	22180	21700
	—	14700	14700	14700	14340	14500
	—		3600	3800	3800	3600
	—		3000	3000	3800	3000
	900					
	900					
						120
	—	8	16	16	6	12
	42	62	44	44	42	24
	1,18	1,60	1,91	1,91	2,44	2,54
	5,11	6,17	5,16	5,16	4,11	4,03
	345	515	716	716	1080	1542
	1933	1932	1934	1934	1937	1933
	U	A	A	A	U	A

Baureihennummer DR ab 1970	—	—	—	—
Baureihennummer DB ab 1968	—	—	—	—
Betriebsnummer DB ab 1947	—	—	—	VT 86.900
Betriebsnummer DRG ab 1932	—	—	—	—
Betriebsnummer bis 1932	—	701 und 702	703 und 704	705
Achsfolge	—	A1	A1	1A
Gattungszeichen	—	AB	B	AB
	—	ABaao	Baao	ABaao
Hersteller mechanischer Teil	—	VWW	VWW	Werd
Hersteller Verbrennungsmotor	—	NAG	NAG	Daim
Hersteller elektrischer Teil/Getriebe	—	NAG	NAG	TAG
Höchstgeschwindigkeit	km/h	50	50	60
Spurweite	mm	1435	1435	1435
installierte Leistung	kW	56	56	74
Traktionsleistung	kW			
Dienstmasse	t	19,2	19,2	19,8
größte Achslast	t	12,0	12,0	11,4
Länge über Puffer/Kupplung	mm	12900	12900	12800
Drehzapfenabstand	mm	—	—	—
Triebdrehgestellachsstand	mm	—	—	—
Laufdrehgestellachsstand	mm	—	—	—
Treibraddurchmesser	mm			950
Laufraddurchmesser	mm			950
Kraftübertragungsart	—	vmech	vmech	vmech
Kraftübertragungssystem	—	4 G Z	4 G Z	4 G Z
Motorleistung	kW	56	56	74
Nenndrehzahl	min⁻¹	950	950	
Hubraum	l	12,2	12,2	
Verdichtungsverhältnis	—	4,8:1	4,8:1	
Kühlung	—			
Aufladung	—	—	—	—
Steuerung	—	—	—	—
Sitzplätze 1. Klasse	—	6	—	9
Sitzplätze 2. Klasse + Speiseraum	—	35	38	30
spez. Metereigenmasse	t/m	1,49	1,49	1,55
spez. Antriebsleistung	kW/t	2,92	2,92	3,74
spez. Sitzplatzmasse	kg	468	505	508
Indienststellung	—	1926	1926	1927
Ausmusterung bzw. Umbau	—	A	A	A

—	—	—	—	—	—
—	—	—	—	—	—
VT 86.901 und 902	—	—	—	—	—
—	—	—	—	—	—
706 bis 708	709 bis 712	713/714	715/716	751 und 752	751 und 752
1A	A1	A1+1A	A1+1A	(1A) (A1)	(1A) (A1)
B	B	ABü+Bü	ABü+Bütr	BD4	ABPost4
Baao	Baao	ABaao+Baao	ABaao+Baatro	BDo	ABPosto
Werd	Goth	Weg	Weg	DWK	DWK
Büss	NAG	NAG	NAG	DWK	DWK
TAG	Goth, NAG	NAG	NAG	TAG	TAG
60	60	60	60	60	60
1435	1435	1435	1435	1435	1435
81	56	111	111	111	111
19,8	21,8	41,1	37,4	36,3	36,3
11,4	13,8	24,6	24,6	17,0	17,0
12800	13600	25050	25050	18400	18400
—	—	—	—	11500	11500
—	—	—	—	2500	2500
—	—	—	—	—	—
950				850	850
950				850	850
vmech	vmech	vmech	vmech	vmech	vmech
4 G Z	4 G Z	4 G Z	4 G Z	4 G Z	4 G Z
81	56	56	56	111	111
1200	950	950	950	1000	1000
11,8	12,2	12,2	12,2	19,1	19,1
5,6:1	4,8:1	4,8:1	4,8:1	4,6:1	4,6:1
				W	W
—	—	—	—	—	—
—	—	—	—	—	—
—	—	16	8	—	30
46	44	65	78	70	40
1,55	1,60	1,64	1,49	1,97	1,97
4,08	2,57	2,70	2,96	3,06	3,06
430	495	508	435	518	518
1927	1926	1926	1926	1925/27	1929 U
A	A, U	A	A	U	U

Baureihennummer DR ab 1970	—	—	—	—
Baureihennummer DB ab 1968	—	—	—	—
Betriebsnummer DB ab 1947	—	—	—	VT 85.903
Betriebsnummer DRG ab 1932	—	—	—	—
Betriebsnummer bis 1932	—	751 und 752	753	753
Achsfolge	—	(1A) (A1)	(1A) (A1)	(1A) (A1)
Gattungszeichen	—	ABPost4	BD4	ABD4
	—	ABPosto	BDo	ABDo
Hersteller mechanischer Teil	—	DWK	DWK	DWK
Hersteller Verbrennungsmotor	—	DWK	DWK	DWK
Hersteller elektrischer Teil/Getriebe	—	TAG	TAG	TAG
Höchstgeschwindigkeit	km/h	60	60	60
Spurweite	mm	1435	1435	1435
installierte Leistung	kW	111	111	111
Traktionsleistung	kW			
Dienstmasse	t	36,3	34,0	34,0
größte Achslast	t	17,0	17,0	17,0
Länge über Puffer/Kupplung	mm	18400	18400	18400
Drehzapfenabstand	mm	11500	11500	11500
Triebdrehgestellachsstand	mm	2500	2500	2500
Laufdrehgestellachsstand	mm	—	—	—
Treibraddurchmesser	mm	850	850	850
Laufraddurchmesser	mm	850	850	850
Kraftübertragungsart	—	vmech	vmech	vmech
Kraftübertragungssystem	—	4 G Z	4 G Z	4 G Z
Motorleistung	kW	111	111	111
Nenndrehzahl	min^{-1}	1000	1000	1000
Hubraum	l	19,1	19,1	19,1
Verdichtungsverhältnis	—	4,6:1	4,6:1	4,6:1
Kühlung	—	W	W	W
Aufladung	—	—	—	—
Steuerung	—	—	—	—
Sitzplätze 1. Klasse	—	6	—	12
Sitzplätze 2. Klasse + Speiseraum	—	55	67	57
spez. Metereigenmasse	t/m	1,97	1,85	1,85
spez. Antriebsleistung	kW/t	3,06	3,26	3,26
spez. Sitzplatzmasse	kg	595	507	493
Indienststellung	—	1935 U	1925	1931 U
Ausmusterung bzw. Umbau	—	A	U	A

—	—	—	—	—	—
—	—	—	—	—	—
—	—	VT 66.901 bis 903	VT 66.904	VT 66.905	—
—	—	—	—	—	—
754	756	757 bis 760	761	762	763 bis 765
(1A) (A1)	(1A) (A1)	(1A) (A1)	(1A) (A1)	(1A) (A1)	(1A) (A1)
ABD4	AB4	AB4	AB4	AB4	AB4
ABDo	ABo	ABo	ABo	ABo	ABo
DWK	VWW	Wumag	Wumag	Wumag	Des
DWK	NAG	Büs	Büs	Büs	Büs
TAG	NAG	Myl, ZF	Myl, ZF	Myl, ZF	Myl
60	60	70/85	70/85	70/85	70/85
1435	1435	1435	1435	1435	1435
111	111	162	162	162	132
32,5	30,8	41,5	41,5	41,5	47,0
17,0		11,3	11,3	11,3	11,6
18400	17020	21000	21024	21024	21420
11500	10700	13000	13000	13000	13600
2500	1900	3900	3900	3900	2900
—	—	—	—	—	—
850	950	900	900	900	850
850	950	900	900	900	850
vmech	vmech	vmech	vmech	vmech	vmech
4 G Z	4 G Z	5 G Z	5 G Z	5 G Z	5 G Z
111	56	81	81	81	66
1000	950	1200	1200	1200	1200
19,1	12,2	11,8	11,8	11,8	11,8
4,6:1	4,8:1	5,6:1	5,6:1	5,6:1	5,6:1
W	W	W	W	W	W
—	—	—	—	—	—
—	—	—	—	—	—
13	10	13	12	16	10
54	46	43	60	49	62
1,77	1,81	1,97	1,97	1,97	2,20
3,42	3,60	3,90	3,90	3,90	2,81
485	550	741	577	638	653
1925	1926	1927/29	1927	1927	1929
A	A	A	A	A	U

Baureihennummer DR ab 1970	—	—	—	—
Baureihennummer DB ab 1968	—	—	—	—
Betriebsnummer DB ab 1947	—	VT 66.906	—	—
Betriebsnummer DRG ab 1932	—	—	—	—
Betriebsnummer bis 1932	—	763 bis 765	766	801 bis 804
Achsfolge	—	(1A) (A1)	(1A) (A1)	A1
Gattungszeichen	—	AB4	AB4	B
	—	ABo	ABo	Baao
Hersteller mechanischer Teil	—	Des	DWK	Weg
Hersteller Verbrennungsmotor	—	Büs	DWK	MAN
Hersteller elektrischer Teil/Getriebe	—	Myl	TAG	Myl
Höchstgeschwindigkeit	km/h	85	60	70/75
Spurweite	mm	1435	1435	1435
installierte Leistung	kW	162	111	56
Traktionsleistung	kW			
Dienstmasse	t	47,0	21,8	24,6
größte Achslast	t	11,6		14,2
Länge über Puffer/Kupplung	mm	21420	14600	12696
Drehzapfenabstand	mm	13600	8500	—
Triebdrehgestellachsstand	mm	2900	1700	—
Laufdrehgestellachsstand	mm	—	—	—
Treibraddurchmesser	mm	850		1000
Laufraddurchmesser	mm	850		1000
Kraftübertragungsart	—	vmech	vmech	dmech
Kraftübertragungssystem	—	5 G Z	4 G Z	4 G Z
Motorleistung	kW	81	111	56
Nenndrehzahl	min^{-1}	1200	1000	1500
Hubraum	l	11,8	19,1	10,3
Verdichtungsverhältnis	—	5,6:1	4,6:1	13,0:1
Kühlung	—	W	W	W
Aufladung	—	—	—	—
Steuerung	—	—	—	—
Sitzplätze 1. Klasse	—	10	16	—
Sitzplätze 2. Klasse + Speiseraum	—	62	34	42
spez. Metereigenmasse	t/m	2,20	1,49	1,94
spez. Antriebsleistung	kW/t	3,45	5,08	2,22
spez. Sitzplatzmasse	kg	653	436	585
Indienststellung	—	1932 U	1931	1927
Ausmusterung bzw. Umbau	—	A	A	U

—	—	—	—	—	—
—	—	—	—	—	—
VT 70.900 und 901	—	—	—	VT 72.900	—
—	—	—	—	—	—
801, 802, 804	803	812/813	814/815	814/815	818/819
A1	A1	A1+1A	A1+1A	A1+1A	A1+1A
B	B	ABü+Bü	Bü+ABü	B+Btr	ABü+Bü
Baao	Baao	ABaao+Baao	Baao+ABaao	Baao+Baaotr	ABaao+Baao
Weg	Weg	Weg	Weg	Weg	Weg
MAN	MAN	MAN	MAN	MAN	MAN
Myl	Tri	Myl	Myl	Myl	Myl
85	70	70	70	85	70
1435	1435	1435	1435	1435	1435
111	111	221	221	221	221
23,9		39,5	39,5	47,0	39,5
10,5		12,5	12,5	12,5	12,5
12696	12696	24946	24946	24946	24946
—	—	—	—	—	—
—	—	—	—	—	—
1000	1000	1000	1000	1000	1000
1000	1000	1000	1000	1000	1000
dmech	dhydr	dmech	dmech	dmech	dmech
4 G Z	W/K	4 G Z	4 G Z	4 G Z	4 G Z
111	111	111	111	111	111
1500	1500	1500	1500	1500	1500
19,1	19,1	19,1	19,1	19,1	19,1
13,0:1	13,0:1	13,0:1	13,0:1	13,0:1	13,0:1
W	W	W	W	W	W
—	—	V	V	V	V
—	—	8	16	—	12
46	44	75	65	95	75
1,88		1,58	1,58	1,88	1,58
4,65		5,60	5,60	4,70	5,58
519		476	488	495	453
1934 U	1934 U	1928	1928	U	1928
A	A	A	U	A	A

Baureihennummer DR ab 1970	—	—	—	—
Baureihennummer DB ab 1968	—	—	—	—
Betriebsnummer DB ab 1947	—	—	—	—
Betriebsnummer DRG ab 1932	—	—	—	—
Betriebsnummer bis 1932	—	820	821	822
Achsfolge	—	A1	Bo	Bo
Gattungszeichen	—	B	B	B
	—	Baao	Baao	Baao
Hersteller mechanischer Teil	—	Goth	Wumag	Uerd
Hersteller Verbrennungsmotor	—	Vom		
Hersteller elektrischer Teil/Getriebe	—	Voith		
Höchstgeschwindigkeit	km/h	80	83	83
Spurweite	mm	1435	1435	1435
installierte Leistung	kW	132	170	170
Traktionsleistung	kW			
Dienstmasse	t		19,2	19,2
größte Achslast	t			
Länge über Puffer/Kupplung	mm	13600	13260	13560
Drehzapfenabstand	mm	—	—	—
Triebdrehgestellachsstand	mm	—	—	—
Laufdrehgestellachsstand	mm	—	—	—
Treibraddurchmesser	mm		900	900
Laufraddurchmesser	mm		—	—
Kraftübertragungsart	—	dhydr		
Kraftübertragungssystem	—	4 G W/W/K/K		
Motorleistung	kW	132	85	85
Nenndrehzahl	min^{-1}	1500		
Hubraum	l	20,7		
Verdichtungsverhältnis	—	19,0:1		
Kühlung	—	W		
Aufladung	—	—		
Steuerung		—		
Sitzplätze 1. Klasse	—	—	—	—
Sitzplätze 2. Klasse + Speiseraum	—	44	56	53
spez. Metereigenmasse	t/m		1,45	1,42
spez. Antriebsleistung	kW/t		8,84	8,84
spez. Sitzplatzmasse	kg		343	362
Indienststellung	—	1934 U	1936	1936
Ausmusterung bzw. Umbau	—	A	A	A

—	—	—	—	—	—
—	—	—	—	—	—
—	—	—	—	—	—
—	—	—	—	—	—
851	851	852	852	853 und 854	853 und 854
B'2'	B'2'	B'2'	B'2'	B'2'	B'2'
BD4	ABD4	AB4tr	AB4	AB4	AB4
BDo	ABDo	ABotr	ABo	ABo	ABo
Wis	Wis	Wis	Wis	Wis	Wis
May	May	May	May	May	May
May	May	May	May	May	May
65	65	65	65	65	65
1435	1435	1435	1435	1435	1435
111	129	111	129	129	129
36,9	36,9	36,0	36,0	40,5	40,5
12,5	12,5	12,5	12,5	12,5	12,5
19360	19360	20900	20900	21040	21040
11440	11440	13300	13300	13300	13300
3700	3700	3500	3500	3500	3500
3700	3700	3500	3500	3500	3500
1000	1000	1000	1000	1000	1000
1000	1000	1000	1000	900	900
dmech	dmech	dmech	dmech	dmech	dmech
4 G Z	4 G Z	4 G Z	4 G Z	4 G Z	4 G Z
111	129	111	129	129	129
1400	1400	1400	1400	1400	1400
16,7	16,7	16,7	16,7	16,7	16,7
14,5:1	14,5:1	14,5:1	14,5:1	14,5:1	14,5:1
W	W	W	W	W	W
—	—	—	—	—	—
—	—	—	—	—	—
—	6	8	15	31	6
63	49	79	73	40	57
1,91	1,91	1,72	1,72	1,92	1,92
3,01	3,50	3,08	3,58	3,18	3,18
585	670	408	408	570	643
1924	1935 U	1927	1935 U	1927	1935 U
U	A	U	A	U	A

Baureihennummer DR ab 1970	—	—	—	—
Baureihennummer DB ab 1968	—	—	—	—
Betriebsnummer DB ab 1947	—	—	—	VT 65.903
Betriebsnummer DRG ab 1932	—	—	—	—
Betriebsnummer bis 1932	—	855 und 856	855 und 856	857 bis 859
Achsfolge	—	B'2'	B'2'	B'2'
Gattungszeichen	—	AB4	AB4	BD4
	—	ABo	ABo	BDo
Hersteller mechanischer Teil	—	Wis	Wis	Wis
Hersteller Verbrennungsmotor	—	May	May	May
Hersteller elektrischer Teil/Getriebe	—	May	May	May
Höchstgeschwindigkeit	km/h	65	65	65
Spurweite	mm	1435	1435	1435
installierte Leistung	kW	111	129	111
Traktionsleistung	kW			
Dienstmasse	t	41,0	41,0	41,0
größte Achslast	t	12,5	12,5	12,5
Länge über Puffer/Kupplung	mm	21040	21040	21040
Drehzapfenabstand	mm	13300	13300	13300
Triebdrehgestellachsstand	mm	3500	3500	3500
Laufdrehgestellachsstand	mm	3500	3500	3500
Treibraddurchmesser	mm	1000	1000	1000
Laufraddurchmesser	mm	900	900	900
Kraftübertragungsart	—	dmech	dmech	dmech
Kraftübertragungssystem	—	4 G Z	4 G Z	4 G Z
Motorleistung	kW	111	129	111
Nenndrehzahl	min^{-1}	1400	1400	1400
Hubraum	l	16,7	16,7	16,7
Verdichtungsverhältnis	—	14,5:1	14,5:1	14,5:1
Kühlung	—	W	W	W
Aufladung	—	—	—	—
Steuerung	—	—	—	—
Sitzplätze 1. Klasse	—	16	8	—
Sitzplätze 2. Klasse + Speiseraum	—	53	52	71
spez. Metereigenmasse	t/m	1,95	1,95	1,95
spez. Antriebsleistung	kW/t	2,71	3,14	2,71
spez. Sitzplatzmasse	kg	594	683	578
Indienststellung	—	1927	1935 U	1927
Ausmusterung bzw. Umbau	—	U	A	A, U

—	—	—	—	—	—
—	—	—	—	—	—
VT 62.904	—	—	—	—	—
—	—	—	—	—	—
859	860 und 861	865	866 und 867	866 und 867	868
B'2'	B'2'	B'2'	B'2'	B'2'	B'2'
BD4	ABD4	BD4	ABD4	ABD4	ABD4
BDo	ABDo	BDo	ABDo	ABDo	ABDo
Wis	Wis	MAN	Wis	Wis	Wis
May	May	MAN	May	May	May
May	May	MAN	May	May	May
80	65	60	65	65	65
1435	1435	1435	1435	1435	1435
155	111	111	111	129	111
42,0	40,5	44,3	39,0	39,0	41,0
12,5	12,5	12,5	12,5	12,5	12,5
21040	21040	19941	21040	21040	21040
13300	13300	13170	13300	13300	13300
3500	3500	3500	3500	3500	3500
3500	3500	2500	3500	3500	3500
1000	1000		1000	1000	1000
900	900		1000	1000	1000
dmech	dmech	dmech	dmech	dmech	dmech
4 G Z	4 G Z	3 G Z	4 G Z	4 G Z	4 G Z
155	111	56	111	129	111
1400	1400	1000	1400	1400	1400
	16,7	11,2	16,7	16,7	16,7
	14,5:1		14,5:1	14,5:1	14,5:1
W	W		W	W	W
—	—	—	—	—	—
—	—	—	—	—	—
—	12	—	16	16	12
72	55	84	42	37	55
1,99	1,92	2,22	1,85	1,85	1,95
3,69	2,74	2,50	2,85	3,31	2,71
583	605	528	672	736	612
U	1928	1927 U	1927	1929 U	1927
A	A	A	U	A	A

Baureihennummer DR ab 1970	—	—	—	—
Baureihennummer DB ab 1968	—	—	—	—
Betriebsnummer DB ab 1947	—	—	—	—
Betriebsnummer DRG ab 1932	—	—	—	—
Betriebsnummer bis 1932	—	869	870 und 871	872 bis 874
Achsfolge	—	B'2'	B'2'	2'Bo'
Gattungszeichen	—	ABD4	ABD4	ABD4i
	—	ABDo	ABDo	ABDio
Hersteller mechanischer Teil	—	Wis	Wis	Wis
Hersteller Verbrennungsmotor	—	May	May	May
Hersteller elektrischer Teil/Getriebe	—	May	May	MSW
Höchstgeschwindigkeit	km/h	65	65	90
Spurweite	mm	1435	1435	1435
installierte Leistung	kW	129	111	302
Traktionsleistung	kW			
Dienstmasse	t	41,4	40,0	50,2
größte Achslast	t	12,5	12,5	
Länge über Puffer/Kupplung	mm	21040	21040	22130
Drehzapfenabstand	mm	13300	13300	14270
Triebdrehgestellachsstand	mm	3500	3500	2600
Laufdrehgestellachsstand	mm	3500	3500	4100
Treibraddurchmesser	mm	1000	1000	1000
Laufraddurchmesser	mm	1000	1000	850
Kraftübertragungsart	—	dmech	dmech	del
Kraftübertragungssystem	—	4 G Z	4 G Z	MSW
Motorleistung	kW	129	111	302
Nenndrehzahl	min^{-1}	1400	1400	1400
Hubraum	l	16,7	16,7	
Verdichtungsverhältnis	—	14,5:1	14,5:1	
Kühlung	—	W	W	W
Aufladung	—	—	—	—
Steuerung	—	—	—	V
Sitzplätze 1. Klasse	—	12	12	16
Sitzplätze 2. Klasse + Speiseraum	—	62	62	56
spez. Metereigenmasse	t/m	1,97	1,90	2,27
spez. Antriebsleistung	kW/t	3,12	2,77	6,02
spez. Sitzplatzmasse	kg	559	514	698
Indienststellung	—	1927	1927	1932
Ausmusterung bzw. Umbau	—	A	A	U

—	—	—	—	—	—
—	—	—	—	—	—
—	—	VT 04.000	VT 69.900 bis 902	VT 20.500 und 501	VT 78.901 und 902
—	—	—	—	—	VT 133 000 bis 002
872 bis 874	877	877	10001 bis 10003	10004 und 10005	—
2'Bo'	2'Bo'2'	2'Bo'2'	B'2'	B'2'	A1
ABD4i	AD6ük	AD6ük	GG Trieb	GG Trieb	B
ABDio	ADr	ADr	D	D	Baao
Wis	Wumag	Wumag	Wis	Nie	Baut, Werd
May	May	May	May	May	Vom
AEG	SSW	SSW	May	Voith	TAG
90	150	160	65/80	110	65
1435	1435	1435	1435	1435	1435
302	604	604	129	442	88
	522	574			
50,2	75,0	93,8	40,0	54,3	14,5
			11,5	16,0	9,7
22130	41906	41906	21040	22000	12200
14270	16900	16900	13300	13900	—
2600	3500	3500	3500	3600	—
4100	3500	3500	3500	3600	—
1000	1000	1000	1000	900	900
850	900	900	1000	930	900
del	del	del	dmech	dhydr	vmech
RZM	Gebus	RZM	4 G Z	3 G W/W/W	4 G Z
302	302	302	129	442	88
1400	1400	1400	1400	1400	1200
42,6	42,6	42,6	16,7	48,3	12,8
14,0:1	14,0:1	14,0:1	14,5:1	13,5:1	5,75:1
W	W	W	W	W	
—	—	—	—	ja	—
V	V	V	—	V	—
16	98	65	—	—	—
56	— + 4	—	—	—	48
2,27	1,79	2,24	1,90	2,47	1,19
6,02	8,05	6,44	3,23	8,13	6,06
698	765 (736)	1444	—	—	302
1935 U	1932	1952 U	1930	1942	1932
A, U	U	A	A	A	A

Baureihennummer DR ab 1970	—	—	—	—
Baureihennummer DB ab 1968	—	—	—	—
Betriebsnummer DB ab 1947	—	VT 79.902	—	—
Betriebsnummer DRG ab 1932	—	VT 133 003 bis 005	VT 133 006 bis 008	VT 133 009 und 010
Betriebsnummer bis 1932	—	—	—	—
Achsfolge	—	A1	B	Bo[1])
Gattungszeichen	—	BD	Btr	B
	—	BDaao	Baaotr	Baao
Hersteller mechanischer Teil	—	Wumag	Hen, Baut	Wis
Hersteller Verbrennungsmotor	—	May	Hen	Ford
Hersteller elektrischer Teil/Getriebe	—	Myl	ZF	Ford
Höchstgeschwindigkeit	km/h	65	60/40	45
Spurweite	mm	1435	1435	1435
installierte Leistung	kW	74	74	59
Traktionsleistung	kW			
Dienstmasse	t	12,9	11,9	6,1
größte Achslast	t	6,7	8,3	5,0
Länge über Puffer/Kupplung	mm	12095	11460	10100
Drehzapfenabstand	mm	—	—	—
Triebdrehgestellachsstand	mm	—	—	—
Laufdrehgestellachsstand	mm	—	—	—
Treibraddurchmesser	mm	900	1050	700
Laufraddurchmesser	mm	900	—	—
Kraftübertragungsart	—	vmech	vmech	vmech
Kraftübertragungssystem	—	4 G Z	3 G Z	4 G Z
Motorleistung	kW	74	74	29
Nenndrehzahl	min^{-1}	1900	1600	2200
Hubraum	l	7,0	21,7	3,3
Verdichtungsverhältnis	—	5,7:1		4,1:1
Kühlung	—		W	
Aufladung	—	—	—	—
Steuerung	—	—	—	—
Sitzplätze 1. Klasse	—	—	—	—
Sitzplätze 2. Klasse + Speiseraum	—	36	34	24
spez. Metereigenmasse	t/m	1,07	1,04	0,60
spez. Antriebsleistung	kW/t	5,74	6,21	9,67
spez. Sitzplatzmasse	kg	359	350	254
Indienststellung	—	1932	1933	1933
Ausmusterung bzw. Umbau	—	A	A	A

[1]) in jeder Fahrtrichtung A 1   [2]) Länge über Wagenkasten

—	—	—	—	—	187.0
—	—	—	—	—	—
—	—	—	—	—	—
VT 133 011 und 012	VT 133 505 bis 507	VT 133 509 und 510	VT 133 513 bis 515	VT 133 521	VT 133 522
—	—	—	—	—	—
Bo[1])	Bo[1])	Bo[1])	Bo[1])	1A	A1
BD	B	B	B	KB	KB
BDaao	Baao	Baao	Baao	KBaao	KBaao
Wis	Wis	Wis	Wis		Des
Ford	Ford	Ford	Ford		
Ford	Ford	Ford	Ford		Myl
45	45	45	45		40
1435	1435	1435	1435	1000	1000
59	59	59	59		52
7,2	6,1	6,1	6,1		12,0
5,0	5,0	5,0	5,0		
10100	10100	10100	10100	7790[2])	8700
—	—	—	—	—	—
—	—	—	—	—	—
—	—	—	—	—	—
700	700	700	700		700
—	—	—	—		700
vmech	vmech	vmech	vmech	vmech	vmech
4 G Z	4 G Z	4 G Z	4 G Z	G Z	
29	29	29	29		52
2200	2200	2200	2200		
3,3	3,3	3,3	3,3		
4,1:1	4,1:1	4,1:1	4,1:1		
—	—	—	—		—
—	—	—	—		—
—	—	—	—	—	—
24	24	24	24		34
0,71	0,60	0,60	0,60		1,38
8,20	9,67	9,67	9,67		4,33
300	254	254	254		354
1934	1932/34	1932/34	1932/34; 1950 U		U
A	A	A	A	A	U

Baureihennummer DR ab 1970	—	187.0	187.0	—
Baureihennummer DB ab 1968	—	—	—	—
Betriebsnummer DB ab 1947	—	—	—	—
Betriebsnummer DRG ab 1932	—	VT 133 523	VT 133 524 und 525	VT 135 000 und 001
Betriebsnummer bis 1932	—	—	—	—
Achsfolge	—	A1	Bo[1])	A1
Gattungszeichen	—	KB	KB	B
	—	KBaao	KBaao	Baao
Hersteller mechanischer Teil	—	Tal	Wis	VWW
Hersteller Verbrennungsmotor	—	Daim	Ford	Daim
Hersteller elektrischer Teil/Getriebe	—	Myl	Ford	SSW
Höchstgeschwindigkeit	km/h	55	45	65
Spurweite	mm	1000	750	1435
installierte Leistung	kW	52	70	88
Traktionsleistung	kW			
Dienstmasse	t	12,7	6,5	15,5
größte Achslast	t			10,2
Länge über Puffer/Kupplung	mm	10600	10250	12200
Drehzapfenabstand	mm	—	—	—
Triebdrehgestellachsstand	mm	—	—	—
Laufdrehgestellachsstand	mm	—	—	—
Treibraddurchmesser	mm	700	700	900
Laufraddurchmesser	mm	700	700	900
Kraftübertragungsart	—	vmech	vmech	del
Kraftübertragungssystem	—			Gebus
Motorleistung	kW	52	35	88
Nenndrehzahl	min⁻¹	1750	2200	1700
Hubraum	l			11,6
Verdichtungsverhältnis	—			18,0:1
Kühlung	—			W
Aufladung	—			—
Steuerung	—			—
Sitzplätze 1. Klasse	—	—	—	—
Sitzplätze 2. Klasse + Speiseraum	—	36	34	35
spez. Metereigenmasse	t/m	1,20	0,64	1,27
spez. Antriebsleistung	kW/t	4,09	10,77	5,68
spez. Sitzplatzmasse	kg	353	191	442
Indienststellung	—	1934	1965 U	1932
Ausmusterung bzw. Umbau	—	A	A	A

[1]) in jeder Fahrtrichtung A 1

			186.0	186.0	—
—	—	—	—	—	—
VT 75.900 bis 903	VT 70.000 bis 004	VT 75.904 und 913 bis 915	VT 70.911	VT 70.981	—
VT 135 002 bis 011	VT 135 012 bis 021	VT 135 022 bis 031	VT 135 032 bis 039	VT 135 040 bis 045	VT 135 046 und 047
—	—	—	—	—	—
A1	A1	A1	A1	A1	A1
B	BD	B	B	B	B
Baao	BDaao	Baao	Baao	Baao	Baao
Baut	MAN	Baut	MAN	MAN	Weg
Daim	MAN	Daim	MAN	MAN	MAN
TAG	BBC	TAG	Myl	TAG	Tri, TAG
70	75	70	75	75	85
1435	1435	1435	1435	1435	1435
88	111	99	111	111	111
16,7	17,4	14,9	19,0	19,0	17,4
10,5	11,2	9,6	11,3	11,3	10,8
12200	12095	12200	12095	12095	12290
—	—	—	—	—	—
—	—	—	—	—	—
900	900	900	900	900	900
900	900	900	900	900	900
dmech	del	dmech	dmech	dmech	dhydr
4 G Z	BBC	4 G Z	4 G Z	4 G Z	3 G W/K/K
88	111	99	111	111	111
1700	1500	1700	1500	1500	1500
11,6	19,1	12,55	19,1	19,1	19,1
18,0:1	13,0:1	18,0:1	16,0:1	16,0:1	16,0:1
W	W	W	W	W	W
—	—	—	—	—	—
—	E	—	—	—	—
—	—	—	—	—	—
40	34	40	35	35	36
1,37	1,44	1,22	1,57	1,57	1,42
5,27	6,38	6,64	5,84	5,84	6,38
417	512	372	543	543	483
1932/33	1933/34	1933/35	1933/35	1933/34	1935
A	A	A	A	A	A

Baureihennummer DR ab 1970	—	—	—	186.2
Baureihennummer DB ab 1968	—	—	—	—
Betriebsnummer DB ab 1947	—	VT 70.501	VT 75.906 bis 912	—
Betriebsnummer DRG ab 1932	—	VT 135 048 bis 050	VT 135 051 bis 059	VT 135 054
Betriebsnummer bis 1932	—	—	—	—
Achsfolge	—	A1	A1	A1
Gattungszeichen	—	B	B	B
	—	Baao	Baao	Baao
Hersteller mechanischer Teil	—	MAN	Baut	Baut
Hersteller Verbrennungsmotor	—	MAN	Daim	Joh
Hersteller elektrischer Teil/Getriebe	—	Voith	TAG	DWK
Höchstgeschwindigkeit	km/h	75	75	75
Spurweite	mm	1435	1435	1435
installierte Leistung	kW	111[1])	99	81
Traktionsleistung	kW			
Dienstmasse	t	16,8	15,5	15,4
größte Achslast	t	10,5	9,8	9,0
Länge über Puffer/Kupplung	mm	12095	12200	12000
Drehzapfenabstand	mm	—	—	—
Triebdrehgestellachsstand	mm	—	—	—
Laufdrehgestellachsstand	mm	—	—	—
Treibraddurchmesser	mm	900	900	900
Laufraddurchmesser	mm	900	900	900
Kraftübertragungsart	—	dhydr	dmech	dmech
Kraftübertragungssystem	—	2 G W/K	4 G Z	4 G Z
Motorleistung	kW	111	99	81
Nenndrehzahl	min⁻¹	1500	1700	1700
Hubraum	l	19,1	12,55	9,1
Verdichtungsverhältnis	—	16,0:1	18,0:1	
Kühlung	—	W	W	W
Aufladung	—	—	—	—
Steuerung	—	—	—	—
Sitzplätze 1. Klasse	—	—	—	—
Sitzplätze 2. Klasse + Speiseraum	—	35	35	45
spez. Metereigenmasse	t/m	1,39	1,27	1,26
spez. Antriebsleistung	kW/t	6,60	6,39	5,26
spez. Sitzplatzmasse	kg	480	443	342
Indienststellung	—	1935	1935/36	U
Ausmusterung bzw. Umbau	—	A	A, U	

[1]) zeitweilig 147

—	—	186.0	—	—	—
—	—	—	—	—	—
—	—	—	VT 70.970 und 971	VT 70.918 bis 923	VT 70.990
VT 135 060	VT 135 060	VT 135 061 bis 064	VT 135 065 und 066	VT 135 067 bis 075	VT 135 076
			—	—	—
A1	A1	1A	1A	1A	1A
B	B	BD	BD	BD	BD
Baao	Baao	BDaao	BDaao	BDaao	BDaao
Baut	Baut	MAN +	MAN	MAN +	MAN
DWK	DWK	MAN	MAN	MAN	MAN
TAG	AEG	Myl	Myl	Myl	DWK
75	75	75	75	75	75
1435	1435	1435	1435	1435	1435
132	132	111	111	111	111
15,7	21,0	16,4	12,5	16,4	16,4
10,5		10,5	6,4	10,5	10,5
12200	12200	12280	12475	12280	12280
—	—	—	—	—	—
—	—	—	—	—	—
—	—	—	—	—	—
900	900	900	900	900	900
900	900	900	900	900	900
dmech	dhydr	dmech	dmech	dmech	dmech
4 G Z		4 G Z	4 G Z	4 G Z	4 G Z
132	132	111	111	111	111
1500	1500	1500	1500	1500	1500
18,6	18,6	19,1	19,1	19,1	19,1
12,25:1	12,25:1	13,0:1	13,0:1	13,0:1	13,0:1
W	W	W	W	W	W
—	—	—	—	—	—
—	—	—	—	—	—
—	—	—	—	—	—
35	39	40	40	40	40
1,29	1,72	1,34	1,00	1,34	1,34
8,40	6,28	6,77	8,87	6,77	6,77
448	538	410	312	410	410
1936	1936 U	1936/37	1937	1937/38	1938
U	A	A	A	A	A

Baureihennummer DR ab 1970		—	—	186.0 und 186.2	—
Baureihennummer DB ab 1968		—	—	—	—
Betriebsnummer DB ab 1947		—	—	VT 70.924 bis 951	—
Betriebsnummer DRG ab 1932		—	VT 135 077 bis 080	VT 135 083 bis 132	VT 137 000 bis 004
Betriebsnummer bis 1932		—	—	—	—
Achsfolge		—	Bo	1A	B'2'
Gattungszeichen		—	B	BD	ABD4
		—	Baao	BDaao	ABDo
Hersteller mechanischer Teil		—	Wis	MAN +	Wumag
Hersteller Verbrennungsmotor		—	Deu	MAN	May
Hersteller elektrischer Teil/Getriebe		—	Myl	Myl	May
Höchstgeschwindigkeit	km/h		60	75	80
Spurweite	mm		1435	1435	1435
installierte Leistung	kW		74	111	129
Traktionsleistung	kW				
Dienstmasse	t		10,1	16,4	28,5
größte Achslast	t		7,0	10,5	10,0
Länge über Puffer/Kupplung	mm		11700	12280	20590
Drehzapfenabstand	mm		—	—	12770
Triebdrehgestellachsstand	mm		—	—	3800
Laufdrehgestellachsstand	mm		—	—	3000
Treibraddurchmesser	mm		700	900	1000
Laufraddurchmesser	mm		—	900	900
Kraftübertragungsart	—		dmech	dmech	dmech
Kraftübertragungssystem	—		4 G Z	4 G Z	4 G Z
Motorleistung	kW		37	111	129
Nenndrehzahl	min^{-1}		2000	1500	1400
Hubraum	l		4,95	19,1	16,7
Verdichtungsverhältnis	—		18,0:1	13,0:1	14,5:1
Kühlung	—			W	W
Aufladung	—		—	—	—
Steuerung	—		—	—	—
Sitzplätze 1. Klasse	—		—	—	8
Sitzplätze 2. Klasse + Speiseraum	—		40	40	55
spez. Metereigenmasse	t/m		0,86	1,34	1,38
spez. Antriebsleistung	kW/t		7,3	6,77	4,52
spez. Sitzplatzmasse	kg		252	410	452
Indienststellung	—		1934	1937/38	1932
Ausmusterung bzw. Umbau	—		A	(A)	A

—	—	—	—	—	—
—	—	—	—	—	—
—	VT 65.917	VT 65.916	VT 62.905 und 906	VT 50.000 bis 002	—
VT 137 005 und 006	VT 137 007 bis 009	VT 137 010 bis 024	—	VT 137 025 bis 027	VT 137 028 bis 030
—	—	—	—	—	—
B'2'	B'2'	B'2'	B'2'	2'Bo'	2'Bo'
B4	ABD4	ABD4	ABD4	ABD4i	AB4i
Bo	ABDo	ABDo	ABDo	ABDio	ABio
Wumag +	Wumag +	LHB	LHB, Wumag	LHW	Wis
May	May	May	May	MWM	May
May	May	May	May	AEG	BBC
80	80	80	80	90	110
1435	1435	1435	1435	1435	1435
129	129	129	155	221	302
					234
28,4	28,8	29,5	32,0	42,2	40,8
10,0	10,0	10,0	9,5	13,0	
20590	20590	20590	20590	22035	21873
12770	12770	12770	12770	14800	14270
3800	3800	3800	3800	3000	3000
3000	3000	3000	3000	3250	3500
1000	1000	1000	1000	900	900
900	900	900	900	900	900
dmech	dmech	dmech	dmech	del	del
4 G Z	4 G Z	4 G Z	4 G Z	AEG-Lemp	BBC
129	129	129	155	221	302
1400	1400	1400	1400	1100	1400
16,7	16,7	16,7		47,2	42,6
14,5:1	14,5:1	14,5:1		15,0:1	14,0:1
W	W	W	W	W	W
—	—	—	—	—	—
—	—	—	—	V	E
—	8	8	8	14	16
66	55	55	55	52	55
1,38	1,40	1,43	1,55	1,91	1,87
4,55	4,48	4,37	4,85	5,23	7,40
431	457	468	508	640	575
1932/33	1933	1933	U	1933/34	1934
A	A, U	A, U	A	A, U	A

Baureihennummer DR ab 1970	—	185.0 und 185.2	—	—
Baureihennummer DB ab 1968	—	—	—	—
Betriebsnummer DB ab 1947	—	—	—	VT 51.000 und 001
Betriebsnummer DRG ab 1932	—	VT 137 031 bis 035	VT 137 036 bis 054	VT 137 055 bis 057
Betriebsnummer bis 1932	—	—	—	—
Achsfolge	—	2'Bo'	B'2'	2'Bo'
Gattungszeichen	—	AB4i	ABD4i	ABD4i
	—	ABio	ABDio	ABDio
Hersteller mechanischer Teil	—	MAN	Wumag, Des	LHW
Hersteller Verbrennungsmotor	—	May	May	Daim
Hersteller elektrischer Teil/Getriebe	—	BBC	May	AEG
Höchstgeschwindigkeit	km/h	100	80	90
Spurweite	mm	1435	1435	1435
installierte Leistung	kW	302	155	221
Traktionsleistung	kW	234		
Dienstmasse	t	42,6	30,7	41,0
größte Achslast	t			10,0
Länge über Puffer/Kupplung	mm	21873	20590	22035
Drehzapfenabstand	mm	14270	12770	14540
Triebdrehgestellachsstand	mm	3000	3800	3000
Laufdrehgestellachsstand	mm	3500	3000	3500
Treibraddurchmesser	mm	900		
Laufraddurchmesser	mm	900		
Kraftübertragungsart	—	del	dmech	del
Kraftübertragungssystem	—	BBC	4 G Z	RZM
Motorleistung	kW	302	155	221
Nenndrehzahl	min^{-1}	1400	1400	1500
Hubraum	l	42,6	21,3	30,5
Verdichtungsverhältnis	—	14,0:1	11,85:1	17,0:1
Kühlung	—	W	W	W
Aufladung	—	—	—	—
Steuerung	—	V	—	E
Sitzplätze 1. Klasse	—	16	16	14
Sitzplätze 2. Klasse + Speiseraum	—	45	45	55
spez. Metereigenmasse	t/m	1,95	1,49	1,86
spez. Antriebsleistung	kW/t	7,08	5,05	5,39
spez. Sitzplatzmasse	kg	698	503	594
Indienststellung	—	1934	1932/33	1934/35
Ausmusterung bzw. Umbau	—	A	A	A

185.0	185.0	—	—	—	—
—	—	—	—	—	—
VT 33.106	—	VT 33.202 und 203	VT 39.000	VT 32.002	—
VT 137 058 bis 067	VT 137 068 bis 071	VT 137 072 und 073	VT 137 074	—	VT 137 075 bis 079
—	—	—	—	—	—
2'Bo'	2'Bo'	2'Bo'	2'Bo'	2'Bo'	2'Bo'
ABD4i	ABD4i	ABD4i	ABD4i	ABD4i	ABD4i
ABDio	ABDio	ABDio	ABDio	ABDio	ABDio
Wis	MAN	MAN	MAN	MAN	Wis
May	May	May	MAN	Daim	May
SSW	AEG	BBC	BBC	Wasseg	AEG, SSW
110	110	100	100	110	110
1435	1435	1435	1435	1435	1435
302	302	302	309	294	302
240		234			240
42,0	42,0	42,0	44,3	48,8	42,0
13,0	13,0	11,0			12,0
21873	21873	21873	21873	21873	21873
14270	14270	14270	14270	14270	14270
3000	3000	3000	3000	3000	3000
3500	3500	3500	3500	3500	3500
1000	900	900	900	900	900
1000	900	900	900	900	900
del	del	del	del	del	del
RZM	RZM	BBC	BBC	RZM	RZM
302	302	302	309	294	302
1400	1400	1400	1400	1400	1400
42,6	42,6	42,6	52,2		42,6
14,0:1	14,0:1	14,0:1	13,4:1		14,0:1
W	W	W	W	W	W
—	—	—	—	—	—
E	E	V	V	V	V
16	16	16	16	16	16
55	50	50	45	45	55
1,92	1,92	1,92	2,03	2,23	1,92
7,19	7,19	7,19	6,97	6,02	7,19
592	636	636	727	800	592
1934	1934	1934	1934	1952 U	1934
A, U	A	A	U	A	A

Baureihennummer DR ab 1970	—	—	—	185.0
Baureihennummer DB ab 1968	—	—	—	—
Betriebsnummer DB ab 1947	—	VT 33.204 bis 208	—	VT 33.211 und 212
Betriebsnummer DRG ab 1932	—	VT 137 080 bis 086	VT 137 087	VT 137 088 bis 093
Betriebsnummer bis 1932	—	—	—	—
Achsfolge	—	2'Bo'	2'Bo'	2'Bo'
Gattungszeichen	—	ABD4i	ABD4i	ABD4i
	—	ABDio	ABDio	ABDio
Hersteller mechanischer Teil	—	Düwag	Düwag	Tal
Hersteller Verbrennungsmotor	—	May	May	May
Hersteller elektrischer Teil/Getriebe	—	BBC	AEG, SSW	SSW
Höchstgeschwindigkeit	km/h	100	110	110
Spurweite	mm	1435	1435	1435
installierte Leistung	kW	302	302	302
Traktionsleistung	kW	234	240	240
Dienstmasse	t	43,0	44,5	43,0
größte Achslast	t	12,0	12,0	12,0
Länge über Puffer/Kupplung	mm	21873	21873	21873
Drehzapfenabstand	mm	14270	14270	14270
Triebdrehgestellachsstand	mm	3000	3000	3000
Laufdrehgestellachsstand	mm	3500	3500	3500
Treibraddurchmesser	mm	900	900	900
Laufraddurchmesser	mm	900	900	900
Kraftübertragungsart	—	del	del	del
Kraftübertragungssystem	—	BBC	RZM	RZM
Motorleistung	kW	302	302	302
Nenndrehzahl	min^{-1}	1400	1400	1400
Hubraum	l	42,6	42,6	42,6
Verdichtungsverhältnis	—	14,0:1	14,0:1	14,0:1
Kühlung	—	W	W	W
Aufladung	—	—	—	—
Steuerung	—	V	V	V
Sitzplätze 1. Klasse	—	16	16	16
Sitzplätze 2. Klasse + Speiseraum	—	45	45	45
spez. Metereigenmasse	t/m	1,97	2,04	1,97
spez. Antriebsleistung	kW/t	7,02	6,78	7,02
spez. Sitzplatzmasse	kg	705	730	705
Indienststellung	—	1933/34	1934	1934/35
Ausmusterung bzw. Umbau	—	A, U	A	A, U

185.0	185.2	185.0 und 185.2	—	—	—
—	—	—	—	—	—
VT 33.213	VT 32.000 und 001	VT 32.005 bis 010	VT 32.011	VT 51.101 bis 103	VT 51.104
VT 137 094 bis 096	VT 137 097 bis 100	VT 137 101 bis 109	VT 137 110	VT 137 111 bis 115	VT 137 116
—	—	—	—	—	—
2'Bo'	2'Bo'	2'Bo'	2'Bo'	2'Bo'	2'Bo'
ABD4i	ABD4i	ABD4i	ABD4i	ABD4i	ABD4i
ABDio	ABDio	ABDio	ABDio	ABDio	ABDio
VWW	VWW	Düwag	Düwag	LHW	LHW
May	MAN	MAN	MAN	Daim	Daim
Wasseg	Wasseg	Wasseg	Wasseg	AEG	AEG
110	110	110	110	90	90
1435	1435	1435	1435	1435	1435
302	309	309	309	221	221
240					
46,1	46,1	46,1	46,1	44,0	43,2
11,25	13,5	13,5	13,5	11,0	10,0
21873	21873	21873	21873	22035	22035
14270	14270	14270	14270	14540	14800
3000	3000	3000	3000	3000	3000
3500	3500	3500	3500	3500	3250
900	900	900	900	900	900
900	900	900	900	900	900
del	del	del	del	del	del
RZM	RZM	RZM	RZM	RZM	RZM
302	309	309	309	221	221
1400	1400	1400	1400	1500	1500
42,6	52,2	52,2	52,2	30,5	30,5
14,0:1	13,4:1	13,4:1	18,0:1	17,0:1	17,0:1
W	W	W	W	W	W
—	V	—	—	—	—
V	V	V	V	V	E
16	16	16	16	14	14
40	45	40	40	55	52
2,11	2,11	2,11	2,11	1,91	1,96
6,55	6,70	6,70	6,70	5,26	5,12
823	756	823	823	608	654
1934	1934/35	1934/35	1935	1935	1935
A	A, U	(A), (U)	A	A	A

Baureihennummer DR ab 1970	—	—	—	—
Baureihennummer DB ab 1968	—	—	—	—
Betriebsnummer DB ab 1947	—	VT 50.100 bis 103	VT 62.902	VT 63.901 bis 909
Betriebsnummer DRG ab 1932	—	VT 137 117 bis 120	VT 137 121 bis 135	VT 137 136 bis 148
Betriebsnummer bis 1932	—	—	—	—
Achsfolge	—	2'Bo'	B'2'	B'2'
Gattungszeichen	—	ABD4i	ABD4	ABD4itr
	—	ABDio	ABDo	ABDiotr
Hersteller mechanischer Teil	—	LHW	Des, Tal +	Des, Lin, Tal
Hersteller Verbrennungsmotor	—	MWM	May	MAN
Hersteller elektrischer Teil/Getriebe	—	AEG	May	TAG
Höchstgeschwindigkeit	km/h	90	80	80
Spurweite	mm	1435	1435	1435
installierte Leistung	kW	221	155	155
Traktionsleistung	kW			
Dienstmasse	t	44,9	30,7	31,1
größte Achslast	t	11,0	10,0	11,0
Länge über Puffer/Kupplung	mm	22035	20590	21873
Drehzapfenabstand	mm	14800	12770	14270
Triebdrehgestellachsstand	mm	3000	3800	3800
Laufdrehgestellachsstand	mm	3250	3000	3000
Treibraddurchmesser	mm	900	1000	900
Laufraddurchmesser	mm	900	900	900
Kraftübertragungsart	—	del	dmech	dmech
Kraftübertragungssystem	—	RZM	4 G Z	4 G Z
Motorleistung	kW	221	155	155
Nenndrehzahl	min^{-1}	1100	1400	1400
Hubraum	l	47,2	21,3	26,1
Verdichtungsverhältnis	—	15,0:1	11,85:1	13,5:1
Kühlung	—	W	W	W
Aufladung	—	—	—	—
Steuerung	—	E	—	—
Sitzplätze 1. Klasse	—	14	16	16
Sitzplätze 2. Klasse + Speiseraum	—	52	35	47
spez. Metereigenmasse	t/m	2,03	1,49	1,42
spez. Antriebsleistung	kW/t	4,92	5,05	4,98
spez. Sitzplatzmasse	kg	680	602	493
Indienststellung	—	1936/37	1934/35	1935/36
Ausmusterung bzw. Umbau	—	A, U	A	A, U

183.0	—	—	—	—	—
—	—	—	—	—	—
VT 04.101 und 102	—	—	—	VT 38.001 bis 003	VT 32.500 und 501
SVT 137 149 bis 152	SVT 137 153 und 154	SVT 137 153 und 154	SVT 137 155	VT 137 156 bis 159	VT 137 160 und 161
—	—	—	—	—	—
2'Bo'2'	B'2'2'B'	B'2'2'B'	(1A)2'2'(A1)	2'Bo'	Bo'2'
AD6ük	ABDPost8ük	ABRDPost8ük	ADPost8ük	ABD4i	ABD4i
ADr	ABDPostür	ABDPostür	ADPostür	ABDi	ABDio
Wumag	LHW	LHW	VWW	MAN	VWW
May	May	May	May	MAN	MAN
AEG, SSW	Voith, TAG	Voith, TAG	AEG	BBC	Voith
160	160	160	160	100	110
1435	1435	1435	1435	1435	1435
604	883	883	883	412	309
100,0	124,0	124,0	113,2	48,5	45,8
17,0				14,0	14,0
44956	60150	60150	70080	21880	21873
18075	16875/17800	16875/17800	18800/19000	14270	14270
3500	4230	4230	3000	3000	4000
3500	3500	3500	3000	3500	3000
1000			940	1000	900
900			940	900	900
del	dhydr	dhydr	dhydr	del	dhydr
RZM	2 G W/W	2 G W/W	2 G W/W	BBC	2 G W/W
302	442	442	442	412	309
1400	1400	1400	1400	1400	1400
42,6	48,3	48,3	48,3	52,2	52,2
14,0:1	13,5:1	13,5:1	13,5:1	13,4:1	13,4:1
W	W	W	W	W	W
—	ja	ja	ja	ja	—
V	V	V	—	V	E
77	30	30	100	16	16
— + 4	109	70 + 29	—	40	40
2,23	2,06	2,06	1,61	2,22	2,10
6,04	7,12	7,12	7,80	8,49	6,75
1300 (1235)	892	1240 (962)	1132	865	818
1935/36	1935/36	U	1938	1935/36	1937
A	U	A	A	A, U	U

Baureihennummer DR ab 1970	—	—	—	—
Baureihennummer DB ab 1968	—	—	—	—
Betriebsnummer DB ab 1947	—	VT 33.501 und 502	—	—
Betriebsnummer DRG ab 1932	—	—	VT 137 162 und 163	VT 137 163
Betriebsnummer bis 1932	—	—	—	—
Achsfolge	—	Bo'2'	B'2'	B'2'
Gattungszeichen	—	ABD4i	ABD4i	ABD4i
	—	ABDio	ABDio	ABDio
Hersteller mechanischer Teil	—	VWW	Tal	Tal
Hersteller Verbrennungsmotor	—	May	MAN	May
Hersteller elektrischer Teil/Getriebe	—	Voith, DWK	Voith	Voith
Höchstgeschwindigkeit	km/h	110	80	80
Spurweite	mm	1435	1435	1435
installierte Leistung	kW	302	206	155
Traktionsleistung	kW			
Dienstmasse	t	46,3	38,6	38,6
größte Achslast	t	14,0		
Länge über Puffer/Kupplung	mm	21873	21873	21873
Drehzapfenabstand	mm	14270	14270	14270
Triebdrehgestellachsstand	mm	4000	4000	4000
Laufdrehgestellachsstand	mm	3000	3000	3000
Treibraddurchmesser	mm	900	900	900
Laufraddurchmesser	mm	900	900	900
Kraftübertragungsart	—	dhydr	dhydr	dhydr
Kraftübertragungssystem	—	2 G W/K	2 G W/W	2 G W/W
Motorleistung	kW	302	206	155
Nenndrehzahl	min^{-1}	1400	1400	1400
Hubraum	l	42,6	26,1	24,2
Verdichtungsverhältnis	—	14,0:1	13,5:1	
Kühlung	—	W	W	
Aufladung	—	—	ja	
Steuerung	—	V	E	
Sitzplätze 1. Klasse	—	16	16	16
Sitzplätze 2. Klasse + Speiseraum	—	40	41	41
spez. Metereigenmasse	t/m	2,12	1,77	1,77
spez. Antriebsleistung	kW/t	6,52	5,33	4,01
spez. Sitzplatzmasse	kg	828	678	678
Indienststellung	—	U	1937	U
Ausmusterung bzw. Umbau	—	A	A, U	A

185.0	185.0	185.0	185.0	—	—
—	—	—	—	—	—
VT 33.218 bis 222	VT 30.001	VT 33.224 bis 231	VT 32.012 bis 019	VT 25.504 bis 506	VT 33.232
VT 137 164 bis 187	VT 137 188 bis 190	VT 137 191 bis 209	VT 137 210 bis 223	—	—
—	—	—	—	—	—
2'Bo'	2'Bo'	2'Bo'	2'Bo'	B'2'	2'Bo'
ABD4i	ABD4i	ABD4i	ABD4i	ABD4i	ABD4i
ABDio	ABDio	ABDio	ABDio	ABDio	ABDio
Wis, Tal, VWW + May	VWW + Daim	Wis, Tal, VWW + May	MAN, VWW + MAN	MAN, VWW + May	MAN, VWW + May
BBC, Wasseg	AEG, BBC, SSW	BBC, Wasseg	Wasseg	Voith	Wasseg
110	110	110	110	110	110
1435	1435	1435	1435	1435	1435
302	331	302	309	442	302
240	240	240			
46,1	48,3	46,1	46,1	46,0	48,0
11,25	14,0	12,75	13,15	14,2	12,8
21873	21873	21873	21873	21873	21873
14270	14270	14270	14270	14270	14270
3000	3000	3000	3000	3500	3000
3500	3500	3500	3500	3000	3500
900	900	900	900	900	900
900	900	900	900	900	900
del	del	del	del	dhydr	del
RZM	RZM	RZM	RZM	2 G W/W	RZM
302	331	302	309	442	302
1400	1400	1400	1400	1400	1400
42,6	50,1	42,6	52,2	48,3	42,6
14,0:1	17,0:1	14,0:1	13,4:1	13,5:1	14,0:1
W	W	W	W	W	W
—	—	—	—	ja	—
V	V	V	V	V	V
16	15	16	16	16	16
40	40	40	40	40	40
2,11	2,21	2,11	2,11	2,10	2,20
6,55	6,85	6,55	6,70	9,60	6,29
824	879	824	824	822	851
1936	1936	1936	1935/36	1951 U	U
A, (U)	A, U	A	A, (U)	A	A

Baureihennummer DR ab 1970	—	183.0 und 183.2	—	—
Baureihennummer DB ab 1968	—	—	—	—
Betriebsnummer DB ab 1947	—	VT 04.105 bis 107	VT 04.501	—
Betriebsnummer DRG ab 1932	—	SVT 137 224 bis 232	SVT 137 227	SVT 137 233 und 234
Betriebsnummer bis 1932	—	—	—	—
Achsfolge	—	2'Bo'2'	B'2'B'	2'Bo'Bo'2'
Gattungszeichen	—	AD6ük	AD6ük	ABDPost8ük
	—	ADr	ADr	ABDPostür
Hersteller mechanischer Teil	—	Wumag	Wumag	LHW
Hersteller Verbrennungsmotor	—	May	May	May
Hersteller elektrischer Teil/Getriebe	—	AEG, SSW	Voith	AEG, SSW
Höchstgeschwindigkeit	km/h	160	160	160
Spurweite	mm	1435	1435	1435
installierte Leistung	kW	604	604	883
Traktionsleistung	kW			
Dienstmasse	t	100,0	95,1	133,0
größte Achslast	t	17,0	16,3	
Länge über Puffer/Kupplung	mm	44956	44956	60150
Drehzapfenabstand	mm	18075	18075	16875/17800
Triebdrehgestellachsstand	mm	3500	3500	3500
Laufdrehgestellachsstand	mm	3500	3500	4000
Treibraddurchmesser	mm	1000	900	3500
Laufraddurchmesser	mm	900	1000	
Kraftübertragungsart	—	del	dhydr	del
Kraftübertragungssystem	—	RZM	2 G W/W	RZM
Motorleistung	kW	302	302	442
Nenndrehzahl	min^{-1}	1400	1400	1400
Hubraum	l	42,6	42,6	48,3
Verdichtungsverhältnis	—	14,0:1	14,0:1	13,5:1
Kühlung	—	W	W	W
Aufladung	—	—	—	ja
Steuerung	—	V	V	V
Sitzplätze 1. Klasse	—	77	76	30
Sitzplätze 2. Klasse + Speiseraum	—	— + 4	— + 4	109
spez. Metereigenmasse	t/m	2,23	2,12	2,22
spez. Antriebsleistung	kW/t	6,04	6,35	6,64
spez. Sitzplatzmasse	kg	1300 (1235)	1250 (1189)	955
Indienststellung	—	1935/36	1951 U	1935/36
Ausmusterung bzw. Umbau	—	(A), (U)	A	U

183.2	—	—	—	—	—
—	—	—	—	—	—
—	—	VT 63.910	—	—	—
SVT 137 233 und 234	VT 137 235	—	VT 137 236	VT 137 237	VT 137 238
—	—	—	—	—	—
2'Bo'Bo'2'	B'2'	B'2'	B'2'		?+2'2'
ABRDPost8ük	ABD4itr	ABD4itr	ABD4itr	ABD4i	D3i+AB4i
ABDPostür	ABDiotr	ABDiotr	ABDiotr	ABDio	Dai+ABi
LHW	Des	Des	Des		Des, Bres
May	MAN	May	Daim		
AEG, SSW	DWK, TAG	TAG	Myl		
160	90	90	90		
1435	1435	1435	1435	1435	1435
883	206	184	221		111
133,0	37,5	37,0	36,2		49,9
	11,5	12,0			
60150	21873	21873	21873	20970	25600
16875/17800	14270	14270	14270	11700	8000
3500	3800	3800	3800	2150	—
4000	3000	3000	3000	—	2500
	900	900	900	950	
	900	900	900		
del	dmech	dmech	dmech		
RZM	4 G Z	4 G Z	5 G Z		
442	206	184	221		111
1400	1400	1400	1500		
48,3	26,1		30,5		
13,5:1	13,5:1		17,0:1		
W	W		W		
ja	ja		—		
V	—		—		
30	16	16	16	7	2
70 + 29	41	41	41	54	55
2,22	1,71	1,69	1,66		1,95
6,64	5,50	4,97	6,10		2,22
1330 (1030)	657	649	635		877
U	1937	U	1937	1925	1930/34 U
(A)	U	A	A	A	A

Baureihennummer DR ab 1970	—	—	—	—
Baureihennummer DB ab 1968	—	—	—	—
Betriebsnummer DB ab 1947	—	VT 90.500	VT 36.500 bis 511 und 520	—
Betriebsnummer DRG ab 1932	—	VT 137 240	VT 137 241 bis 270	VT 137 271 und 272
Betriebsnummer bis 1932	—	—	—	—
Achsfolge	—	(A1) (1A)	Bo'2'	Bo'2'
Gattungszeichen	—	B4	ABD4itr	ABD4i
	—	B	ABDiotr	ABDio
Hersteller mechanischer Teil	—	Fu	Des, Düwag	VWW
Hersteller Verbrennungsmotor	—	DWK	MAN	May
Hersteller elektrischer Teil/Getriebe	—	Voith	Voith	Voith
Höchstgeschwindigkeit	km/h	120	100	110
Spurweite	mm	1435	1435	1435
installierte Leistung	kW	265	265	302
Traktionsleistung	kW			
Dienstmasse	t	44,0	36,6	43,3
größte Achslast	t	10,9	13,7	12,7
Länge über Puffer/Kupplung	mm	22240	22350	21873
Drehzapfenabstand	mm	14500	14420	14270
Triebdrehgestellachsstand	mm	3000	3600	3500
Laufdrehgestellachsstand	mm	—	3000	3000
Treibraddurchmesser	mm	900	900	900
Laufraddurchmesser	mm	900	900	900
Kraftübertragungsart	—	dhydr	dhydr	dhydr
Kraftübertragungssystem	—	3 G W/K/K	3 G W/K/K	3 G W/W/W
Motorleistung	kW	132	265	302
Nenndrehzahl	min^{-1}	1500	870	1400
Hubraum	l	18,6	68,3	48,3
Verdichtungsverhältnis	—	12,25:1	16,7:1	14,0:1
Kühlung	—	W	W	W
Aufladung	—	—	—	—
Steuerung	—	—	V	V
Sitzplätze 1. Klasse	—	—	8	16
Sitzplätze 2. Klasse + Speiseraum	—	60	43	40
spez. Metereigenmasse	t/m	1,98	1,64	1,98
spez. Antriebsleistung	kW/t	6,03	7,23	6,96
spez. Sitzplatzmasse	kg	734	717	775
Indienststellung	—	1936	1936/37	1936/37
Ausmusterung bzw. Umbau	—	A	A, (U)	A, U

—	—	—	182.0	—	184.0
—	—	—	—	—	—
VT 46.500	VT 06.102 bis 104	VT 06.501	—	—	—
VT 137 271	SVT 137 273 bis 278	SVT 137 275	SVT 137 273 und 278	VT 137 283 bis 287	VT 137 288 bis 295
—	—	—	—	—	—
B'2'	2'Bo'+2'2'+Bo'2'	B'2'+2'2'+2'B'	2'Bo'+2'2'+2'2'+Bo'2'	B'2'2'B'	2'Bo'2'
ABD4i	ADR12ük	ADR12ük	ABDR16ük	ABD8iütr	ABD6ütr
ABDio	ADür	ADür	ABDür	ABDitr	ABDtr
VWW	LHW	LHW	LHW	VWW	Wumag
May	May	May	ČKD	May	May
Voith	AEG, SSW	Voith	AEG, SSW	Voith	SSW
90	160	160	160	120	120
1435	1435	1435	1435	1435	1435
302	883	883	957	604	604
43,3	160,3	159,2	204,1	103,6	99,0
13,5	17,6	18,6	17,6	14,85	17,4
21873	70205	70205	92805	53400	44186
14270	16120/16135	16120/16135	16120/16135	14600/15400	17690
3500	3000	4000	3000	3600	3500
3000	4000/3000	3000	4000/3000	3600	3500
900	930	930	930	930	930
900	930	930	930	930	930
dhydr	del	dhydr	del	dhydr	del
3 G W/W/W	RZM	2 G W/W	RZM	2 G W/W	RZM
302	442	442	479	302	302
1400	1400	1400	1400	1400	1400
48,3	48,3	48,3	52,62	48,3	48,3
14,0:1	13,5:1	13,5:1	13,4:1	14,0:1	14,0:1
W	W	W	W	W	W
—	ja	ja	ja	—	—
V	V	V	V	V	V
15	102	96	48	30	18
40	— + 30	— + 30	144 + 30	108	96
1,98	2,28	2,56	2,20	1,94	2,24
6,96	5,50	5,54	4,68	5,82	6,10
788	1575 (1215)	1660 (1223)	1062 (918)	750	869
1953 U	1938	1951 U	1965 U	1938	1938
A	A, U	A	(A)	A	(A)

Baureihennummer DR ab 1970	—	—	—	—
Baureihennummer DB ab 1968	—	—	—	—
Betriebsnummer DB ab 1947	—	VT 50.200 bis 203	—	—
Betriebsnummer DRG ab 1932	—	VT 137 296 bis 300	VT 137 322	VT 137 323
Betriebsnummer bis 1932	—	—	—	—
Achsfolge	—	2'Bo'	B'2'	B'2'
Gattungszeichen	—	ABD4i	KBD4m	KB4m
	—	ABDio	KBD	KB
Hersteller mechanischer Teil	—	LHW	Baut	Baut
Hersteller Verbrennungsmotor	—	MWM	Vom	Vom
Hersteller elektrischer Teil/Getriebe	—	AEG	Voith	Voith
Höchstgeschwindigkeit	km/h	90	60	60
Spurweite	mm	1435	750	750
installierte Leistung	kW	221	132	132
Traktionsleistung	kW			
Dienstmasse	t	44,9	21,0	21,0
größte Achslast	t	13,0		
Länge über Puffer/Kupplung	mm	22035	14860	14860
Drehzapfenabstand	mm	14800	9000	9000
Triebdrehgestellachsstand	mm	3000	1300	1300
Laufdrehgestellachsstand	mm	3500	1300	1300
Treibraddurchmesser	mm	900	750	750
Laufraddurchmesser	mm	900	750	750
Kraftübertragungsart	—	del	dhydr	dhydr
Kraftübertragungssystem	—	RZM	3 G W/K/K	3 G W/K/K
Motorleistung	kW	221	132	132
Nenndrehzahl	min^{-1}	1100	1500	1500
Hubraum	l	47,2	20,7	20,7
Verdichtungsverhältnis	—	15,0:1	19,0:1	19,0:1
Kühlung	—	W	W	W
Aufladung	—	—	—	—
Steuerung	—	E	V	V
Sitzplätze 1. Klasse	—	14	—	—
Sitzplätze 2. Klasse + Speiseraum	—	52	28	34
spez. Metereigenmasse	t/m	2,04	1,41	1,41
spez. Antriebsleistung	kW/t	4,92	6,28	6,28
spez. Sitzplatzmasse	kg	680	750	617
Indienststellung	—	1937	1938	1938
Ausmusterung bzw. Umbau	—	A		A

—	—	—	—	185.0	—
—	—	—	—	—	660
—	—	—	VT 45.504	—	VT 60.500 bis 516
VT 137 324	VT 137 325	VT 137 326 bis 331	—	VT 137 347 bis 366	—
—	—	—	—	—	—
B'2'	B'2'	(A1)2'+2'(1A)	(A1)2'+2'(1A)	(A1)2'	(A1)2'
KBD4m	KB4m	ABD8iütr	ABD8iütr	ABD4itr	ABD4itr
KBD	KB	ABDPostiotr	ABDPostiotr	ABDiotr	ABDiotr
Baut Vom Voith	Baut Vom Voith	Wumag Daim, MAN + Voith, AEG	Wumag Daim + Voith, AEG	VWW, Baut + May Voith	VWW, Baut + Voith
60	60	90	90	80	80
750	750	1435	1435	1435	1435
132	132	406	486	166	243
21,0	21,0	77,0 10,5	80,0 10,5	37,5 11,5	37,5 11,5
14860	14860	40690	40690	22080	22080
9000	9000	13500	13500	14140	14140
1300	1300	3200	3200	3600	3600
1300	1300	3000	3000	3000	3000
750	750	900	900	900	900
750	750	900	900	900	900
dhydr	dhydr	dhydr	dhydr	dhydr	dhydr
3 G W/K/K	3 G W/K/K	2 G W/K	2 G W/K; W/W	2 G W/W	2 G W/W
132	132	203	243	166	243
1500	1500	1500	1580	1450	1450
20,7	20,7	30,3 | 30,6 | 30,3	20,16	24,15	22,16
19,0:1	19,0:1	17,4:1 | 17,0:1 | 19,0:1			
W	W	W	W	W	W
—	—	—	—	—	—
V	V	V	V	V	V
—	—	18	18	6	18
28	34	102	98	43	31
1,41	1,41	1,89	1,97	1,70	1,70
6,28	6,28	5,27	6,08	4,42	6,48
750	617	642	698	765	765
1938	1938	1938	U	1936	U
A	A	A, (U)	A	A, (U)	

Baureihennummer DR ab 1970		—	—	—	—
Baureihennummer DB ab 1968		—	—	—	—
Betriebsnummer DB ab 1947		—	—	VT 45.502	VT 45.503
Betriebsnummer DRG ab 1932		—	VT 137 367 bis 376	—	—
Betriebsnummer bis 1932		—	—	—	—
Achsfolge		—	(A1)2′ + 2′(1A)	(A1)2′ + 2′(1A)	(A1)2′ + 2′(1A)
Gattungszeichen		—	ABD8iütr	ABD8iütr	ABD8iütr
		—	ABDPostiotr	ABDPostiotr	ABDPostiotr
Hersteller mechanischer Teil		—	Wumag	Wumag	Wumag
Hersteller Verbrennungsmotor		—	Daim, MAN +	Daim	Daim, MAN +
Hersteller elektrischer Teil/Getriebe		—	Voith, AEG	Voith, AEG	Voith, AEG
Höchstgeschwindigkeit	km/h		90	90	90
Spurweite	mm		1435	1435	1435
installierte Leistung	kW		406	486	406
Traktionsleistung	kW				
Dienstmasse	t		77,0	80,0	77,0
größte Achslast	t		10,5	11,0	10,5
Länge über Puffer/Kupplung	mm		40690	40690	40640
Drehzapfenabstand	mm		13500	13500	13500
Triebdrehgestellachsstand	mm		3200	3200	3200
Laufdrehgestellachsstand	mm		3000	3000	3000
Treibraddurchmesser	mm		900	900	900
Laufraddurchmesser	mm		900	900	900
Kraftübertragungsart	—		dhydr	dhydr	dhydr
Kraftübertragungssystem	—		2 G W/K	2 G W/K; W/W	2 G W/K
Motorleistung	kW		203	243	203
Nenndrehzahl	min⁻¹		1500	1580	1500
Hubraum	l		30,3 | 30,6 | 30,3	20,16	27,9
Verdichtungsverhältnis	—		17,4:1 | 17,0:1 | 19,0:1		14,7:1
Kühlung	—		W	W	W
Aufladung	—		—	—	—
Steuerung	—		V	V	V
Sitzplätze 1. Klasse	—		18	18	18
Sitzplätze 2. Klasse + Speiseraum	—		102	98	98
spez. Metereigenmasse	t/m		1,89	1,97	1,89
spez. Antriebsleistung	kW/t		5,27	6,06	5,27
spez. Sitzplatzmasse	kg		642	698	664
Indienststellung	—		1940	U	U
Ausmusterung bzw. Umbau	—		A, (U)	A	A

Nenndrehzahl min^{-1}

—	—	—	—	187.1	—
660	660	—	—	—	—
VT 60.517 bis 531	VT 60.531	VT 36.513 bis 519	VT 90.501	—	—
VT 137 377 bis 396	—	VT 137 442 bis 461	VT 137 462 und 463	VT 137 531 und 532	VT 137 561
—	—	—	—	—	—
(A1)2′	(A1)2′	Bo′2′	(A1)(1A)	(1A)(A1)	Bo′Bo′
ABD4itr	ABD4itr	ABD4itr	B4	KB4	KBD4
ABDiotr	ABDiotr	ABDiotr	B	KB	KBD
VWW, Baut +	VWW, Baut +	Des, Düwag	Fu	DWK	MAN
May	May	MAN	DWK	Daim	MAN
Voith	Voith	Voith	Voith	Myl	BBC
80	80	100	120	60	60
1435	1435	1435	1435	1000	1000
166	166	265	265	74	309
37,3	37,3	40,0	44,0	13,4	35,5
12,0	12,0	12,2	10,9		
22080	22080	22350	22390	12960	15600
14140	14140	14420	14500	7500	11100
3600	3600	3600	3000	1400	1900
3000	3000	3000	—	—	—
900	900	900	900	700	800
900	900	900	900	700	—
dhydr	dhydr	dhydr	dhydr	dmech	del
2 G W/W	2 G W/W	3 G W/K/K	3 G W/K/K		
166	166	265	132	74	309
1450	1450	850	1500		
24,15	24,15	68,3	18,6		
		16,7:1	12,25:1		
W	W	W	W		
—	—	—	—		
V	V	V	—		
6	18	6	—	—	—
43	31	46	60	50	23
1,69	1,69	1,79	1,97	1,03	2,28
4,44	4,44	6,62	6,03	5,52	8,71
761	761	769	733	268	154
1939	U	1940	1939	1935/39	1935
A, (U)	A	A	U	A, U	A

Baureihennummer DR ab 1970	—	187.1	185.0[1])	—
Baureihennummer DB ab 1968	—	—	—	—
Betriebsnummer DB ab 1947	—	—	—	—
Betriebsnummer DRG ab 1932	—	VT 137 562 bis 564	VT 137 565 und 566	VT 137 600
Betriebsnummer bis 1932	—	—	—	—
Achsfolge	—	Bo'2'	Bo'Bo'	2'(1A) + (A1)2'
Gattungszeichen	—	KBD4i	KD4	KB8p
	—	KBD	KD	KB
Hersteller mechanischer Teil	—		Wis	
Hersteller Verbrennungsmotor	—	Deu	MAN	
Hersteller elektrischer Teil/Getriebe	—		BBC	Myl
Höchstgeschwindigkeit	km/h	60	60	30
Spurweite	mm	1000	1000	750
installierte Leistung	kW	111	345	111
Traktionsleistung	kW			
Dienstmasse	t	20,4	34,5	39,0
größte Achslast	t			
Länge über Puffer/Kupplung	mm	13800	15600	34000
Drehzapfenabstand	mm	8600	11100	
Triebdrehgestellachsstand	mm	1880	1900	
Laufdrehgestellachsstand	mm	1880	—	
Treibraddurchmesser	mm	700	800	700
Laufraddurchmesser	mm	700	—	600
Kraftübertragungsart	—		del	dmech
Kraftübertragungssystem	—			
Motorleistung	kW	111	345	56
Nenndrehzahl	min^{-1}			
Hubraum	l			
Verdichtungsverhältnis	—			
Kühlung	—			
Aufladung	—			
Steuerung	—			
Sitzplätze 1. Klasse	—	—	—	—
Sitzplätze 2. Klasse + Speiseraum	—	32	—	67
spez. Metereigenmasse	t/m	1,48	2,21	1,15
spez. Antriebsleistung	kW/t	5,44	10,0	2,82
spez. Sitzplatzmasse	kg	637	—	582
Indienststellung	—	1939	1939	U
Ausmusterung bzw. Umbau	—	A, U	A, U	A

[1]) müßte als 187.1 bezeichnet sein

—	182.0	—	—	—	—
—	—	—	—	—	—
VT 06.106 bis 111	—	VT 06.502	—	—	VT 07.501 u.502
SVT 137 851 bis 858	SVT 137 852, 856 und 857	SVT 137 858	SVT 137 858	SVT 137 901 und 902[1])	—
—	—	—	—	—	—
2'Bo'+2'2'+Bo'2'	2'Bo'+2'2'+2'2'+Bo'2'	B'2'+2'2'+2'B'	B'2'+2'2'+2'2'+2'B'	2'Bo'+2'2'+2'2'+Bo'2'	B'2'+2'2'+2'2'
ADR12ük	ABDR16ük	ADR12ükl	ABDR16ük	MDPost4ü+A4ü+A4ü+AR4ü	ARD12ükl
ADRü	ABDRü	ADRü	ADRü	DPostü/Aü/Aü/ARü	ADRü
LHW	LHW	LHW	LHW	MAN	MAN
May	ČKD	May	ČKD	MAN	May, Daim
AEG, SSW	AEG, SSW	Voith	Voith	BBC	May, Voith
160	160	160	160	160	120
1435	1435	1435	1435	1435	1435
883	957	883	957	1088	736
				1000	692
160,3	204,1	159,2	203,1	210,6	146,0
13,5	17,6	18,6	18,0		18,0
70205	92805	70205	92805	86755	69750
16120/16135	16120/16135	16120/16135	16120/16135	10200/16780/15865	15865/16780
3000	3000	4000	4000	3000	3600
4000/3000	4000/3000	3000	3000	3000	3000
930	930	930	930		940
930	930	930	930		1000/930
del	del	dhydr	dhydr	del	dhydr/dhm
RZM	RZM	2 G W/W	2 G W/W	RZM	3 G W/W/W; 4 G W/Z
442	479	442	479	1000 | 89	736
1400	1400	1400	1400	700 | 1200	1500
48,3	52,62	48,3	52,62	214,0 | 19,1	64,5
13,5:1	13,4:1	13,5:1	13,4:1	19,1:1 | 13,0:1	15,5:1
W	W	W	W	W | W	W
ja	ja	ja	ja	ja | —	ja
V	V	V	V	V |	V
102	48	96	48	126	90
— + 30	144 + 30	— + 30	144 + 30	— + 29	— + 29
2,28	2,20	2,27	2,19	2,43	2,09
5,50	4,68	5,53	4,72	5,16	5,04
1575 (1215)	1062 (918)	1658 (1262)	1057 (913)	1670 (1360)	1620 (1225)
1938/39	1965 U	1951 U	1965 U	1938	1951 U
A, U	A, U	U	A	U	A

[1]) zusätzlich Einzelmaschinenwagen SVT 137 903a

Baureihennummer DR ab 1970		—	—	—	195.6
Betriebsnummer DRG ab 1932		—	VS 144 001 bis 004	VS 145 004 bis 008	VS 145 009 bis 033
Betriebsnummer bis 1932		—	—	—	—
Achsfolge		—	2	2'2'	2'2'
Gattungszeichen		—	B	AB4i	B4i
		—	Baao	ABio	Bio
Hersteller mechanischer Teil		—	MAN	Wumag	Wumag, Uerd
Höchstgeschwindigkeit	km/h				
Spurweite	mm		1435	1435	1435
Dienstmasse	t		9,8	21,8	20,0
größte Achslast	t				6,7
Länge über Puffer/Kupplung	mm		12200	20110	18960
Drehzapfenabstand	mm		—	12470	10970
Laufdrehgestellachsstand	mm		—	3000	3000
Laufraddurchmesser	mm				900
Sitzplätze 1. Klasse		—	—	16	—
Sitzplätze 2. Klasse		—	48	52	80
spez. Metereigenmasse	t/m		0,80	1,08	1,05
spez. Sitzplatzmasse	kg		204	321	250
Indienststellung		—	1934	1932	1932
Ausmusterung bzw. Umbau		—	A	A	(U), (A)

195.6	195.6	195.6	—	195.6	195.6
VS 145 022 bis 029	VS 145 034 bis 047	VS 145 048 bis 087	VS 145 088 und 089	VS 145 090 bis 094	VS 145 096 bis 150
—	—	—	—	—	—
2'2'	2'2'	2'2'	2'2'	2'2'	2'2'
AB4i	AB4i	AB4i	AB4i	AB4i	AB4i
ABio	ABio	ABio	ABio	ABio	ABio
Wumag, Uerd	Baut, LHB	Baut, Uerd, LHB	Wumag	Baut, Uerd	Baut, Uerd, Wumag
					110
1435	1435	1435	1435	1435	1435
20,0	21,1	20,0	20,0	20,0	25,0
6,3		7,0	7,0	7,1	7,5
18960	20110	18960	18960	18960	21803
10970	12470	10970	10970	10970	14270
3000	3000	3000	3000	3000	3000
900	900	900	900	900	900
12	16	16	16	16	16
60	52	59	59	59	60
1,05	1,05	1,05	1,05	1,05	1,15
278	306	267	267	267	329
1936 U	1934	1934	1934	1934	1935
(A)	(A)	(A)	A	(A)	(A)

Baureihennummer DR ab 1970	—	195.6	—	195.6
Betriebsnummer DRG ab 1932	—	VS 145 151 bis 153	VS 145 154 bis 183	VS 145 184 bis 193
Betriebsnummer bis 1932	—	—	—	—
Achsfolge	—	2'2'	2'2'	2'2'
Gattungszeichen	—	AB4i	AB4i	AB4i
	—	ABio	ABio	ABio
Hersteller mechanischer Teil	—	Lin	Lin	Baut
Höchstgeschwindigkeit	km/h			
Spurweite	mm	1435	1435	1435
Dienstmasse	t	20,5	26,3	23,0
größte Achslast	t		8,1	7,3
Länge über Puffer/Kupplung	mm	18960	22450	19760
Drehzapfenabstand	mm	10970	14360	12820
Laufdrehgestellachsstand	mm	3000	3000	3000
Laufraddurchmesser	mm	850	900	900
Sitzplätze 1. Klasse	—	16	16	6
Sitzplätze 2. Klasse	—	59	60	60
spez. Metereigenmasse	t/m	1,08	1,17	1,16
spez. Sitzplatzmasse	kg	274	346	348
Indienststellung	—	1934		1937
Ausmusterung bzw. Umbau	—	(A)	A	(A)

195.6	—	—	—	—	—
VS 145 194 bis 203	VS 145 204 bis 213	VS 145 216 bis 220	VS 145 221 bis 223	VS 145 224 bis 228	VS 145 229 bis 234
—	—	—	—	—	—
2'2'	2'2'	2'2'	2'2'	2'2'	2'2'
ABPost4i	BPost4i	AB4i	BPost4i	ABPost4i	BPost4i
ABPostio	BPostio	ABio	BPostio	ABPostio	BPostio
Baut	Lin	Baut	Lin	Baut	Lin
80					
1435	1435	1435	1435	1435	1435
23,0	21,6	25,6	21,6	23,3	21,6
7,8		8,1			
19760	21940	20930	21940	22320	21940
12820	14160	14270	14160	14420	14160
3000	3000	3000	3000	3000	3000
900	900	900	900		900
6	—	16	—	12	—
56	76	60	76	57	76
1,16	0,98	1,22	0,98	1,04	0,98
371	284	336	284	338	284
1939	1936	1936	1936	1935	1936
(A)	A	A, U	A	A	A

Baureihennummer DR ab 1970		—	—	—	—
Betriebsnummer DRG ab 1932		—	VS 145 235 bis 243	VS 145 244 bis 321	VS 145 322 bis 326
Betriebsnummer bis 1932		—	—	—	—
Achsfolge		—	2'2'	2'2'	2'2'
Gattungszeichen		—	ABPost4i	ABPost4i	BPost4i
		—	ABPostio	ABPostio	BPostio
Hersteller mechanischer Teil		—	Baut	Baut	Lin
Höchstgeschwindigkeit	km/h				
Spurweite	mm		1435	1435	1435
Dienstmasse	t		23,3	23,3	21,6
größte Achslast	t				
Länge über Puffer/Kupplung	mm		22320	22320	21940
Drehzapfenabstand	mm		14420	14420	14160
Laufdrehgestellachsstand	mm		3000	3000	3000
Laufraddurchmesser	mm				900
Sitzplätze 1. Klasse	—		12	12	—
Sitzplätze 2. Klasse	—		52	57	76
spez. Metereigenmasse	t/m		1,04	1,04	0,98
spez. Sitzplatzmasse	kg		364	338	284
Indienststellung	—		1936	1935	1936
Ausmusterung bzw. Umbau	—		A	A	A

—	—	—	—	—	—
VS 145 327 bis 336	VS 145 337 bis 346	VS 145 347 bis 366	VS 145 367 bis 372	VS 145 373	VS 145 375
—	—	—	—	—	—
2'2'	2'2'	2'2'	2'2'	2'2'	2'2'
ABPost4i	BPost4i	ABPost4i	ABPost4i	B4i	B4i
ABPostio	BPostio	ABPostio	ABPostio	Bio	Bio
Baut	Lin	Lin	Baut	Wis	Weg
1435	1435	1435	1435	1435	1435
23,3	21,6	22,2	23,3	33,1	26,9
					8,9
22320	21940	22320	22320	20960	22420
14420	14160	14420	14420	13300	14700
3000	3000	3000	3000	3000	3000
	900				900
12	—	12	12	—	—
57	76	57	57	64	92
1,04	0,98	0,99	1,04	1,58	1,20
338	284	322	338	517	292
1935	1936	1937	1935	1934	1933
A	A	A	A	A	A

Baureihennummer DR ab 1970	—	—	—
Betriebsnummer DRG ab 1932	—	VS 145 384 bis 403	VS 145 404 bis 473
Betriebsnummer bis 1932	—	—	—
Achsfolge	—	2'2'	2'2'
Gattungszeichen	—	BPost4i	ABPost4i
	—	BPostio	ABPostio
Hersteller mechanischer Teil	—	Lin	Baut
Höchstgeschwindigkeit	km/h		
Spurweite	mm	1435	1435
Dienstmasse	t	21,6	23,3
größte Achslast	t		
Länge über Puffer/Kupplung	mm	21940	22320
Drehzapfenabstand	mm	14160	14420
Laufdrehgestellachsstand	mm	3000	3000
Laufraddurchmesser	mm	900	
Sitzplätze 1. Klasse	—	—	12
Sitzplätze 2. Klasse	—	76	57
spez. Metereigenmasse	t/m	0,98	1,04
spez. Sitzplatzmasse	kg	284	338
Indienststellung	—	1936	1935
Ausmusterung bzw. Umbau	—	A	A

Tabelle 4   Beiwagen zu Verbrennungstriebwagen (Länderbahnen und DRG)   A 49

Baureihennummer DR ab 1970	—	—	—	—
Betriebsnummer DRG ab 1932	—	—	—	—
Betriebsnummer bis 1932	—	VB 901 und 902	VB 903 und 904	VB 905 und 906
Achsfolge	—	2	2	2
Gattungszeichen	—	AB	Btr	BD
	—	ABaao	Baaotr	BDaao
Hersteller mechanischer Teil	—	Uerd	Uerd	Uerd
Höchstgeschwindigkeit	km/h			
Spurweite	mm	1435	1435	1435
Dienstmasse	t			
größte Achslast	t			
Länge über Puffer/Kupplung	mm	12240	12240	12240
Drehzapfenabstand	mm	—	—	—
Laufdrehgestellachsstand	mm	—	—	—
Laufraddurchmesser	mm			
Sitzplätze 1. Klasse	—	15	—	—
Sitzplätze 2. Klasse	—	30	48	39
spez. Metereigenmasse	t/m			
spez. Sitzplatzmasse	kg			
Indienststellung	—	1931	1931	1931
Ausmusterung bzw. Umbau	—	A	A	A

Baureihennummer DR ab 1970		—	—	—	—
Betriebsnummer DRG ab 1932		—	—	—	—
Betriebsnummer bis 1932		—	VB 910 bis 931	VB 948	VB 954 bis 956
Achsfolge		—	2	2	2'2'
Gattungszeichen		—	B	AB	B4
		—	Baao	ABaao	Bo
Hersteller mechanischer Teil		—	Uerd	Uerd	Wumag
Höchstgeschwindigkeit	km/h				
Spurweite	mm		1435	1435	1435
Dienstmasse	t				
größte Achslast	t				
Länge über Puffer/Kupplung	mm		12150	12170	18960
Drehzapfenabstand	mm		—	—	10970
Laufdrehgestellachsstand	mm		—	—	3000
Laufraddurchmesser	mm				
Sitzplätze 1. Klasse	—		—	15	—
Sitzplätze 2. Klasse	—		54	30	82
spez. Metereigenmasse	t/m				
spez. Sitzplatzmasse	kg				
Indienststellung	—		1932	1932	1931
Ausmusterung bzw. Umbau	—		A	A	A

190.8	190.8	190.8	—	190.8	190.8
VB 140 001	VB 140 011	VB 140 012	VB 140 032 bis 047	VB 140 048	VB 140 049 bis 096
—	—	—	—	—	—
2	2	2	2	2	2
AB	B	B	B	B	B
ABaao	Baao	Baao	Baao	Baao	Baao
	Uerd	Uerd	MAN		OK
1435	1435	1435	1435	1435	1435
13,2	13,6	12,6	10,0	13,3	13,25
	8,9	8,4			9,1
12240	12090	12150	12095	12100	12240
—	—	—	—	—	—
—	—	—	—	—	—
900	1000	950			950
16	—	—	—		—
30	54	54	47		54
1,08	1,12	1,04	0,83	1,1	1,08
287	252	233	213		246
	1932	1932	1932		1933
			A		(U)

Baureihennummer DR ab 1970	—	—	—	190.8
Betriebsnummer DRG ab 1932	—	VB 140 053 bis 057	VB 140 085 und 086	VB 140 097 bis 122
Betriebsnummer bis 1932	—	—	—	—
Achsfolge	—	2	2	2
Gattungszeichen	—	BD	BD	B
	—	BDaao	BDaao	Baao
Hersteller mechanischer Teil	—	OK	OK	MAN, Tal
Höchstgeschwindigkeit	km/h			
Spurweite	mm	1435	1435	1435
Dienstmasse	t	13,25	13,25	8,9
größte Achslast	t	9,1	9,1	
Länge über Puffer/Kupplung	mm	12240	12240	12095
Drehzapfenabstand	mm	—	—	—
Laufdrehgestellachsstand	mm	—	—	—
Laufraddurchmesser	mm	950	950	900
Sitzplätze 1. Klasse	—	—	—	—
Sitzplätze 2. Klasse	—	44	44	47
spez. Metereigenmasse	t/m	1,08	1,08	0,74
spez. Sitzplatzmasse	kg	301	301	189
Indienststellung	—	1939 U	1939 U	1933
Ausmusterung bzw. Umbau	—	A	A	(A)

—	190.8	190.8	—	190.8	190.8
VB 140 123 bis 137	VB 140 129 und 130	VB 140 138 bis 229	VB 140 143 bis 145	VB 140 230 bis 238	VB 140 239
—	—	—	—	—	—
2	2	2	2	2	2
ABi	Bi	Bi	BDi	B	B
ABaaio	Baaio	Baaio	BDaai	Baao	Baao
Weg	Weg	Weg +	Weg +	Tal	Tal
				75	
1435	1435	1435	1435	1435	1435
14,8	14,3	14,8	14,8	9,3	9,2
9,1	9,0	9,3	9,3	7,2	
12956	12956	12956	12956	12095	12095
—	—	—	—	—	—
900	900	900	900	900	900
14	—	—	—	—	—
30	48	54	44	47	47
1,14	1,11	1,14	1,14	0,77	0,76
336	298	274	336	198	196
1934	U	1934	1939 U	1934	1934
A, U	(A)	(U), (A)	A	(A)	

Baureihennummer DR ab 1970	—	190.8	—	190.8
Betriebsnummer DRG ab 1932	—	VB 140 240 bis 249	VB 140 241 bis 243	VB 140 250 bis 259
Betriebsnummer bis 1932	—	—	—	—
Achsfolge	—	2	2	2
Gattungszeichen	—	B	ABPost	BPost
	—	Baao	ABPostaao	BPostaao
Hersteller mechanischer Teil	—	Tal	Tal	Tal, Wis
Höchstgeschwindigkeit	km/h			
Spurweite	mm	1435	1435	1435
Dienstmasse	t	9,3	10,0	11,2
größte Achslast	t	6,6		9,2
Länge über Puffer/Kupplung	mm	12095	12095	12280
Drehzapfenabstand	mm	—	—	—
Laufdrehgestellachsstand	mm	—	—	—
Laufraddurchmesser	mm	900	900	900
Sitzplätze 1. Klasse	—	—	6	—
Sitzplätze 2. Klasse	—	47	30	39
spez. Metereigenmasse	t/m	0,77	0,83	0,91
spez. Sitzplatzmasse	kg	198	278	287
Indienststellung	—	1934	1935 U	1935
Ausmusterung bzw. Umbau	—	(U), (A)	A	(A)

190.8	—	—	190.8	190.8	191.8
VB 140 260 bis 329	VB 140 330	VB 140 331	VB 140 336	VB 140 394	VB 141 001
—	—	—	—	—	—
2	2	2	2	2	2
BPost	B	B	B	B	B
BPostaao	Baao	Baao	Baao	Baao	Baao

Tal	Weg	Wumag		Rhein	
1435	1435	1435	1435	1435	1435
9,3	11,5	8,1	10,4	11,5	
7,3			6,9	8,3	
12280	12260	10400	12360	12260	12550
—	—	—	—	—	—
—	—	—	—	—	—
900			900	1000	900
—	—	—	—	—	—
41	43	43	44	43	45
0,76	0,94	0,78	0,84	0,94	
227	268	188	242	268	
1936	1938 U	1936	1936	1940 U	
(A)	A	A			

Baureihennummer DR ab 1970	—	191.8	—	197.8
Betriebsnummer DRG ab 1932	—	VB 141 002	VB 147 004 bis 020	VB 147 004 bis 020
Betriebsnummer bis 1932	—	—	—	—
Achsfolge	—	2	2'2'	2'2'
Gattungszeichen	—	Bi	B4	AB4
	—	Baaio	Bo	ABo
Hersteller mechanischer Teil	—		Wumag	Wumag
Höchstgeschwindigkeit	km/h			
Spurweite	mm	1435	1435	1435
Dienstmasse	t	11,0	18,0	19,0
größte Achslast	t	7,1	7,0	7,0
Länge über Puffer/Kupplung	mm	12550	18960	18960
Drehzapfenabstand	mm	—	10970	10970
Laufdrehgestellachsstand	mm	—	3000	3000
Laufraddurchmesser	mm	900	900	900
Sitzplätze 1. Klasse	—	—	—	12
Sitzplätze 2. Klasse	—	41	80	60
spez. Metereigenmasse	t/m	0,88	0,95	1,00
spez. Sitzplatzmasse	kg	268	225	264
Indienststellung	—		1932	1933 U
Ausmusterung bzw. Umbau	—		U	(A)

197.8	—	197.8	197.8	197.8	—
VB 147 022	VB 147 023 bis 043	VB 147 023 bis 043	VB 147 044 bis 068	VB 147 049, 050 und 052 bis 057	VB 147 069 bis 071
—	—	—	—	—	—
2'2'	2'2'	2'2'	2'2'	2'2'	2'2'
AB4i	B4	AB4	AB4i	B4i	AB4i
ABio	Bo	ABo	ABio	Bio	ABio
Uerd	Wumag, Uerd	Wumag, Uerd	Wumag, LHB, +	Wumag, LHB, +	Wumag
1435	1435	1435	1435	1435	1435
19,9	18,0	18,0	19,3	19,6	19,9
6,6	6,7	6,7	6,8	6,3	
18960	18960	18960	18960	18960	18960
10970	10970	10970	10970	10970	10970
3000	3000	3000	3000	3000	3000
900	900	900	900	900	900
17	—	12	16	—	16
68	80	60	59	79	59
1,05	0,95	0,95	1,02	1,03	1,05
234	225	250	257	248	255
1932	1932	1933 U	1934	U	1934
	U	(A)	(U), (A)	(A)	A

Baureihennummer DR ab 1970	—	—	—	197.8
Betriebsnummer DRG ab 1932	—	VB 147 072 bis 075	VB 147 076	VB 147 080 und 081
Betriebsnummer bis 1932	—	—	—	—
Achsfolge	—	2'2'	2'2'	2'2'
Gattungszeichen	—	AB4i	B4	B4p
	—	ABio	Bo	B
Hersteller mechanischer Teil	—	Wumag	Weg	
Höchstgeschwindigkeit	km/h			
Spurweite	mm	1435	1435	1435
Dienstmasse	t	19,3	13,4	21,0
größte Achslast	t			7,3
Länge über Puffer/Kupplung	mm	18960	18760	18960
Drehzapfenabstand	mm	10970	10970	10950
Laufdrehgestellachsstand	mm	3000	2000	3000
Laufraddurchmesser	mm	900		850
Sitzplätze 1. Klasse	—	16	—	—
Sitzplätze 2. Klasse	—	59	80	74
spez. Metereigenmasse	t/m	1,02	0,71	1,11
spez. Sitzplatzmasse	kg	257	167	284
Indienststellung	—	1934	1934	1951 U
Ausmusterung bzw. Umbau	—	A	A	(A)

—
VB 147 082
—
2'2'
B4
Bo

DWK

1435

13500
8500
1600
900

—
40

A

Baureihennummer DR ab 1970		—	—	171.0	171.0
Betriebsnummer DR bis 1970		—	—	VT 2.09.001	VT 2.09.002
Betriebsnummer DRG ab 1932		—	SVT 137 902	—	—
Achsfolge		—	2'Bo'+2'2'+2'Bo'+Bo'2'	1A	1A
Gattungszeichen		—	DPost4ü+B4ü+BR4ü+A4ü B	B	B
		—	DPostü/Bü/BRü/Aü	Baa	Baa
Hersteller mechanischer Teil		—	MAN +	Btz	Btz
Hersteller Verbrennungsmotor		—	MAN	Büs	Joh
Hersteller elektrischer Teil/Getriebe		—	BBC +	ZF	Got
Höchstgeschwindigkeit	km/h		140	90	90
Spurweite	mm		1435	1435	1435
installierte Leistung	kW		1088	96	132
Traktionsleistung	kW		1000		
Dienstmasse	t		217,5	15,6	15,0
größte Achslast	t			11,6	11,25
Länge über Puffer/Kupplung	mm		89720	13550	13550
Drehzapfenabstand	mm		10200/17500/18000	—	—
Triebdrehgestellachsstand	mm		3000	—	—
Laufdrehgestellachsstand	mm		3000	—	—
Treibraddurchmesser	mm		1000/880	900	900
Laufraddurchmesser	mm		1000/880	900	900
Kraftübertragungsart	—		del	dmech	dmech
Kraftübertragungssystem	—		RZM	6 G Z	6 G Z
Motorleistung	kW		1000 | 89	96	132
Nenndrehzahl	min^{-1}		700 | 1200	1800	1500
Hubraum	l		214,0 | 19,1	8,725	19,1
Verdichtungsverhältnis	—		19,1:1 | 13,0:1	19,5:1	19,0:1
Kühlung	—		W | W	W	W
Aufladung	—		ja | —	—	—
Steuerung	—		V	—	—
Sitzplätze 1. Klasse	—		48	—	—
Sitzplätze 2. Klasse + Speiseraum	—		104+30	54	54
spez. Metereigenmasse	t/m		2,42	1,15	1,11
spez. Antriebsleistung	kW/t		5,00	6,15	8,80
spez. Sitzplatzmasse	kg		1430 (1195)	289	278
Indienststellung	—		1956 U	1957	1957
Ausmusterung bzw. Umbau	—		A		

171.0	172.0	172.1	173.0	173.0	175.0
VT 2.09.003 bis 070	VT 2.09.101 bis 116	VT 2.09.201 bis 270	VT 4.12.01	VT 4.12.02	VT 18.16.01
—	—	—	—	—	—
1A	1A	1A	(1A) (A1)	(1A) (A1)	B'2'+2'2'+2'2'+2'B'
B	B	B	B4	AB4	BD4ü/BR4ü/A4ü/BD4ü
Baa	Baa	Baa	B	AB	BDm/BR/A/BDm
Btz	Btz	Gör	Btz	Btz	Gör
Roßl	Roßl	Roßl	Roßl	Roßl	Joh
Got	Got	Got	Got	Got	Dres
90	90	90	120/125	125	160
1435	1435	1435	1435	1435	1435
132	132	132	294	324	1324
19,3	19,4	22,1	43,5	46,0	220,0
13,4	14,0	15,0	14,5	14,6	19,0
13550	13550	13550	24500	24700	98140
—	—	—	17200	17200	16500
—	—	—	2500	2500	4000
—	—	—	—	—	2500
900	900	900	950	950	950
900	900	900	950	950	950
dmech	dmech	dmech	dmech	dmech	dhydr
6 G Z	6 G Z	6 G Z	6 G Z	6 G Z	3 G W/W/W
132	132	132	147	162	662
1500	1500	1500	1500	1500	1500
19,1	19,1	19,1	19,1	19,1	64,0
19,0:1	19,0:1	18,5:1	18,0:1	18,5:1	16,0:1
W	W	W	W	W	W
—	—	—	—	—	ja
—	V	V	V	V	V
—	—	—	—	9	54
54	54	54	84	56	80 + 23
1,42	1,43	1,63	1,77	1,86	2,24
6,84	6,80	5,97	6,76	7,04	6,03
358	359	408	518	707	1640 (1400)
1962/64	1965	1968/69	1964	1965	1963
			A	A	

Baureihennummer DR ab 1970	—	175.0	175.0	175.0
Betriebsnummer DR bis 1970	—	VT 18.16.02 bis 04	VT 18.16.02 bis 08	VT 18.16.02 bis 08
Betriebsnummer DRG ab 1932	—	—	—	—
Achsfolge	—	B′2′+2′2′+2′2′+2′B′	B′2′+2′2′+2′2′+2′B′	B′2′+2′2′+2′2′+2′2′+2′B′
Gattungszeichen	—	BD4ü/BR4ü/AB4ü/BD4ü	BD4ü/BR4ü/AB4ü/BD4ü	BD4ü/BR4ü/B4ü/AB4ü/BD4ü
	—	BDm/BR/AB/BDm	BDm/BR/AB/BDm	BDm/BR/B/AB/BDm
Hersteller mechanischer Teil	—	Gör	Gör	Gör
Hersteller Verbrennungsmotor	—	Joh	Joh	Joh
Hersteller elektrischer Teil/Getriebe	—	Dres	Dres	Dres
Höchstgeschwindigkeit	km/h	160	160	160
Spurweite	mm	1435	1435	1435
installierte Leistung	kW	1324	1471	1471
Traktionsleistung	kW			
Dienstmasse	t	214,4	214,4	255,2
größte Achslast	t	19,8	19,8	19,8
Länge über Puffer/Kupplung	mm	98140	98140	121660
Drehzapfenabstand	mm	16500	16500	16500
Triebdrehgestellachsstand	mm	4000	4000	4000
Laufdrehgestellachsstand	mm	2500	2500	2500
Treibraddurchmesser	mm	950	950	950
Laufraddurchmesser	mm	950	950	950
Kraftübertragungsart	—	dhydr	dhydr	dhydr
Kraftübertragungssystem	—	3 G W/W/W	3 G W/W/W	3 G W/W/W
Motorleistung	kW	662	735	735
Nenndrehzahl	min^{-1}	1500	1500	1500
Hubraum	l	64,0		
Verdichtungsverhältnis	—	16,0:1		
Kühlung	—	W	W	W
Aufladung	—	ja	ja	ja
Steuerung	—	V	V	V
Sitzplätze 1. Klasse	—	36	36	36
Sitzplätze 2. Klasse + Speiseraum	—	104 + 23	104 + 23	176 + 23
spez. Metereigenmasse	t/m	2,19	2,19	2,10
spez. Antriebsleistung	kW/t	6,18	6,86	5,77
spez. Sitzplatzmasse	kg	1531 (1315)	1531 (1315)	1203 (1085)
Indienststellung	—	1965	1967 (U)	1967/68
Ausmusterung bzw. Umbau	—	U		

175.0	181.0	188.0	188.0	188.2
VT 18.16.02 bis 08	VT 12.14.01 bis 03	VT 135 701 und 702	VT 135 703, 705 und 706	VT 137 711 bis 715
—	—	—	—	—
B'2'+2'2'+2'2'+2'2'+ 2'2'+2'B'	(1B)2'+2'2'+2'2'+2'(B1)	A1	A1	(1A)2'
BD4ü/BR4ü/B4ü/B4ü/ AB4ü/BD4ü	BD5ü/B4üm/A4ü/DR5ü	ORT	ORT	ORT
BDm/BR/B/B/AB/BDm	BDm/B/A/DRm	—	—	—
Gör	Ganz	Gör	Gör	Gör
Joh	Ganz	IFA	Joh	Roßl
Dres	Ganz			Got
140	125	70	70	80
1435	1435	1435	1435	1435
1471	662	99	111	132
				119
296,0	194,5	26,0	24,5	43,0
19,8	18,0			
145180	96030	13100	13100	19300
16500	17050/17600	—	—	12500
4000	4100	—	—	2700
2500	2950	—	—	2700
950	930	940	940	950
950	930	940	940	950
dhydr	dmech	dmech	dmech	dmech
3 G W/W/W	5 G Z	4 G Z	4 G Z	4 G Z
735	331	99	111	132
1500	1150	1800	2000	1500
	65,3	9,83	9,83	19,1
		18,0:1	18,0:1	18,5 : 1
W	W	W	W	W
ja	—	—	—	—
V	V	—	—	—
36	54	—	—	—
248 + 23	112 + 32	—	—	—
2,04	2,02	1,98	1,87	2,23
4,97	3,40	3,81	4,49	3,07
1042 (964)	1172 (982)	—	—	—
1967/68	1954	1956	1958	1968
	A			

Tabelle 6   Steuerwagen und Beiwagen zu Verbrennungstriebwagen (DR)

		172.6	172.7	171.8
Baureihennummer DR ab 1970	—	172.6	172.7	171.8
Betriebsnummer DR bis 1970	—	VS 2.08.101 bis 116	VS 2.08.201 bis 270	VB 2.07.501 bis 570
Betriebsnummer DRG ab 1932	—	—	—	—
Achsfolge	—	2	2	2
Gattungszeichen	—	B	B	B
	—	Baa	Baa	Baa
Hersteller mechanischer Teil	—	Btz	Gör	Btz
Höchstgeschwindigkeit	km/h	90	90	90
Spurweite	mm	1435	1435	1435
Dienstmasse	t	14,0	14,0	12,0
größte Achslast	t	11,0	11,0	10,0
Länge über Puffer/Kupplung	mm	13550	13550	13550
Drehzapfenabstand	mm	—	—	—
Laufdrehgestellachsstand	mm	—	—	—
Laufraddurchmesser	mm	900	900	900
Sitzplätze 1. Klasse	—	—	—	—
Sitzplätze 2. Klasse	—	55	55	57
spez. Metereigenmasse	t/m	1,03	1,03	0,89
spez. Sitzplatzmasse	kg	255	255	210
Indienststellung	—	1965	1968	1962/64
Ausmusterung bzw. Umbau	—			

Tabelle 7   Verbrennungstriebzüge und -triebwagen (DB)   A 65

			608	608
Baureihennummer DB ab 1968	—	—	608	608
Betriebsnummer DB bis 1967	—	VT 07.501 und 502	VT 08.501 bis 514	VT 08.501 bis 520
Achsfolge	—	B'2'+2'2'+2'2'	B'2'+2'2'+2'2'	B'2'+2'2'+2'2'+2'B'
Gattungszeichen	—	AD4ü/A4ü/AR4ük	DR4ü/A4ü/A4ü	DR4ü/A4ü/A4ü/A4ü
	—	ADü/Aü/Aür	Dür/Aü/Aü	Dür/Aü/Aü/Aü
Hersteller mechanischer Teil	—	MAN	MAN +	MAN +
Hersteller Verbrennungsmotor	—	MAN, May, Daim	MAN, May, Daim	MAN, May, Daim
Hersteller elektrischer Teil/Getriebe	—	May, Voith	May, Voith	May, Voith
Höchstgeschwindigkeit	km/h	120	120/140	140
Spurweite	mm	1435	1435	1435
installierte Leistung	kW	736/590	736	1472
Traktionsleistung	kW	692/552	692	1384
Dienstmasse	t	146,0	120,0	176,0
größte Achslast	t	18,0	17,8	19,5
Länge über Puffer/Kupplung	mm	69750	79970	106700
Drehzapfenabstand	mm	15865/16780	19000	19000
Triebdrehgestellachsstand	mm	3600	3600	3600
Laufdrehgestellachsstand	mm	3000	2500	2500
Treibraddurchmesser	mm	940	930	930
Laufraddurchmesser	mm	1000/930	900	900

Kraftübertragungsart	—	dhydr	dhm	dhydr	dhm	dhydr	dhm
Kraftübertragungssystem	—	3 G W/W/W	4 G W/Z	3 G W/W/W	4 G W/Z	3 G W/W/W	4 G W/Z
Motorleistung	kW	736	590	736		736	
Nenndrehzahl	min⁻¹	1500	1400	1500		1500	
Hubraum	l	59,2	64,5	59,2	64,5	59,2	64,5
Verdichtungsverhältnis	—	15,7:1	15,5:1	15,7:1	15,5:1	15,7:1	15,5:1
Kühlung	—	W		W		W	
Aufladung	—	ja	—	ja		ja	
Steuerung	—	V		V		V	

Sitzplätze 1. Klasse	—	90	114	156
Sitzplätze 2. Klasse + Speiseraum	—	— + 29	— + 24	— + 24
spez. Metereigenmasse	t/m	2,09	1,50	1,65
spez. Antriebsleistung	kW/t	5,04/4,03	6,14	8,37
spez. Sitzplatzmasse	kg	1620 (1340)	1053 (870)	1127 (977)
Indienststellung	—	1951 U	1952	1954
Ausmusterung bzw. Umbau	—	A	U	U

Baureihennummer DB ab 1968	—	—	—	601
Betriebsnummer DB bis 1967	—	VT 10.501	VT 10.551	VT 11.5001 bis 5019
Achsfolge	—	B'1'1'1'1'1'1'B'	B'2'2'2'2'2'2'B'	B'2'+2'2'+2'2'+2'2'+2'2'+2'2'+2'B'
Gattungszeichen	—	ARD10y	ABRWLD18y	D4ü/A4ü/A4y/AR4y/AR4y/A4ü/D4ü
	—	ADr	ABWLDr	D/A/A/Ar/Ar/A/D
Hersteller mechanischer Teil	—	LHB	Weg	MAN +
Hersteller Verbrennungsmotor	—	MAN	MAN	Daim, May, MAN
Hersteller elektrischer Teil/Getriebe	—	AEG	AEG	Voith, May
Höchstgeschwindigkeit	km/h	120	120	140/160
Spurweite	mm	1435	1435	1435
installierte Leistung	kW	562	562	2058
Traktionsleistung	kW	472	472	1620
Dienstmasse	t	104,0	122,0	211,0
größte Achslast	t	13,0	13,0	17,0
Länge über Puffer/Kupplung	mm	96700	108900	130680
Drehzapfenabstand	mm	12200	12200	12600
Triebdrehgestellachsstand	mm	2200	2200	3400
Laufdrehgestellachsstand	mm	—	2000	2300
Treibraddurchmesser	mm	900	900	950
Laufraddurchmesser	mm	900	900	900
Kraftübertragungsart	—	dhm	dhm	dhydr | dhm
Kraftübertragungssystem	—	4 G W/Z	4 G W/Z	3 G W/W/W | 4 G W/Z
Motorleistung	kW	118 | 92	118 | 92	810 | 219
Nenndrehzahl	min⁻¹	2000 | 1500	2000 | 1500	1500 | 1500
Hubraum	l	11,3 |	11,3 |	64,5 | 59,28 | 22,1
Verdichtungsverhältnis	—			15,5:1 | 15,7:1 | 19,0:1
Kühlung	—	W	W	W
Aufladung	—	—	—	ja
Steuerung	—	V	V	V
Sitzplätze 1. Klasse	—	135	36[1]	122
Sitzplätze 2. Klasse + Speiseraum	—	—	[1]) + 29	— + 50
spez. Metereigenmasse	t/m	1,08	1,12	1,62
spez. Antriebsleistung	kW/t	5,40	4,60	9,74
spez. Sitzplatzmasse	kg	772	1453 (1078)	1730 (1226)
Indienststellung	—	1954	1953	1957/62
Ausmusterung bzw. Umbau	—	A	A	(U)

[1]) nachts 8/24 Bettplätze 1./2. Klasse und 12 Liegesitze oder 40 Bettplätze 2. Klasse und 12 Liegesitze

602 (+ 601)	612	612	612	613
—	VT 12.501 bis 504	VT 12.505 bis 509	VT 12.510 bis 512	VT 12.603 bis 620
B'2'+2'2'+2'2'+2'2'+2'2'+ 2'2'+2'2'+2'2'+2'2'+2'B'	B'2'+2'2'+2'2'	B'2'+2'2'+2'2'	B'2'+2'2'+2'2'	B'2'+2'2'+2'2'
D4ü/A4ü/A4ü/A4y/A4y/AR4y/ AR4y/A4ü/A4ü/D4ü D/A/A/A/A/Ar/Ar/A/A/D	BDPost4ym/AB4ym/ AB4ym BDPost/AB/AB	BDPost4ym/AB4ym/ AB4yms BDPost/AB/AB	BDPost4y/AB4y/AB4y BDPost/AB/AB	BD4ym/ABym/AB4ym BDm/ABm/ABm
MAN + KHD Voith	Rath + MAN, Daim May, Voith	Rath + MAN, Daim May, Voith	Rath + MAN, Daim May, Voith	MAN + MAN, Daim May, Voith
160 1435	120/140 1435	120/140 1435	120/140 1435	120/140 1435
2868 292,5	736 680 112,0 18,0	736 680 112,0 17,8	736 132,4 17,8	736 680 120,5 19,5
185200 12600 3400 2300 950 900	80220 19000 3600 2500 930 900	80220 19000 3600 2500 930 900	80220 19000 3600 2500 930 900	79970 19000 3600 2500 930 900
dhydr 2 G W/K 1620 |810 |219 13700 |1500 |1500 |64,5 |59,28 |22,1 |15,5:1 |15,7:1 |19,0:1 |W |W |ja |ja V	dhydr |dhm 3 G W/W/W |4 G W/Z 736 1500 59,2 |64,5 15,7:1 |15,5:1 W ja V	dhydr |dhm 3 G W/W/W |4 G W/Z 736 1500 59,2 |64,5 15,7:1 |15,5:1 W ja V	dhydr |dhm 3 G W/W/W |4 G W/Z 736 1500 59,2 |64,5 15,7:1 |15,1:1 W ja V	dhydr |dhm 3 G W/W/W |4 G W/Z 736 1500 59,2 |64,5 15,7:1 |15,5:1 W ja V
227 — + 50	40 176	41 162	48 176	30 138
1,58 9,80 1288 (1055)	1,39 6,57 518	1,39 6,57 552	1,65 5,56 592	1,51 6,11 717
1972 U	1952/53	1957 (U)[1]	1957	1962/63 U

[1] nur VS Umbau

Baureihennummer DB ab 1968	—	614	624.5	624.5
Betriebsnummer DB bis 1967	—	—	VT 23.501 bis 504	VT 24.501 bis 504
Achsfolge	—	B'2'+2'2'+2'B'	B'2'+2'2'+2'B'	B'2'+2'2'+2'B'
Gattungszeichen	—	ABD4ysm/B4ym/ABD4ysm	ABD4ysm/B4ym/ABD4ysm	ABD4ysm/B4ym/ABD4ysm
	—	ABDm/Bm/ABDm	ABDm/Bm/ABDm	ABDm/Bm/ABDm
Hersteller mechanischer Teil	—	MAN	MAN	Uerd
Hersteller Verbrennungsmotor	—	MAN, Uerd	MAN, Daim	MWM, Daim
Hersteller elektrischer Teil/Getriebe	—	Voith	AEG, Voith	AEG, Voith
Höchstgeschwindigkeit	km/h	140	120	120
Spurweite	mm	1435	1435	1435
installierte Leistung	kW	736	664/515	692/515
Traktionsleistung	kW			
Dienstmasse	t	124,5	111,5	112,7
größte Achslast	t	16,4	15,8	15,5
Länge über Puffer/Kupplung	mm	79460	79420	79420
Drehzapfenabstand	mm	19000	19000	19000
Triebdrehgestellachsstand	mm	2500	2500	2500
Laufdrehgestellachsstand	mm	2500	2500	2500
Treibraddurchmesser	mm	950	950	950
Laufraddurchmesser	mm	900	900	900
Kraftübertragungsart	—	dhydr	dhydr | dhm	dhm
Kraftübertragungssystem	—	3 G W/W/W	2 G W/W | 4 G W/Z	4 G W/Z
Motorleistung	kW	368	332 | 258	346 | 258
Nenndrehzahl	min^{-1}	1950	1950 | 1600	1765 | 1600
Hubraum	l	27,02	23,9 | 20,16	33,2 | 20,16
Verdichtungsverhältnis	—	16,0:1	15,5:1 | 17,1:1	19,0:1 | 17,1:1
Kühlung	—	W	W | W	W | W
Aufladung	—	—	— | ja	ja | ja
Steuerung	—	V	V	V
Sitzplätze 1. Klasse	—	24	24	24
Sitzplätze 2. Klasse + Speiseraum	—	204	200	204
spez. Metereigenmasse	t/m	1,57	1,40	1,42
spez. Antriebsleistung	kW/t	5,92	5,95/4,62	6,15/4,57
spez. Sitzplatzmasse	kg	547	498	502
Indienststellung	—	1971	1961	1961
Ausmusterung bzw. Umbau	—			

624.6	624.6	—	627	628
VT 24.601 bis 680	—	VT 25.501 bis 506	—	—
B'2'+2'2'+2'B'	B'2'+2'2'+2'B'	B'2'	2'B'	2'B'+B'2'
ABD4ysm/B4ym/	ABD4ysm/AB4ysm/	ABD4i	BD4tr	B4yg/BD4yg
ABD4ysm	ABD4ysm			
ABDm/Bm/ABDm	ABDm/ABm/ABDm	ABDi	BDtr	Bg/BDg
MAN +	MAN +	VWW, Düwag, MAN	MaK	Uerd
MAN	MAN	May	Daim, KHD	Daim, KHD, MAN
Voith, May	Voith, May	Voith	Voith	Voith
120/140	120/140	110	120	120
1435	1435	1435	1435	1435
664	664	442	294/287	406/412/420
		412		
118,1	118,1	46,0	33,9	64,1
16,0	16,0	14,0	11,7	11,5
79460	79460	21873	22500	44350
19000	19000	14270	15100	15100
2500	2500	3500	1900	1900
2500	2500	3000	1900	1900
950	950	900	760	760
900	900	900	760	760
dhydr | dhm	dhydr | dhm	dhydr	dhydr	dhydr
2 G W/W | 4 G W/Z	2 G W/W | 4 G W/Z	2 G W/W	2 G W/W	2 G W/W
332	332	442	294 | 287	203 | 206 | 210
1700	1700	1400	2400 | 2400	2100 | 2100 | 2100
27,0	27,0	48,3	20,9 | 19,14	20,9 | 19,14 | 12,316
16,0:1	16,0:1	13,5:1		
W	W	W	W | —	W | — | W
—	—	ja	— | ja	— | — | ja
V	V	V	V	V
24		16	—	—
204		40	64	136
1,48	1,48	2,10	1,50	1,45
5,61	5,61	9,61	8,67/8,46	6,34/6,43/6,55
518		822	530	472
1964/66	1968	1951 U	1974	1974
(U)	(U)	A		

Baureihennummer DB ab 1968	—	—	—	—
Betriebsnummer DB bis 1967	—	VT 32.002	VT 32.005 bis 016	VT 33.501 und 502
Achsfolge	—	2'Bo'	2'Bo'	B'2'
Gattungszeichen	—	ABD4i	ABD4i	ABD4i
	—	ABDio	ABDio	ABDio
Hersteller mechanischer Teil	—	MAN	VWW, Düwag, MAN	VWW
Hersteller Verbrennungsmotor	—	Daim	Daim	May
Hersteller elektrischer Teil/Getriebe	—	Wasseg	Wasseg	Voith, DWK
Höchstgeschwindigkeit	km/h	110	110	110
Spurweite	mm	1435	1435	1435
installierte Leistung	kW	294	294	302
Traktionsleistung	kW	274	274	281
Dienstmasse	t	45,7	49,0	46,3
größte Achslast	t	12,3	14,0	14,7
Länge über Puffer/Kupplung	mm	21873	21873	21873
Drehzapfenabstand	mm	14270	14270	14270
Triebdrehgestellachsstand	mm	3000	3000	4000
Laufdrehgestellachsstand	mm	3500	3500	3000
Treibraddurchmesser	mm	900	900	900
Laufraddurchmesser	mm	900	900	900
Kraftübertragungsart	—	del	del	dhydr
Kraftübertragungssystem	—	RZM	RZM	2 G W/K
Motorleistung	kW	294	294	302
Nenndrehzahl	min^{-1}	1400	1400	1400
Hubraum	l			42,6
Verdichtungsverhältnis	—			14,0:1
Kühlung	—	W	W	W
Aufladung	—	—		—
Steuerung	—	V	V	V
Sitzplätze 1. Klasse	—	16	16	16
Sitzplätze 2. Klasse + Speiseraum	—	45	40	40
spez. Metereigenmasse	t/m	2,09	2,24	2,12
spez. Antriebsleistung	kW/t	6,46	6,02	6,52
spez. Sitzplatzmasse	kg	748	875	828
Indienststellung	—	1952 U	1953 U	U
Ausmusterung bzw. Umbau	—	A	A	A

634	634	—	701	702	—
—	—	VT 46.500	VT 55.9	VT 55.9	VT 62.904
B′2′+2′2′+2′B′	B′2′+2′2′+2′B′	B′2′	Bo	1A	B′2′
ABD4ysm/B4ym/ ABD4ysm ABDm/Bm/ABDm	ABD4ysm/AB4ysm/ ABD4ysm ABDm/ABm/ABDm	ABD4i ABDio	Dienst —	Dienst —	BD4 BDo
MAN + MAN Voith, May	MAN + MAN Voith, May	VWW May Voith	WMD, Rath Büs ZF	WMD, Rath Büs ZF	Wis May May
120	120	90	90	90	80
1435	1435	1435	1435	1435	1435
664	664	302	222	111	155
		281	206	103	142
118,1	118,1	43,3	24,6	21,8	42,0
16,3	16,3	13,5			12,0
79460	79460	21873	13950	13950	21040
19000	19000	14270	—	—	13300
2500	2500	3500	—	—	3500
2500	2500	3000	—	—	3500
950	950	900	900	900	1000
900	900	900	—	900	900
dhydr | dhm	dhydr | dhm	dhydr	dmech	dmech	dmech
2 G W/W | 4 G W/Z	2 G W/W | 4 G W/Z	3 G W/W/W	6 G Z	6 G Z	4 G Z
332	332	302	111	111	155
1700	1700	1400	1800	1800	1400
27,0	27,0	48,3	8,725 | 9,846	8,725 | 9,846	
16,0:1	16,0:1	14,0:1	19,5:1 | 21,0:1	19,5:1 | 21,0:1	
W	W	W	W | W	W | W	W
—	—	—	ja | —	ja | —	—
V	V	V	—	—	—
24		15	—	—	—
204		40	—	—	72
1,48	1,48	1,98	1,76	1,56	1,99
5,61	5,61	6,96	9,02	5,09	3,69
518		788	—	—	584
1969 U	1969 U	1953 U A	1954	1955	U A

Baureihennummer DB ab 1968		—	—	692	—
Betriebsnummer DB bis 1967		—	VT 63.905 bis 907	VT 92.501	VT 95.901 bis 910
Achsfolge		—	B'2'	B'2'	A1
Gattungszeichen		—	ABD4	D4	B
		—	ABDo	D	Baa
Hersteller mechanischer Teil		—	Des	MAN	Uerd
Hersteller Verbrennungsmotor		—	May	MAN, May, Daim	Büs
Hersteller elektrischer Teil/Getriebe		—	TAG	May, Voith	ZF
Höchstgeschwindigkeit	km/h		80	120	90
Spurweite	mm		1435	1435	1435
installierte Leistung	kW		166	736	81
Traktionsleistung	kW		151	692	75
Dienstmasse	t		37,0	45,4	11,5
größte Achslast	t		10,8	16,5	8,5
Länge über Puffer/Kupplung	mm		21873	21850	10650
Drehzapfenabstand	mm		14270	14270	—
Triebdrehgestellachsstand	mm		3800	3900	—
Laufdrehgestellachsstand	mm		3000	2600	—
Treibraddurchmesser	mm		900	940	900
Laufraddurchmesser	mm		900	900	900
Kraftübertragungsart	—		dmech	dhydr	dhm	dmech
Kraftübertragungssystem	—		4 G Z	3 G W/W/W	4 G W/Z	6 G Z
Motorleistung	kW		166	736	81
Nenndrehzahl	min^{-1}		1400	1500	1800
Hubraum	l			59,2	64,5	8,725
Verdichtungsverhältnis	—			15,1:1	15,5:1	19,5:1
Kühlung	—		W	W	W
Aufladung	—		—	ja	—
Steuerung	—		—	V	—
Sitzplätze 1. Klasse	—		16	—	—
Sitzplätze 2. Klasse + Speiseraum	—		42	—	41
spez. Metereigenmasse	t/m		1,69	2,08	1,08
spez. Antriebsleistung	kW/t		4,49	16,25	7,05
spez. Sitzplatzmasse	kg		638	—	280
Indienststellung	—		1951 U	1951 U	1950
Ausmusterung bzw. Umbau	—		A		A

		795	795	795	795
VT 95.911	VT 95.9112	VT 95.9113 bis 9172	VT 95.9173 bis 9269	VT 95.9270 bis 9272	VT 95.9273 und 9274
A1	A1	A1	A1	A1	A1
B	B	B	B	B	B
Baa	Baa	Baa	Baa	Baa	Baa
Uerd	Uerd	Uerd +	Uerd +	Uerd +	Uerd +
Büs	Büs	Büs	Büs	Büs	Büs
ZF	ZF	ZF	ZF	ZF	ZF
90	90	90	90	90	90
1435	1435	1435	1435	1435	1435
81	81	81	96/111	96/111	96/111
75	74	74	88/103	88/103	88/103
11,5	13,2	13,2	13,3	13,9	13,9
8,5	6,8	10,5	10,5	10,8	10,8
10650	13150	13265	13265	13298	13298
—	—	—	—	—	—
—	—	—	—	—	—
—	—	—	—	—	—
900	900	900	900	900	900
900	900	900	900	900	900
dmech	dmech	dmech	dmech		dmech		dmech	
6 G Z	6 G Z	6 G Z	6 G Z		6 G Z		6 G Z	
81	81	81	96	111	96	111	96	111
1800	1800	1800	1800	1800	1800	1800	1800	1800
8,725	8,725	8,725	8,725	8,725	8,725	8,725	8,725	8,725
19,5:1	19,5:1	19,5:1	19,5:1	19,5:1	19,5:1	19,5:1	19,5:1	19,5:1
W	W	W	W	W	W	W	W	W
—	—	—	—	ja	—	ja	—	ja
—	—	—	—		—		E	
—	—	—	—		—		—	
46	51	57	57		57		57	
1,08	1,00	1,00	1,00		1,04		1,04	
7,05	6,14	6,14	7,21/8,35		6,90/7,98		6,90/7,98	
250	259	232	234		244		244	
1950	1951	1952	1952/53		1954		1954	
A	A							

Baureihennummer DB ab 1968	—	795	795	795
Betriebsnummer DB bis 1967	—	VT 95.9275 bis 9369	VT 95.9370 bis 9384	VT 95.9385 bis 9659
Achsfolge	—	A1	A1	A1
Gattungszeichen	—	B	B	B
	—	Baa	Baa	Baa
Hersteller mechanischer Teil	—	Uerd +	Uerd +	Uerd +
Hersteller Verbrennungsmotor	—	Büs	Büs	Büs
Hersteller elektrischer Teil/Getriebe	—	ZF	ZF	ZF
Höchstgeschwindigkeit	km/h	90	90	90
Spurweite	mm	1435	1435	1435
installierte Leistung	kW	96/111	96/111	96/111
Traktionsleistung	kW	88/103	88/103	88/103
Dienstmasse	t	13,9	13,9	13,9
größte Achslast	t	10,8	10,8	10,8
Länge über Puffer/Kupplung	mm	13298	13298	13298
Drehzapfenabstand	mm	—	—	—
Triebdrehgestellachsstand	mm	—	—	—
Laufdrehgestellachsstand	mm	—	—	—
Treibraddurchmesser	mm	900	900	900
Lautraddurchmesser	mm	900	900	900
Kraftübertragungsart	—	dmech	dmech	dmech
Kraftübertragungssystem	—	6 G Z	6 G Z	6 G Z
Motorleistung	kW	96 | 111	96 | 111	96 | 111
Nenndrehzahl	min^{-1}	1800 | 1800	1800 | 1800	1800 | 1800
Hubraum	l	8,725 | 8,725	8,725 | 8,725	8,725 | 8,725
Verdichtungsverhältnis	—	19,5:1 | 19,5:1	19,5:1 | 19,5:1	19,5:1 | 19,5:1
Kühlung	—	W | W	W | W	W | W
Aufladung	—	— | ja	— | ja	— | ja
Steuerung	—	—	E	—
Sitzplätze 1. Klasse	—	—	—	—
Sitzplätze 2. Klasse + Speiseraum	—	57	57	57
spez. Metereigenmasse	t/m	1,04	1,04	1,04
spez. Antriebsleistung	kW/t	6,90/7,98	6,90/7,98	6,90/7,98
spez. Sitzplatzmasse	kg	244	244	244
Indienststellung	—	1954	1954	1954
Ausmusterung bzw. Umbau	—			

795	795	797	797	798.9	798.5
VT 95.9660 bis 9669	VT 95.9901 bis 9915	VT 97.901 bis 908	—	VT 98.901 bis 903	VT 98.9501 bis 9829
A1	A1	Bo	Bo	Bo	Bo
B	B	B	B	B	B
Baa	Baa	Baa	Baa	Baa	Baa
Uerd +	Uerd	Uerd	Uerd	Uerd	Uerd +
Büs	Büs	Büs	Büs	Büs	Büs
ZF	ZF	ZF, SLM	ZF	ZF	ZF
90	90	90[1])	90	90	90
1435	1435	1435	1435	1435	1435
96/111	96/111	222	222	222	222
88/103	88/103	212	212	212	212
13,9	13,9	24,4		18,9	20,3
10,8	10,8	12,1		13,2	13,9
13298	13298	13950	13950	13298	13950
—	—	—	—	—	—
—	—	—	—	—	—
—	—	—	—	—	—
900	900	910	910	900	900
900	900	—	—	—	—
dmech	dmech	dmech, Z	dmech	dmech	dmech
6 G Z	6 G Z	6 G Z	6 G Z	6 G Z	6 G Z
96 | 111	96 | 111	111	111	111	111
1800 | 1800	1800 | 1800	1900	1800	1800	1800
8,725 | 8,725	8,725 | 8,725	9,846	9,846	8,725 | 9,846	8,725 | 9,864
19,5:1 | 19,5:1	19,5:1 | 19,5:1	21,0:1	21,0:1	19,5:1 | 21,0:1	19,5:1 | 21,0:1
W | W	W | W	W	W	W | W	W | W
— | ja	— | ja	—	—	ja | —	ja | —
E	—	E	E	E	E
—	—	—	—	—	—
57	57	56	56	57	58
1,04	1,04	1,75		1,42	1,45
6,90/7,98	6,90/7,98	9,09		11,74	10,93
244	244	436		332	350
1957	1962	1961/1965	U	1953	1955
		U			

[1]) 19,3 km/h Talfahrt bzw. 14,4 km/h Bergfahrt im Zahnstangenbetrieb

Baureihennummer DB ab 1968	—	712	719/720	721/722
Betriebsnummer DB bis 1967	—		—	
Achsfolge	—	2'Bo'	B'2'+2'2'+2'B'	Bo+2
Gattungszeichen	—	—	—	—
	—	—[1]	—[2]	—[3]
Hersteller mechanischer Teil	—		WMD	Uerd +
Hersteller Verbrennungsmotor	—		MAN	Büs
Hersteller elektrischer Teil/Getriebe	—		Voith	ZF
Höchstgeschwindigkeit	km/h	100	140	90
Spurweite	mm	1435	1435	1435
installierte Leistung	kW	445	736	222
Traktionsleistung	kW			
Dienstmasse	t	60,0	164,0	42,0
größte Achslast	t			
Länge über Puffer/Kupplung	mm	21880	79460	27900
Drehzapfenabstand	mm	14270	19000	—
Triebdrehgestellachsstand	mm	3000	2500	—
Laufdrehgestellachsstand	mm	3500	2500	—
Treibraddurchmesser	mm	1000	950	900
Laufraddurchmesser	mm	900	900	900
Kraftübertragungsart	—	del	dhydr	dmech
Kraftübertragungssystem	—		3 G W/W/W	6 G Z
Motorleistung	kW	445	368	111
Nenndrehzahl	min^{-1}	1400	1950	1800
Hubraum	l		27,02	8,725 | 9,864
Verdichtungsverhältnis	—		16,0:1	19,5:1 | 21,0:1
Kühlung	—	W	W	W | W
Aufladung	—	ja	—	ja | —
Steuerung	—	—	V	E
Sitzplätze 1. Klasse	—	—	—	—
Sitzplätze 2. Klasse + Speiseraum	—	—	—	—
spez. Metereigenmasse	t/m	2,74	2,06	1,51
spez. Antriebsleistung	kW/t	7,42	4,48	5,28
spez. Sitzplatzmasse	kg	—	—	—
Indienststellung	—	1965 U	1974	1956 U
Ausmusterung bzw. Umbau	—			

[1] Tunnelmeßwagen   [2] Schienenprüfzug (VM 720 = Meßwagen)   [3] Schienenprüfzug (VS 722 = Meßwagen)

723	724	725/726	727
—	—	—	—
(A1) 2′	A1	Bo + 2	A1
—	—	—	—
—[1]	—[2]	—[3]	—[4]
VWW, Baut +	Uerd	Uerd +	Uerd +
May	Büs	Büs	Büs
Voith	ZF	ZF	ZF
80	90	90	90
1435	1435	1435	1435
166	96	222	96
45,0	18,5	36,0	17,7
22080	10650	27900	13298
14140	—	—	—
3600	—	—	—
3000	—	—	—
900	900	900	900
900	900	900	900
dhydr	dmech	dmech	dmech
2 G W/W	6 G Z	6 G Z	6 G Z
166	96	111	96
1450	1800	1800	1800
24,15	8,725	8,725 │ 9,846	8,725
	19,5:1	19,5:1 │ 21,0:1	19,5:1
W	W	W │ W	W
—	—	ja │ —	—
—	—	E	—
—	—	—	—
—	—	—	—
2,04	1,74	1,29	1,33
3,69	5,20	6,16	5,42
—	—	—	—
1970 U	1964 U	1975 U	1974 U

[1] Meßwagen für Zugbahnfunk   [2] Meßwagen für induktive Zugbeeinflussung   [3] Gleismeßzug (VS 726 = Meßwagen)   [4] Meßwagen für Linienzugbeeinflussung

Baureihennummer DB ab 1968	—	997	998	998
Betriebsnummer DB bis 1967	—	VS 97.001 bis 006	VS 98.001 bis 099	VS 98.101 bis 321
Achsfolge	—	2	2	2
Gattungszeichen	—	BD	BD	BD
	—	BDaa	BDaa	BDaa
Hersteller mechanischer Teil	—	Uerd +	Uerd +	Uerd +
Höchstgeschwindigkeit	km/h	90	90	90
Spurweite	mm	1435	1435	1435
Dienstmasse	t	10,8	10,5	10,5
größte Achslast	t	8,9	8,75	8,75
Länge über Puffer/Kupplung	mm	13950	13950	13950
Drehzapfenabstand	mm	—	—	—
Laufdrehgestellachsstand	mm	—	—	—
Laufraddurchmesser	mm	900	900	900
Sitzplätze 1. Klasse	—	—	—	—
Sitzplätze 2. Klasse	—	40	40	40
spez. Metereigenmasse	t/m	0,77	0,75	0,75
spez. Sitzplatzmasse	kg	270	263	263
Indienststellung	—	1961	1955	1961
Ausmusterung bzw. Umbau	—			

Tabelle 9 Beiwagen zu Verbrennungstriebwagen (DB)   A 79

Baureihennummer DB ab 1968	—	—	941	—
Betriebsnummer DB bis 1967	—	VB 141 120 bis 122	VB 141 200 bis 256	VB 142 001 bis 006
Achsfolge	—	1	1	2
Gattungszeichen	—	D1	D1	BD
	—	—	—	BDaa
Hersteller mechanischer Teil	—			Uerd
Höchstgeschwindigkeit	km/h	120	90	90
Spurweite	mm	1435	1435	1435
Dienstmasse	t	2,0	2,0	6,4
größte Achslast	t	3,2	3,2	7,2
Länge über Puffer/Kupplung	mm	5620	4980	10650
Drehzapfenabstand	mm	—	—	—
Laufdrehgestellachsstand	mm	—	—	—
Laufraddurchmesser	mm	900	900	900
Sitzplätze 1. Klasse	—	—	—	—
Sitzplätze 2. Klasse	—	—[1]	—[1]	34
spez. Metereigenmasse	t/m	0,36	0,40	0,79
spez. Sitzplatzmasse	kg	—	—	247
Indienststellung	—	1953	1953	1950
Ausmusterung bzw. Umbau	—	A		A

[1] Nutzlast 1,2 t

Baureihennummer DB ab 1968	—	995	995	995
Betriebsnummer DB bis 1967	—	VB 142 007 bis 109	VB 142 110 bis 119	VB 142 120 bis 581
Achsfolge	—	2	2	2
Gattungszeichen	—	BD	BDPosttr	BD
	—	BDaa	BDPostaatr	BDaa
Hersteller mechanischer Teil	—	Uerd	Uerd	Uerd
Höchstgeschwindigkeit	km/h	90	90	90
Spurweite	mm	1435	1435	1435
Dienstmasse	t	7,5	7,5	7,5
größte Achslast	t	6,8	6,8	6,8
Länge über Puffer/Kupplung	mm	11015	11015	11015
Drehzapfenabstand	mm	—	—	—
Laufdrehgestellachsstand	mm	—	—	—
Laufraddurchmesser	mm	900	900	900
Sitzplätze 1. Klasse	—	—	—	—
Sitzplätze 2. Klasse	—	35	9	35
spez. Metereigenmasse	t/m	0,68	0,68	0,68
spez. Sitzplatzmasse	kg	214	833	212
Indienststellung	—	1952	1953	1953
Ausmusterung bzw. Umbau	—			

997	998	998
VB 97.001	VB 98.001 bis 220	VB 98.2221 bis 2320
2	2	2
—	BD	B
—	BDaa	Baa
Uerd	Uerd	Uerd
90	90	90
1435	1435	1435
	10,0	10,5
	8,5	8,5
11015	13950	13950
—	—	—
—	—	—
900	900	900
—	—	—
—	40	63
	0,72	0,75
—	250	167
1964 U	1955	1962